The Ancient Secret
of the Flower of Life, Volume 1

生命之花 的 靈性法則

德隆瓦洛‧默基瑟德 著
Drunvalo Melchizedek
羅孝英 譯

推薦序
憶起內在的古老靈性

長庚生物科技董事長
楊定一博士

　　日前甫結束海外的商務會議返台,而每個公務旅行的結束往往是另一段忙碌期的開始。在台灣辦公室等著的,除了滿檔的會議行程,也有許多來自各界善意的演講邀約,時間安排上幾乎是分秒必爭。在桌上如山的待批公文中,看到方智出版社寄來《生命之花的靈性法則》的標題,心頭不禁為之一怔,時光彷彿倒流至十幾年前。那時《生命之花的靈性法則》英文版剛發行,在閱讀過程中,作者德隆瓦洛筆下的古老靈性令我震驚與讚歎。十多年後,這結合科學與靈性的經典作品再次以中文版本吸引我的目光,人生的機緣總是奇妙得無法言喻,百感交集的我決定再忙也要與讀者朋友分享這深切的感觸。

　　在本書中,德隆瓦洛以如詩般的筆觸描繪了宇宙源起與人類世界的神祕連結,不論在意識、物理、數學、星象、音階等各層面,我彷彿都聽過、觸過、感受過,就像回家一樣熟悉。不同於坊間的許多作品,德隆瓦洛把古老的文明、意識的進化、人類現在與過去的機密、形狀與結構的意義,做了系統性的彙整,再藉其個人體驗完整地傳達出來。書中鉅細靡遺的細節描述是如此深切,而字裡行間又細膩得令人信服其真實性。

　　德隆瓦洛不僅結合古人留下的智慧與現代先進的科學及哲學,即使是沒有文字紀錄的古老過去,也在兩位「天使」與「圖特」(埃及的智慧之神 Thoth)的引導下,親身探索並傳達出生命的古老祕密。雖然這些沒有歷史記載的過去早已被人們遺忘,我建議讀者們秉持開放的心胸,客觀探討這古老意識的生命旅程是否符合我們天性的直覺。我們本來就是「光之存有」(light beings),人類與萬物都是光的組合。光超越了二元對立與分別,我們是完整的,也是合一的,只是在世界的快速變遷中漸漸遺忘了。也因此,需要一個像作者一樣特別的信使,提醒我們古老靈性的美好。德隆瓦洛也從另一個角度,運用不同層面的科學語言做為傳達古老文明的平台,其中如幾何學、水晶與圖騰等概念,我不僅認同並早已運用多年,且在個人的

研究中驗證其論述的許多觀點都是正確的。

　　二十一世紀是個衝擊的世代，人類面臨前所未有的挑戰與考驗。因應世局的劇烈變革，憶起內在深處的記憶與靈性著實是個關鍵課題。本書帶給我們每個人重新省思的機會，唯有回到偉大靈性與全體生命的美好關係，聆聽神聖的指引與靈性的聲音，我們才能永續活出豐盛且圓滿的世界。這是浴光的生命任務，也是充滿祝福的返家道路。

推薦序
從心認識生命之花

文史工作者
謝哲青

　　義大利半島東南側，濱臨湛藍迷人的亞德里亞海，就在這個被世界忽略的角落，有一座興建於中世紀的偉大建築，遺世獨立地孤懸在阿普利亞海拔五百四十公尺的穆吉亞山——名列聯合國教科文組織世界文化遺產名錄的蒙特堡，是義大利南方最著名的紀念建築，也是讓世人魅惑不已的神祕所在。

　　蒙特堡的歷史可以追溯到西元三世紀左右，似乎遠在羅馬帝國時期這裡就有人類活動與興建的紀錄。不過蒙特堡在建築工法與形式的表現上，其實是深受西方神祕主義所影響。今天，我們所拜訪的城堡是在一二四○年到一二四六年之間完工，歷史文件顯示，神聖羅馬帝國的皇帝腓特烈二世對蒙特堡有份特別的關注，曾經投入鉅資，大規模擴充改建，不過皇帝本人卻不常拜訪此地。

　　真正讓世人的著迷的，是蒙特堡獨特的造型與精神內涵。從遠方觀察，蒙特堡是一座由白色大理石堆砌而成的單色建築，雖然名為城堡，不過卻沒有其他中世紀常見的防禦工事。蒙特堡既沒有護城河，也沒有外牆，沒有提供軍隊使用的馬棚，更沒有中世紀君主用來誇耀世俗權力的牌樓與盾徽。無論從哪個角度切入，蒙特堡都不像是同時代興建的軍事設施，反而像是一座堅若磐石的祭台，孤立在遙遠地角邊緣的雲端之上。

　　就外觀與造型而言，蒙特堡融入了象徵性的神聖幾何，讓城堡在普世意義上有了更深入宇宙奧祕的核心價值。蒙特堡是一座處處以數字「8」為中心思維的神祕建築。首先，八角形的外觀，是由神聖幾何中的正方形與圓形衍生而來。這兩組幾何基本形狀，分別代表著宇宙與人，同時也象徵著形而上的神性空間與形而下物質世界的交集：人性的良善和宇宙的完美聖潔在此地和諧地合而為一。達文西在〈維特魯威人〉的人體比例圖中，也是依據如此的黃金律來做精準分割。

　　其次，細部的構件及空間元素也呼應著數字「8」。每個樓層有八個房間，樓層

階梯、窗戶的數量也是八的倍數。在中世紀基督信仰裡，數字「8」象徵〈新約・啟示錄〉的結局，因為，造物主用六天創造天地之後，於第七天安息，八則意味初始與回歸。同樣的，在義大利北部拉溫納的亞略洗禮堂與佛羅倫斯的聖約翰洗禮堂、東方的八卦，均是基於相同的能量符碼來設計。不論是東方或西方，神聖的數字「8」都代表宇宙和諧、天人交會的神聖契合，也是無限能量的增幅與演繹的關鍵數字。

不過，若就此認定對數字「8」的信仰只是源自於神祕學的需要，其他論述更會讓單向度理性制約的現代人感到驚訝。現代物理的量子世界裡，「8」代表原子核極為穩定的幻數（Magic Number）。物理學界認為，幻數的存在反映了原子核具有「殼層結構」。一九四九年，德國物理學家梅耶（Maria Goeppert-Mayer）和延森（Johan Jensen）等人建立了原子核的殼層模型。當原子核中存在幻數時，核子以集體的形式充滿了某個能級，沒有核子向更高的能級躍遷，因此這些原子核相當穩定。目前已知的幻數有 2、8、20、28、50、82、126，這組數字同樣也反映在蒙特堡的構件細節。而現代發展心理學領域中，蒂莫西・利里（Timothy Francis Leary）所提出的「意識模組」也有八層，這點與佛教的「八識」有異曲同工之妙。

古希臘哲學諭示我們：「人是萬物的尺度。」我想，人不僅僅是萬物的尺度，也可能是宇宙一切實在與虛無、存在與不存在的尺度。但是，這把標尺上的符碼、刻度，是需要透過深刻的學習來認識，再藉由認識進入領悟。德隆瓦洛・默基瑟德以多年靈修潛習的經驗，透過優雅的文字敘述，讓全世界從「心」認識這項宇宙初開時就存有的神祕傳統，進而讓每個靈魂綻放出美麗的生命之花。

推薦序
生命之花最好的入門書
——鼓勵吸收另類知識，但不建議照單全收

中華生命電磁科學學會理事長
樓宇偉

　　我們時常聽到有人用「除非太陽由西邊升起」來表示「不可能發生」的事，而你手上的這本書就是一本真正講「太陽由西邊升起」的書。作者引用他的靈界老師圖特的敘述，說地球在過去五萬兩千年圖特的地球壽命中，經歷過五次地磁與自轉方向的改變。這種說法對於任何略具物理與地質知識的現代人來說，都是匪夷所思的；更不要說我們只要稍微花一點工夫，去查找地磁的磁極反轉紀錄，與更難發生的地球自轉軸反轉（大移動五十五度）紀錄，上回發生的時間分別在七十八萬年與約八億年（意即發生難度至少在一千倍以上）前，就知道某些通靈資料不可隨便相信！

　　但是我為什麼又願意為這本書寫序呢？因為本書是目前介紹「生命之花」這個主題最好的入門書，而「生命之花」又是未來身心靈（科技）發展非常重要的基礎知識，也是傳統東西方靈修與玄祕知識的共通連結。我第一次接觸到這個觀念是在二〇〇五年：長庚生技公司剛開幕的「身心靈轉化中心」內部入口牆上，掛了一幅嵌入多種動植物形象的多圓重疊幾何圖形，我當時問該公司董事長楊定一博士那是什麼圖形，他的回答就是「生命之花」。隨後我在網上搜尋這個主題，就讓我循線找到了你手上的這本書。

　　看完之後，我認為如果這本書內容有五、六成以上的正確度，那就值得我們花時間去了解與思考作者提出的可能性。因為像是亞特蘭提斯、火星文明、舊約聖經與外星文明關係等主題均非作者首創，但他卻是第一個相當邏輯（但絕對另類）地將這些主題串在一起的人，而我在這方面固然作為一般讀者無法判斷他是否完全正確，卻也同意主流的歷史或考古（科學）解釋是有不少牽強之處，譬如一神教創始自法老阿肯納頓（Akhenaton）的歷史定位、金字塔的主要用途是法老的墓室卻找不

到木乃伊、聖經中創世記敘述的來源與意義、摩西將什麼埃及精神與物質遺產帶給基督教與猶太教等，作者的另類觀點絕對值得探索與了解！

另外像是本書對於獅身人面應是建築於更早的年代、埃及為訓練祭司克服恐懼而建造潛水祭壇、金字塔的靜心與傳訊功能等內容，均是言之成理、較主流觀點並不遜色的敘述，這也讓讀者去反省主流歷史中有多少是後人「以管窺天」與「意識型態」的渲染所造成，而非事實？本書中還提到美國太空總署利用特異功能人士（亦為盲人）瑪莉・安・欣菲爾德，協助處理人造衛星在外太空遇見的各種問題與驗證觀察內容，顯然都不是你我在一般媒體或教科書上會看到的內容，但這就像中共情報研究單位雇用張寶勝這種奇人來研究國安相關主題一樣的真實！原來中美俄三大國都知道人體潛能是真實可用的珍貴工具，如果我們只因為部分科學事實與本書內容不符，便全盤否定「生命之花」的概念，就是「因噎廢食」了！

最後我要舉麻省理工學院物理系教授大衛・凱瑟（David Kaiser），最近寫的書《嬉皮如何拯救了物理》（*How the Hippies Saved Physics*），來說明隨意忽視新觀念與另類創意的風險。該書描述七〇年代在美國加州大學柏克萊分校有個理論物理學者小團體經常聚會，討論當時不受主流物理界認可的量子重要觀念：「非局域」（Non-locality）與超光速連結。這一系列的討論確立了量子物理日後與相對論並列的地位，並發展出今日量子計算機、量子密碼分析等新技術。由於我在看完本書之後又看了更多進階或未來科技的相關資料，因而認為本書的「生命之花」與「神聖幾何」這兩個觀念，也將會像「非局域」與超光速連結這類觀念一樣，對未來世界有很大的影響，所以我樂於推薦本書給那些喜愛探索未知的讀者。至少看完了這本「可能有五、六成以上為真」的奇書，要比那些「百分之百幻想」的小說，或者主要內容為虛假的社會歷史、宗教傳說或科學典範要來得更為真切！

譯序
圓滿一段奇異美妙的因緣

羅孝英

　　作者德隆瓦洛是位說故事的高手，把這本書當作他個人傳記的奇幻小說來看是饒富趣味的，可以跟著上通天文下知地理，分享他追逐眞理的實境；若抱著研究精神仔細琢磨，卻也能得到浩瀚廣博的資訊。作者把存在的多樣性統整在一個觀點上，讓哲學、科學、美學等學問貫串在生命之花靈性法則的理解上。

　　如果「統一場論」是科學家畢生追求的終極學問，那麼「生命之花」則是追求眞理的人想一窺堂奧的存在學。

　　《生命之花的靈性法則》是一本爲新人類準備的書，讓我們對於人類文明及歷史的發展脈絡更清晰，解答許多未解的謎題，開展我們的視野，這些認識甚至能影響人類累積知識的速度，選擇投入的方向，並明白什麼是這個時空場正在發生的重要大事。

　　德隆瓦洛的觀察細膩，學養豐富，運用資訊的能力頂尖，點出了許多難以想像的事。他的生命經驗奇特，包括自我放逐、天使現身，以及跟隨七十多位老師的學習，直到書中重要的資訊來源——「圖特」的出現。

　　他的毅力非凡，我彷彿可以看見他苦苦思索天使給的功課，那不眠不休的投入和專注的精神。感謝這位先驅，很有智慧地保留解開問題的思考過程，讓讀者能夠同時受益於過程和結果，而讚歎其中精妙的領悟和不可思議的際遇。

　　翻譯這本書，滿足了我對神祕學的胃口，也大幅提升我的心智能力，我衷心感謝這個神聖的安排。

　　記得二○○五年剛拿到這套書的英文讀本，便迫不及待地號召一群好友共讀，想辦法分配大家翻譯，一知半解地讀了個大概，稍稍滿足強烈的好奇心。在此感謝當時的工作夥伴：惠嬪、惠美、欣茹、海瑟、俶雯、幸宜、麗璧、小貓和其他共讀的好友。

　　我喜歡它的搜羅廣泛，考據和科學觀點下的神祕學也最能滿足我自詡爲科學

人的小小傲慢。直到六年後，宇宙回應出版的祈禱，而我也需要開始對它字斟句酌時，才發現真的不容易。

然而就像天使引領德隆瓦洛的探索，讀這本書時會感受到天使的陪伴，他們會告訴你他們在。最奇妙的是那些原本讀來不明白的段落，也許一覺醒來便了然於心。

記得在開讀書會的期間，有一次，一股衝動讓我在一個不尋常的時間走出家門，到了附近的市場。隨意閒逛時，一組陶瓷茶盤吸引了我的眼睛，它不折不扣就是生命之花的圖樣。於是我帶著兩個生命之花的茶盤和兩組畫著天使翅膀的杯子，還有滿滿的興奮和感動回家。

當你讀著書，會有一種更高的智能回應你的需要，幫助你克服理解的障礙，並給你許多小小的鼓勵。還在大金字塔下苦苦守候的淨光弟兄們或許也會出面幫忙。

對生命之花的探索也就是對人類歷史的探索。這段歷史涉及古地球、尼比魯、尼菲林人、天狼星人、火星人、列穆里亞和亞特蘭提斯文明，那些傳說故事在這裡多了一些真實性。圖特是史官，由他教導人類的歷史，也許正是某種神聖的安排，從這個角度來看，這個宿命早在五萬年前便訂下了。

年份讓一些事情從預測走入歷史，許多負面的事並沒有發生。我想並非作者的錯誤，而是實相乃由我們的自由意志所創造。讀《生命之花的靈性法則》要有點耐心，我特別喜歡遠古歷史中天狼星人在阿曼提大廳孕育地球生命的部分，而神聖幾何的演繹讓我著迷，我們正在意識的第二層次——一種穿透非和諧而達到和諧的過程——則非常合乎現狀。

德隆瓦洛說：「此刻揚升已全然可能，如此你可以歷經死亡或復活而達到揚升，因為在此刻的地球遊戲中，這些並沒有那麼不同。」我們正處在預言中的二〇一二年，在冬至日來臨時，地磁是否逆轉，人類世界是否會經驗那毫無保護的三天，很快我們就會知道。《生命之花的靈性法則》中文版在此刻問世，也許能提供一些準備，讓我們正面地迎向一切。

這也許是憶起我們是誰，運用神賦予的獨特才能，轉化物質為光明世界的機會。

祈願一切在光與愛中發生。

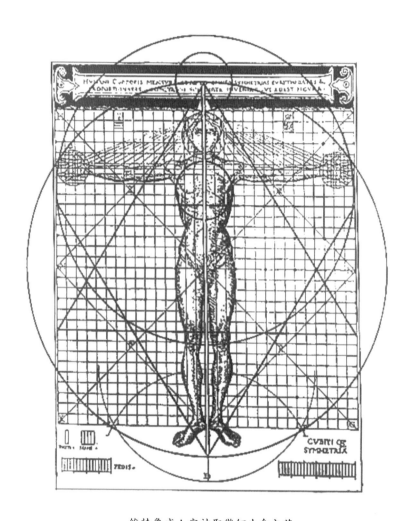

維特魯威人與神聖幾何生命之花

自序
一切都是靈性

　　遠在蘇美人出現、埃及人建造薩卡拉金字塔、印度河平原被灌溉之前，靈性便已活在人類體內，活躍在每個高度文明之中。人面獅身知道真相。我們比已知的自己更偉大，只是我們遺忘了。

　　所有的生命都知道生命之花。全生命（並非只有這裡的生命體，而是每個世界的生命）都明白它是創化的圖騰——是進入與離開的方法。靈性用這個圖騰創造了我們。你明白它的真實，它就寫在你的體內，在我們每個人的身體中。

　　許久前我們從很高的意識中墜落，這個記憶現在才剛要開始浮現。我們在地球誕生的新意識（其實是舊的）將永遠改變我們，還給我們明白只有一個靈性的知覺。

　　你將要閱讀的是我在這個實相探索的生命旅程，關於我所學習的偉大靈性，以及我們每個人與全體生命的關係。我在你們每個人的眼中看見聖靈，我知道他／她就在你的裡面。所有我分享的資訊，早已存在你的內在深處。也許你第一次閱讀時，感覺像是前所未聞，其實不然；這些都是古老的資訊，而你能憶起內在深處的記憶。本書的目的便是觸動這些記憶，讓你想起你是誰，你為何而來，以及你降生地球的真正目的。

　　我祈禱本書為你的生命帶來祝福，帶給你新的覺醒，明白自己非常非常的古老。感謝你和我一起踏上這段旅程。我深深愛你，其實我們本是老友。我們是一。

德隆瓦洛

CONTENTS

第一章 憶起古老的過去

第四章 中斷的意識進化及基督網絡之創造

第五章 埃及在意識進化過程中的角色

第八章 調和費氏數列與二進制數列的極性

引言
爲想明白眞理的人而寫

　　我寫這本書的目的之一，是協助人們認識這個星球上，對我們的意識和生活影響甚鉅的那些過去、現在或即將在未來發生的事。只有了解現況，我們才可能向一種新的意識、向地球上出現新人類的可能性開放。此外，我最懇切的目的是啓發你到底是誰的記憶，並帶給你在這個世界展現天賦的勇氣。因爲只有當我們**眞正**活過，才能運用神賜予每個人的獨特才能，將物質世界轉變爲純粹光明的世界。

　　我將爲「我們乃是活在物質世界的精神體」提出許多數學與科學的證據，以說服我們之中那些慣用左腦分析的人：存在即是一個意識，一個神，而我們都是合一的一部分。這是個重要的工作，因爲如此我們的左右腦才能平衡。而這個平衡可以打開松果體，讓「普拉納」（prana），也就是「生命能」進入我們身體的最內在，也唯有如此，那稱作「梅爾卡巴」（Mer-Ka-Ba）的光體才會出現。

　　我想請你了解的是，我從哪裡學到這個資訊並不重要，它也可能以完全不同的內容出現，卻不影響其結果。此外，作爲一個凡人，我犯過許多錯，有趣的是每一次錯誤都引導我對實相和更高眞理更深的認識。如此我想說，若發現錯誤，往深處看。如果你因爲太重視這個資訊的價值，而以爲非它不可，你就會完全錯過整本書的重點，這是了解這本書最重要的觀念。

　　我會分享許多個人經驗，以常人的眼光來看有不少都很匪夷所思，但也許以古老文明的觀點看來並不奇怪。但你得決定它們對你而言是事實還是故事，甚至是否重要。聆聽心底的聲音，因爲你的心知道眞相。

　　在此我要說個簡短的故事。你們會讀到有關天使的部分，所以我現在不談，我來說一件近期發生的事。一九八五年，天使要我開始教導梅爾卡巴靜心。我從一九七一年開始練習，但從沒想過成爲老師。基本上我活得很舒服，輕鬆而圓滿，並不想花太多力氣工作。天使說當有人獲得靈性知識，就必須分享，這是創造的定律之一。

　　我明白他們是對的，便在一九八五年春天開了第一堂課。到了一九九一年，我的工作坊幾乎班班爆滿，有幾百個人在候補名單上排隊。我不知道要怎麼接觸每一

個想要這個資訊的人，事實上，也做不到。所以我在一九九二年對全球發行了以某一場工作坊的過程為內容的錄影課程。

不到一年，銷售量暴增，然而有個很大的問題存在，那就是大部分看錄影教學的人無法真正了解課程內容，因為那遠超過他們的靈性常識。我在華盛頓州向九十位看了錄影課程卻未參加工作坊的人演講，只有十五％的人知道教學錄影帶中講的靜心要怎麼做，八五％的人對課程指引感到迷惑和混淆。這樣行不通。

於是我立刻將錄影課程從市場上撤下來，然而這並未讓課程停止銷售。人們想要這個資訊，所以他們開始複製手上的版本，給予或租售給其他人。到了一九九三年，大約有十萬套錄影課程在全世界流通。

我下了一個決定，我們對這個資訊負責的方式是：必須有受過訓練的人在放映現場陪同觀看。所謂受過訓練，指的是經過仔細指導後，一個人認識並活出他的梅爾卡巴。如此他就能在現場說明，並教導別人。這就是生命之花教師課程誕生的過程。現在我們有超過二百位老師，分布在三十三個國家，這個體系運作得很好。

然而事情再度改變，當人們開始了解更高的意識及其價值與觀念時，也是該為社會大眾出書的時候了。也就是現在。書本的好處是人們可以花更多時間研究圖像和照片，以適當的速度了解它們，而我也有機會增補新資訊（之後的新資訊，你將**會在各章末的原注**中見到）：

改變的時代來臨！根據道瓊公司一九九七年二月的《人口統計》雜誌，一項為期十年的科學研究顯示：一種新文化在美國和西方世界誕生了。有人稱之為「新時代」（New Age），然名稱因國家而有不同。從我們的經驗來看，我們相信那是一個在全世界興起的文化，是對於神、家庭、孩子、靈性、大地之母和健康的環境、女性特質、誠實、靜心、其他星球的生命，以及全體生命合一的觀念深深信仰的文化。據研究顯示，這個新文化的成員相信「他們」是稀少和分散的。然而調查出人意外地顯示，**每四個美國成人就有一位是新文化的成員，而總人數高達四千四百萬之多！**一件重大的事正在發生。現在那些追著錢跑的人也感受到這個巨大的新市場，你敢打賭事情將有所改變。從電影和電視節目的內容，到能源的使用和日常的食物，還有更多生活面向都在影響之中。我們對於實相的詮釋終將改變。你並不孤單，人人明白這個事實的時間將不遠了。

自從一九七一年天使出現後，我便遵循他們的指引，直到現在。梅爾卡巴靜心

是天使教給我的，靜心才是最重要的部分，而非書中提到的資訊。這些資訊是為了提供清晰的解釋，好讓我們能進入這個特別的意識狀態。

　　請了解從一九七一年到一九八五年，當我接收這些科學資訊時，我以為那只是為我個人的靈性成長。當我讀到科學報導或雜誌時，我會忽略它，我不了解未來我必須證實我說的話。我的文章多半有出處，但並不完全。然而這些資訊必須傳播，因為你，讀者，曾強烈地要求它。我總是盡量把我說過的話記錄下來，然而有些證據還是遺失了，至少目前是如此。

　　另外，部分資訊來自非科學來源，像是天使或跨次元的對話。我們了解那些「直接的科學證據」必須和這些心靈來源的資訊分開。科學家關心他們的信譽，然而在此我想說明的是，這就像一位男性對女性說她的感覺不是真的，只有符合邏輯的事才有價值，邏輯必須被遵守。那麼很自然的，她知道不是這樣，因為那就是她的生活方式。它是流動的，不具「男性邏輯」，但一樣真實。我兩者都相信，平衡地相信。

　　如果你打算運用科學跟心靈的能力來探索實相，那麼你來對了地方。只要有可能，我會盡量區分兩種來源的資訊來讓你明白。這意味著你必須要進入內心，去看這個資訊對你是否為真。如果有你沒有感覺的內容，你大可放下，繼續前進；如果你感覺對了，你可以實行看看，以了解是否為真。但是我知道我們的頭腦從來無法了解實相，直到與心連結。男性加女性才能讓彼此完整。

　　當你閱讀這本書，你有兩個選擇。你可以用你的左腦，也就是你的男性面來讀，勤做筆記並仔細看出每個步驟的邏輯；**或者**用你的右腦，也就是你的女性面來讀，放手，不思考──只感覺，像看電影，保持擴展，不退縮。兩種方式都可以成功，看你的選擇。

　　當我準備寫這本書時，我最後還必須做出另一項決定，那就是要把梅爾卡巴靜心的最終階段──梅爾卡巴本身──公諸大眾嗎？我還是覺得有老師現場解說才是最好的。你能在讀了一本書之後就進入密宗的最高境界嗎？我最後決定，書中的資訊給到一九九三年的現場工作坊錄影內容為止，並先提醒你要小心地進入梅爾卡巴，同時尋找一位生命之花的老師學習。這些資訊會在第二冊的最後給你。還有許多文字遠遠不及的內容等著你學習和經歷，那是只有在現場才能夠體驗的。

　　我必須給出完整資訊的理由是，現在至少有七位作者把工作坊的內容重新出版過，有人逐字記錄，有人重述我的意思，有人用了我的畫作和神聖幾何的圖形，其中有些人徵求過我的同意，有些人沒問。總之結果是這些資訊已經外流，然而其中

有許多的扭曲謬誤，還有些完全不正確。請了解，我不是要保護自己，我只是要對這本書的完整性負責。這些資訊屬於宇宙，不屬於我。我關心的是它是否純粹，以及你是否透澈地了解了。

　　確實的靜心引導，我放在生命之花的網站上（www.floweroflife.com）。它理所當然並非隱藏的知識，它是經驗的資訊，你必須活出它。網路上還有某些號稱來自我、其實不然的資訊。外面有很多關於生命之花的說法是錯的，或已經過時。我希望這本書能釐清這些被遮蔽或扭曲的部分，我了解這些人也是發自內心地追尋真理，但我對你仍然有責任。

　　因此，為了釐清並更正資訊，我為你們所有想明白真理的人寫下了這本書。

在愛中服務

德隆瓦洛

Chapter 1

憶起古老的過去

亞特蘭提斯的消失如何改變我們的實相

　　不到一萬三千年前，我們的星球歷史發生了一些戲劇性的變化。我們會仔細探討那些事，因為那些事正影響我們目前生活的每一面。我們生活中的每個經驗，包括科技、戰爭、食物和覺察生活的方式，都和亞特蘭提斯時代結束期間發生的事有密切的關聯。這些古老事件的結果完全改變了我們的生活和詮釋實相的方式。

　　萬事萬物息息相關！實相只有一個，我們只有一個神，但詮釋這唯一實相的方式卻有很多，事實上，是無限多。某些實相是許多存有共同同意的，它們被稱為「意識階層」；某些特定實相是為數特別龐大的存有們共同聚焦之處，包括你我正在經驗的這一個。

　　我們曾以難以想像的高知覺生活於地球之上，我們現在甚至沒有能力想像我們曾有過的狀態，當時我們的程度遠超過現在。然而在一萬三千到一萬六千年前發生的事，讓人類從很高的地方墜落，經過許多次元與音程，增加許多密度，抵達這個我們稱為三次元的現代世界：地球。

　　當我們如瀑布般墜落，我們在一種不可控制的意識螺旋中下降，如同掉進太空，完全無能為力。當我們抵達三次元，我們的生理和某些應對實相的功能產生變化。最重要的變化是我們呼吸「普拉納」的方式。梵文普拉納是生命能的意思，代

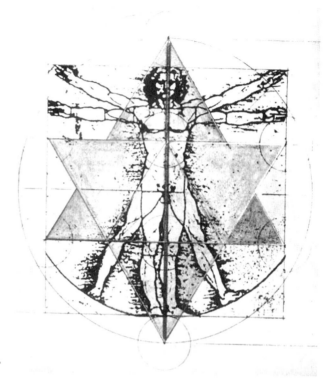

圖1-1 環繞我們的星狀四面體能量場。

表這個宇宙的生命能量。對我們的生存來說，生命能比空氣、水、食物或其他物質更爲重要。我們攝取生命能的方式，**根本地**改變我們對實相的覺察。

　　在亞特蘭提斯和更早的年代，我們呼吸生命能的方式能直接影響身體周圍的電磁場。我們的能量場以幾何的形式存在，而我們要運作的是形狀爲星狀四面體的那個能量場，它由兩個相嵌的四面體組成，如圖1-1，或者你可以把它想成是一個三維的大衛星。

　　這個四面體的上端和下端，各在我們的頭頂上方和腳底下方一個掌距處。其中，有一條連接兩端點的管道貫通人體的主要能量中心（脈輪），而**你身上的**這條管道，寬度約爲中指與拇指相接的圓直徑，看起來就像玻璃燈管，然而兩端有透明的結構連結星狀四面體的兩個頂點。

　　在亞特蘭提斯陸沉之前，我們可以讓「普拉納」沿這個管道上下流動，讓兩股生命能相會於某個脈輪之中。這門古老科學最重要的面向便是生命能如何交會和交

會於何處，迄今仍有許多人在宇宙各地進行研究。

　　人體的另一個重要部位是松果體，位於頭顱中央，對意識有很大的影響力。這個腺體的尺寸從原來的乒乓球大小萎縮到現在的綠豆大小，因為我們很久以前便忘記如何使用它了——如果你不用它，你便會失去它。

　　以前生命能會通過松果體的核心。《光：未來的醫學》（*Light, the Medicine of the Future*）作者賈寇柏·賴勃曼（Jacob Liberman）說，這個腺體看起來像一隻眼睛。從某種角度而言，它**確實是**一顆眼球。首先，它是圓的，一端有開口，開口處有一片聚光的透鏡；它是中空的，裡面有顏色接受器；它主要的視野向上（這點未經科學證實），對準天堂。如同我們的眼睛可以轉動看見九十度的範圍，松果體也可以「看見」九十度的範圍；然而就像我們無法看見後腦勺，松果體也無法向下看見地球。

　　松果體（即使是萎縮的大小）中保存的是對於神聖幾何和實相如何被創造的理解。全都在那裡，人人都有。但我們已經無法取得這些理解，因為我們在亞特蘭提斯陸沉時喪失了記憶。少了這些記憶，我們開始以口鼻呼吸，不再從松果體攝入生命能，讓它在中央管道上下流通。這使得生命能不再通過松果體，導致我們以完全不同的方式和詮釋（區分善惡或二元的觀點）來看這個唯一的實相。這種二元意識讓我們認為自己是從體內向外看，把我們和所謂的外在分開。**而這全是幻覺**，感覺逼真，但並非真相。它只是從這種墜落狀態看到的實相。

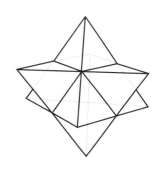

　　例如，從神創造一切的觀點來看，任何事都沒有問題。然而從二元性的觀點來看這個星球和它的進化，我們實在不應墜落至此。若是在正常的進化曲線上，我們理應不在此。有件不該發生的事情發生了：

我們經歷了一次突變（我們的染色體受傷，你可以這麼說），所以地球在紅色警戒裡度過了一萬三千年，而許多不同層次的意識和存有已經一起工作了許久，想要理出如何讓我們回到以前的路徑（DNA）上去。

這個意識的「失誤」墜落和協助我們回復到原先路徑的努力，讓一件意外的**真正好事**發生。宇宙各地想幫助我們解決問題的存有，開始努力對我們進行各種合法或非法的實驗。而其中一個特別的實驗產生了令人難以想像的好結果，沒人能想像得到──除了一位來自遠古文明的人。

梅爾卡巴

這個故事還有另一個重點。一萬三千年前，我們知道怎麼利用某種呼吸法啓動身體周圍的幾何能量場，這是我們現在完全遺忘的事。這些能量場原本以接近光的速度在我們的周圍旋轉，但在亞特蘭提斯陸沉後便慢了下來，並停止轉動。當這個能量場啓動和旋轉時，便稱爲「梅爾卡巴」。它有無比的好處，能讓我們在這個實相中擴展知覺、明白自己是誰、連結更高的意識層次，並讓我們憶起身爲存有的無限可能。

正常的梅爾卡巴直徑約爲五十至六十呎（七十公尺），與身高成正比。運用適當的儀器，便能在電腦螢幕上看見它轉動。它的外形像是銀河遠紅外線照片中的熱封套，如圖1-2，就像傳統所認知的飛碟。

「梅爾卡巴」由三個短音組成，我們用的這個拼音來自古埃及，其他文化可能會寫成 merkabah、merkaba 和 merkavah。它有幾種發音方式，一般分成三個音節，每個音節都是重音。「**梅爾**」（Mer）是一種特別的光，直到埃及十八王朝時才被了解，它看起來像是在同一個空間中、兩個朝相反方向轉動的能量

圖1-2「草帽銀河」：遠紅外線攝影的銀河，可看見其熱封套。

場，由特定的呼吸模式產生。「卡」（Ka）指的是個別的精神體，「巴」（Ba）指的是精神體對特定實相的詮釋。在**我們的**實相中，「巴」指的是身體或物質；在沒有形體的實相中，指的是精神體對那個實相的概念或詮釋。

　　因此「梅爾卡巴」是一組反向互繞的光，能同時影響精神體和身體。它是一個能帶著精神體**和肉體**（或精神體對實相的詮釋）進出世界或次元的載具。事實上，「梅爾卡巴」能做到的不僅止於此，它可以穿梭實相，也能**創造**實相。本書的目的是運用它作為跨次元的載具（在希伯來文中，Mer-Ka-Vah意為**戰車**），幫助我們回到原本的更高意識狀態。

回到我們原本的狀態

　　讓我說得清楚些，回到原本的狀態是一種自然的過程，容易與否端賴我們的信念模式。然而，單是利用「梅爾卡巴」的技巧修正呼吸模式，或僅在心智上理解全體生命無限的連結並不足夠。至少還有一個因素，比「梅爾卡巴」更能影響我們恢復自我的程度，那就是對「神聖之愛」的理解、體現和生活實踐。「神聖之愛」（有時指無條件的愛）能讓「梅爾卡巴」變成活躍的光能量場。缺少「神聖之愛」，「梅爾卡巴」只是區區一個載具，而局限的機器無法讓創造它的精神體返回家園並到達最高意識層次——一個沒有層級分別的地方。

　　我們必須體驗和表達無條件的愛才能超越某些次元，而我們的世界正飛快朝那個更高的空間移動。我們準備離開二元分離的世界，一個我們以為自己從體內向外看的地方。這種看法將迅速被不同的實相觀點所取代：一種我們能感知並明白全體生命合一的觀點。在我們向上回歸的旅程中，這種感受將不斷增加。

　　接下來我們將探討打開心的特殊方法，點燃慈悲和無條件的愛，讓你獲得直接的體驗。如果你願意讓它發生，你會發現你所不知道的自己。

包含一切的更高實相

　　我們的另一個重點有許多不同的說法，當代語彙通常稱之為「高我」（higher self）。在高我的實相中，我們也存在於這個世界以外的其他世界。還有許多次元和世界存在於人類的知覺能力之外。這些特定層次相當具體，並具有數學上的意義，而層次之間空間與波長的關聯，就彷若音樂裡的音程，一如生命裡的其他面向。只是此刻你的三次元意識把你和你的高我分離，所以你只覺察到地球上發生的事。墜落前的存有們不是這樣的，正常情況下他們可以同時覺知數個層次，就像音樂的和

弦；待他們成長之後，最終他們可以同時覺知所有地方的每一件事情。接下來的例子並不尋常，但是說明了這個情況。

我正和一位能同時覺察許多層次的女士對話。研究她的科學家無話可說，他們無法了解她是怎麼做到的。她號稱能坐在房間裡觀察外太空。美國太空總署要求她「觀察」某顆人造衛星，並提供只有親自在那裡才可能知道的資訊。她讀出了儀器上的數據，這對科學家而言是不可能的事。她說她飛到那枚人造衛星上去讀取數據。她的名字是瑪莉・安・欣菲爾德（Mary Ann Schinfield）。她雙目失明，卻能夠在房裡健步如飛，沒有人知道她看不見，她是如何做到的？

最近我們通過電話，她問我是否願意透過她的眼睛來看。我當然要。幾次呼吸後，我的視野被打開，我注視，或者說是透過一個和我的視野一樣大的螢幕在看。非常奇異，彷彿我沒有肉體。我快速穿越太空，我可以看見星星，而那一刻瑪莉和我一起透過她的眼睛在看，我們飛過了一列彗星，她還非常靠近其中的一個。

這是我最真實的一次出體經驗。在那個大型「螢幕」周圍約有十二或十四個小型螢幕，每一個都閃過飛快的影像。右上角那一個閃過的是三角形、光泡、圓圈、波紋、樹、方塊等圖像，這螢幕告訴她有什麼在她身體所在的空間。她能透過這些看來毫不相關的圖像來「看」，她用左下方的螢幕來和這個太陽系的外星生物溝通。

這是一個身體處於三次元的地球，卻有完整記憶和其他次元生活經驗的人。這種擾亂實相的方式並不常見。一般人看不到內在的螢幕，然而即使大部分的人沒有覺察，但我們確實生活在許多其他世界中。

你們現在可以存在於五個或五個以上的次元，

儘管次元之間有間隔，當你和你的高我連結時，你便修補了那個斷層，你會開始覺知更高層次，而更高層次也開始注意你──於是溝通開始！和高我連結可能是你一生中最重要的事，比了解我教你的資訊更重要。連結高我比學會啓動梅爾卡巴更重要，因爲如果你和你的本我連結，你會完全清楚要透過什麼步驟和程序以穿越**任何**實相並回家、回歸神的完整意識。當你連結你的高我，其他的事便自動發生。你仍會過你的生活，然而你的行動、想法和情緒將具備巨大的力量與智慧。

　　如何連結高我是許多人試圖理解的事，包括我。許多達成連結的人不知道自己是怎麼做到的，我會盡力解釋連結高我的過程。

左腦與右腦的實相

　　拼圖還有一塊。我會花一半時間在左腦的資訊，諸如幾何學、數據和事實，很多追求心靈的人覺得這些一點都不重要。然而這麼做是因爲當我們墜落時，我們便將自己一分爲二（其實是一分爲三，但主要的部分有二），即所謂的男性部分和女性部分。

　　右腦控制左邊身體，是我們的女性部分，雖然它非關男女。它是我們的心靈和情感面向，這部分**明白**只有唯一的神，而一切合一，即使它無法解釋，然而它就是知道這是眞相，所以女性面沒有問題。

　　問題在左腦，也就是男性面。因爲男性腦的本質是決定方向，它是女性的鏡射，它的邏輯部分在前方（掌控性較強），而女性的邏輯部分在後方（掌控性較弱）。左腦看進實相時無法體驗合一，它看見切割與分離，因此我們的男性面在地球的生活充滿苦難。甚至我們主要的聖書，如可蘭經、希伯來聖經和基督教聖經，都把事情分爲正反兩面。左腦一邊體驗神，一邊體驗不如神強壯但深具影響力的魔，於是神也二元化了，就像磁極擁有黑暗與光明兩種相反的力量（並非所有宗教都如此，有少數明白只有一個神）。

　　直到左腦能看見合一穿透每件事，明白眞的只有一個靈性，一種力量，一個意識穿透一切──直到它無疑地明白合一超越一切，否則頭腦會保持分離，與它的完整與完全的潛能分離。即使對於合一**最些微的**懷疑都會讓左腦把我們往回拉，讓我們無法在水上行走。記得嗎？即使彼得應耶穌要求而能暫時行走於水上，但只要他大拇指上有任何一個細胞說：「等等，我不行！」他便沉進二元冰冷的水中。

這些訊息要把我們帶向何方

我想用很多時間向你展現，每一件事無疑都有**某個共同的**意象，這個意象創造了存在的一切，也是形成你周圍電磁場的意象。那個出現在你的能量場的幾何圖形，出現在萬事萬物中，包括行星、銀河、原子……一切。我們會仔細檢視這個意象。

我們會探討地球歷史，因爲它影響我們的現在。不知道過去發生什麼事，就不會明白我們爲什麼會變成今天的樣子。我們會從遠古發生的事談起，逐漸轉移到現在發生的事，它們有很大的相關性。歷史不斷重演，事實上，迄今從未停止。

右腦傾向的人可能很想跳過這些左腦題材，然而對你們而言，弄清楚**最**重要。因爲透過平衡才能恢復靈性健康。

左腦見識合一時會放鬆，胼胝體（連結兩個腦半球的肌纖維）會以新的方式打開而整合左右腦。當左右腦連結變寬，流動發生，資訊來回串聯，讓大腦相反的兩端互相整合，你可以實際觀察到這些生理反應。這個動作會打開松果體，讓你有可能透過靜心去啓動梅爾卡巴光體，讓回復和重建先前更高意識層次的過程進行，它是成長的過程。

如果你也學習其他的靈性修練，別因運作梅爾卡巴而停止，除非你的老師希望你維持傳統的純正性。當你的梅爾卡巴一轉動，基於眞理的其他靜心法會很管用，很快就會產生顯著的效果。梅爾卡巴的光體不會衝突或妨礙任何維護唯一眞神的功法或信仰。

這些靈性方面的入門觀念，只是開始，當然開始的一步也是最重要的一步。

或許你的左腦喜歡本書裡的資訊，能一一歸納整理，那很好；不然也可像讀奇幻推理小說那般輕鬆以待。總之，**讀**最重要，你會收到你必須知道的資訊。

讓我們在合一中，開始這趟探索的旅程。

挑戰父母的信念模式

我們信以為真的想法和在學校裡教導的「事實」並不是真的，這個反省在全世界發生。當然，那些模式在被教導時通常為真，然後觀念和理論改變，而下一代的真理便改變了。

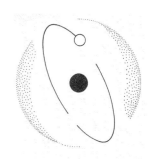

例如原子的觀念就在過去九十年間做過大幅的修正，現在人們已經不固著在任何理論上了。他們相信某個概念，但了解它有可能是錯的。

原子結構曾被教成像西瓜，電子是分布於其中的西瓜子。我們對實相的認識實在太少。量子物理告訴我們，實驗者會影響實驗結果，換言之，意識能改變實驗結果，就看他相信什麼。

還有許多我們信以為真的事完全不是真的，其中之一是我們認為地球是唯一有生命的星球。我們的內心知道這不是真的，然而即使過去五十年來世界各地出現UFO的證據從未中斷，地球人也尚未承認這個事實。因為許多想法和觀點被相信和接納，讓UFO不再那麼令人害怕。因此，我們會探討一些關於宇宙中更高意識存在的證據，它們不止在星空中，也在地球上。

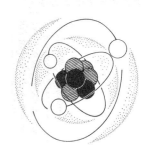

順便一提，建議你們看美國國家廣播公司（NBC）出品的兩部紀錄片：由查爾頓・希斯頓（Charlton Heston）主持的《The Mysterious Origins of Man》和《Mystery of the Sphinx》。

異象大蒐奇

督剛部落、天狼星B和海豚族

圖1-3十分特別，相關資訊來自《The Sirius Mystery》，作者是羅伯・天普（Robert Temple）。我

聽說有十到十二種主題可依不同觀點得致相同結論，我很高興他選了這個主題，因為那與我們的探索有關。

羅伯‧天普是最先在非洲提姆布克圖（Timbuktu）的督剛部落發現某些特別遺跡的研究人員之一，雖然科學家們也知道很久了。而就現代觀點來看，這些族人不可能擁有這類資訊，這些遺跡打破了我們自認為唯一的假設。

督剛人的洞穴從平地延伸到山邊，裡面記錄了七百多年的壁畫。部落的聖者，一位特別的人物，坐在洞穴前方守護著它，這是他的終生工作。族人照顧他但不能靠近他，他死後由另一個聖者接替工作。洞穴中有相當驚人的圖畫和訊息，我談談其中兩幅畫。

首先要談的是天空中最亮的星星 —— 天狼星（亮度為-1.4），我們現在稱它為天狼星A。如果你找到獵戶座的腰帶，順著那三顆星星的連線往左下方移動，你會看見一顆非常亮的星星，那是天狼星A。順著獵戶座腰帶向上約兩倍距離，你會看見昴宿星。督剛洞穴中的畫很明確地指出，還有一顆星星繞著天狼星旋轉。督剛人詳細地描述這顆星，說它非常古老而渺小，由「宇宙最重的物質」構成（接近

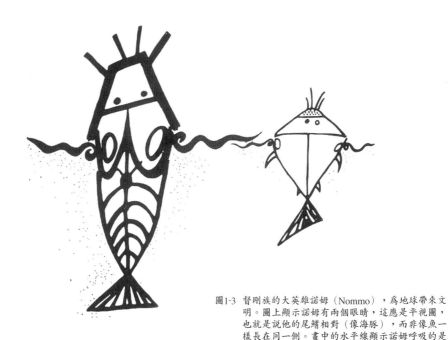

圖1-3 督剛族的大英雄諾姆（Nommo），為地球帶來文明。圖上顯示諾姆有兩個眼睛，這應是平視圖，也就是說他的尾鰭相對（像海豚），而非像魚一樣長在同一側。畫中的水平線顯示諾姆呼吸的是空氣。出處：澳洲雜誌《Simply Life》。

事實但並不完全正確）。此外，他們說這顆小星星繞行天狼星一周的時間「約五十年」。天文學家在一八六二年確定白矮星，也就是天狼星B的存在，而其他資訊則到一九七〇年代才確定。

星星和人類一樣，有生命，有個性和特質。它們有科學上的成長階段。一開始是氫太陽，就像我們的太陽，兩個氫原子進行核融合形成氦。這個過程創造地球的一切生命和光。當星星更成熟時，氦融合開始──三個氦原子形成碳。這種成長階段會持續幾次，直到完成了某一層的元素週期表，此時這顆星星的壽命也到了尾聲。就目前所知，星星結束生命主要有兩種方式（當然脈衝星和磁星❶的新資料又提供了其他選擇）。第一，它可能爆炸成一顆超新星，變成一團巨大氫雲，而成爲孕育星星的子宮；或者膨脹成紅巨星，在巨大爆炸中吞沒周邊所有行星，燃燒摧毀整個系統，然後持續膨脹，慢慢崩毀成一顆很老的小星星，我們稱爲白矮星。

科學家發現繞行天狼星旁邊的那顆是白矮星，符合督剛族人的說法。科學家研究其重量，想查出它是否是「宇宙最重的物質」。原始估算是每立方吋兩千磅，當然夠資格稱爲很重的物質，然而科學家現在知道那算法太保守了。最新數據顯示，它是每立方吋一百五十萬噸重！這當然是除了黑洞以外，宇宙中最重的物質。如果你有一立方吋的天狼星B，它重達一百五十萬噸，不管你把它放在哪裡，它都會穿透支撐物，直入地心，繞著地軸擺盪，直到摩擦力讓它停在地球中心爲止。

此外，科學家研究天狼星B繞行天狼星A的路徑時，發現它繞行一周需要費時五〇‧一年。督剛族人的說法絕非巧合！因爲實在太接近事實了。爲何古老的原始部落會有這顆星星的詳盡資訊，而我們直到本世紀初才有這種測量能力？

這只是他們所知的一部分，他們還知道太陽系其他行星，包括近代發現的海王星、冥王星和天王星；甚至知道這些行星的模樣，那是我們到了太空才看見的。他們知道紅血球、白血球和人體的各種生理資訊，這也是我們近代才有的知識。

有一隊科學家想了解督剛族人如何知道這一切──其實他們可能已經犯了一個錯誤，因爲如果他們接受督剛族人擁有這些訊息的事實，他們就必須接受督剛族人得到這些資訊的方式。當科學家們問督剛人「你們怎麼知道這些事」，督剛人說是洞中的畫告訴他們的。這些畫顯現了一個看起來很像飛碟的東西從天而降，著陸在三腳架上，飛碟上的生物在地上挖了個大洞，注滿水從船上跳入水中，並來到水邊。這些生物看起來很像海豚，事實上，也許就是也說不定。他們開始和督剛人溝通，描述他們的來處並給督剛人這些資訊。

這是督剛人的說法。聽完督剛人的回答，科學家們不好表示意見，只能說：

「嗯，我們沒聽說。」因為這不符合常識，只好封藏起來。大多數人（包括科學家）不知該如何處理這種事實，有太多這種我們不知該怎麼辦的資訊。既然找不到方法整合這些不尋常的資訊，只好不理，因為你知道保留它會讓我們的道理行不通。

督剛人還知道另一件事。圖1-4是督剛洞穴的一幅小畫，科學家不知道那是什麼──直到用電腦計算天狼星A和天狼星B的軌道。督剛人洞穴的畫顯示一九一二到一九九〇年間，從地球看天狼星A和天狼星B的軌道。那些海豚或不明生物早在七百年前就把現代天體的運行軌跡給了督剛人。

這些訊息陸續揭露，我發現，一九一二和一九九〇年非常重要。事實上，這也許是地球有史以來最重要的時期，關於這點我會再解釋。簡言之，一九一二年開始了時光旅行的實驗，還做了一些關於外星灰族（Gray）和人類的實驗（我會再解釋），而一九九〇年是地球的揚升座標（ascension grid）完成的第一年。這段期間還發生了很多事。督剛人的壁畫指出的期間可說相當具有預言性質。

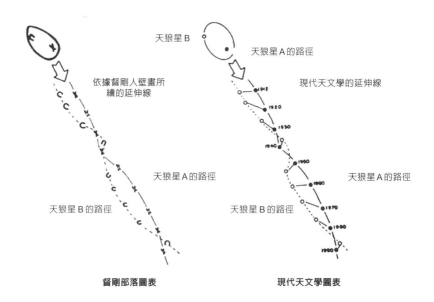

督剛部落圖表　　　　　　　　**現代天文學圖表**

圖1-4　代表天狼星B繞行天狼星A路徑的
　　　　兩條延伸線。左邊是督剛人的壁
　　　　畫，右邊是羅伯・天普的計算。

祕魯之旅和更多的督剛人證據

　　我是在一九八二至八三年間得知這些督剛人的資料，那年我認識了一個研究督剛族的團體，他們造訪督剛族的居地並和他們談話。一九八五年我帶了一團人去祕魯，其中有一位是這群督剛族研究團體的成員。我們住進庫斯科一間名為聖奧古斯丁的豪華旅館，打算第二天去走高山稜線上綿延四十哩的印加步道。我們會爬上一萬四千呎的山脊，然後來到下方五千呎的馬丘比丘城，這段路極為美麗。

　　旅館在市中心，是一棟西班牙風格的宮殿。兩人一間房，我剛好和那位督剛族學者分配在同一個房間，他不斷告訴我他們的研究發現，比我剛才提到的更多。那天我們分配到二十三號房，他興奮到不停大叫：「二十三！太好運了！」在督剛人居住的地方，天狼星會從地平線隱沒，幾個月看不見，直到七月二十三日的清晨再度出現在地平線東方，閃耀著紅寶石的美麗光芒，六十秒後太陽便上升。所以你只能看見天狼星很短的時間，然後它就不見了。這段時間稱為天狼星的「近日上升」（the heliacal rising of Sirius），對多數古老部落而言這是非常重要的時刻，不僅是督剛人或埃及人。

　　此時天狼星、太陽和地球連成一線。在埃及，幾乎所有廟宇都建在這條線上，包括人面獅身像。很多廟的牆上有鑿洞，鄰牆上也鑿有小洞，光線會通過牆上的洞，直達一間昏暗的密室。在這間暗室中央會放置一個刻有圖騰的花崗岩立方體或黃金比例的長方體，當天狼星的近日上升時刻到臨，一道紅寶石般的光會貫穿牆上所有的洞，進入暗室，在祭壇上照射數秒，宣告新年開始，這是古埃及曆法（Sothic calendar）的第一天。

　　現在我們在祕魯，一邊走進房間一邊談著二十三的神奇。當我們進入房間，放下行李，看見床單上居然有圖1-5的圖樣（見下頁），我們杵在那五分鐘，說不出話來。上面的圖樣與督剛人飛碟上的生物外形極為類似：牠們一半在水中，一半在空氣中，顯然是呼吸空氣的哺乳類生物；牠們的鰭是水平而非垂直的，海洋中有這種鰭的唯一生物是鯨豚類，例如海豚與鯨魚。

　　督剛族的圖畫在非洲……而我們在祕魯，看著非常類似的哺乳動物，真是匪夷所思。我們問旅館職員對這個圖案了解多少，他們知道得不多，多半是西班牙後裔，和印第安人的傳說沒什麼關聯，不知道創世記的故事，也不明白這個圖騰的意思。圖1-6是圖案的樣子（見下頁）。

　　為了發現更多資訊，我們租了一輛小車到城裡，希望問到一些訊息。最後我們來到的的喀喀湖，與烏魯斯（Uros）的印第安人談話。當我問他們這個圖騰，他們

圖1-5 庫斯科旅館床單上的標誌。

圖1-6 庫斯科聖奧古斯丁旅館的標誌。

說了和督剛人類似的故事：飛碟從天上降落在的的喀喀湖的太陽島上，像海豚的生物跳進水裡，上岸後告訴人們他們的故鄉，並與前印加民族建立親密關係，這是他們與天人的連結，而印加帝國就此開始。

這個故事令我震驚，不久之後澳洲《Simply Life》雜誌撰寫了這個主題的系列文章。人們研究調查時發現，全世界的文化都有這樣的故事。在地中海沿岸，有十二**個部落**說著類似的故事。

我們之後再仔細聊聊這些海豚族的故事，看起來牠們在地球的意識發展上扮演重要的角色。

梵文詩和 π 的奇妙關聯

現在讓我們來看一些完全不同的證據，顯示遠古祖先或許比我們認為的更進化。圖1-7是八〇年代某本雜誌上的梵文詩，其下是中文翻譯。

> Gopi bhagya madhuvrata
> Sṛngiśo dadhi ṣandhiga
> Kala jīvita khatāva
> Gala hāltāraṣandhara
>
> 「喔，神哪！我以擠奶女工奉獻的酸奶敬獻你！
> 喔，墮落的救助者！喔，濕婆神！請保護我！」

圖1-7 摘自《Clarion Call》，〈數學和靈性次元〉，大衛·奧斯彭（David Osborn）。

經過多年研究發現，梵文的每一個發音都應對一個數值，這是花了很久的時間才想通的道理。圖1-8是梵文所有的發音，每個音各自對應一個〇到九的數，有些音節對應兩個數，例如基本音「Ka」，意思是**靈魂**，依據不同用途應對〇或一。

ka				=	0
ka	ṭa	pa	ya	=	1
hka	ṭha	pha	ya	=	2
ga	ḍa	ba	la	=	3
gha	ḍha	bha	va	=	4
gna	ṇa	ma	sa	=	5
ca	ta	śa		=	6
cha	tha	ṣa		=	7
ja	da	ha		=	8
jha	dha			=	9

pi/10＝0.31415926535897932384626433383279

圖1-8 所有的梵音及其代表的數字。

　　當研究人員把聲音數值套進這首詩，便出現了一組極具意義的數字：0.3141592653589……它可繼續到三十二位數，正是圓周率除以十取三十二位數得到的數！沒有人知道為什麼它要表示 π 除以十。如果你把小數點右移一位，便成了3.1415……也就是圓周除以直徑所得的數。或許他們知道圓周率的計算理論，但依我們對祖先的認識，他們絕不可能有這麼精確的計算能力，然而這是無可否認的證據。

　　不知還有多少類似的梵文詩篇和文章被解譯出來，但我想結果必定非常驚人。這些遠古祖先是如何辦到的？他們是什麼樣的人？我們對他們的了解是否可能不正確？他們是否比我們認為的更先進？這首詩讓人不得不這麼想。

人面獅身像有多古老？

　　接下來要談到的可能是這個星球最重要的發現之一，此刻正在進行中。然而，四十年前史瓦勒‧魯比茲（R. A. Schwaller de Lubicz）便著手進行了。他是自學有成的埃及考古學家，著作等身。他和繼女露西‧拉蜜（Lucie Lamy）對神聖幾何和埃及文化有深厚的了解。

　　魯比茲觀察人面獅身像時，對於它的表面磨損特別感興趣。人面獅身像的背面，有深達十二呎的侵蝕刻痕，與埃及其他建築物完全不同，見圖1-9。其他建物的刻痕由風沙造成，跟存在四千年之久的建物一樣，但人面獅身像上的磨損似乎是水蝕的平滑刻痕。主流學者認為人面獅身像、大金字塔和其他相關建築，皆為四千五百年前第四王朝的基奧普斯（Cheops）所建。

圖1-9 修葺中的人面獅身像。

　　埃及考古界拒絕面對這個問題。歧見持續了四十
年，但埃及人不願承認這個明顯的事實。後來，約
翰・安東尼・魏斯特（John Anthony West）對此很感
興趣。他寫過許多關於埃及的書，如《Serpent in the
Sky》和埃及的旅遊書。當他聽說人面獅身像的爭
論，便親自去察看，發現那個磨損確實超乎想像的
深，是水沖刷造成的。然而他也跟魯比茲一樣，發現
知名的考古學家都不相信他對人面獅身像的意見。

　　我想否認是有理由的。請了解我不想破壞任何主
要信仰，只想單純地報告。全世界有五千多位埃及考
古學家，他們都彼此認同，這些認同變成了傳統，他
們只願做少許改變，並且認同金字塔的年份。這些考
古學家幾乎清一色是伊斯蘭教徒，他們的聖經是可蘭
經。可蘭經中，造物主在六千年前開始創造一切。如
果伊斯蘭教徒說某個建物是八千年前建造的，他便在
和他的經典爭辯，他們沒辦法這麼做，所以不想談，
更不會討論。

　　他們不會同意你說有東西超過六千年歷史，他
們會盡一切可能維護他們的信仰，以確保沒有人知

道有任何超過六千年的人造物存在。例如他們把第一王朝的金字塔（比薩卡拉城更古老）圍起來，在周邊和內部設立軍事堡壘，不讓任何人進入，因爲它們的年代在六千年以前或接近六千年。魏斯特於是從埃及考古學界外帶進一位美國地質學家勞勃‧史考區（Robert Schoch），以科學觀點提供電腦分析。當然，他的結論是人面獅身像**確實有**水蝕痕跡，而它現在在至少有七千年歷史的沙漠中，表示它的年代遠超過六千年。

不僅如此，電腦估算要造成此磨損，至少得經過一千年每天二十四小時猛烈的雨水沖刷，這表示人面獅身像至少有八千歲；又因爲不可能有持續一千年的傾盆大雨，所以估計人面獅身像應該至少有一萬到一萬五千歲，或許更老。當這個證據公諸於世，便會是地球上最震撼的發現，比任何其他發現更能影響世界的看法。儘管這個證據已流傳開來，但尚未列入教科書成爲普通常識。經過許多檢視、驗證、思考與爭辯，最後大部分科學家同意那是不容置疑的。

如此人面獅身像的年代是在一萬或一萬五千年之前，或者更早。這改變了考古人士的整個世界觀。依我們目前的認識，世界上最古老的文明是西元前三千八百年的蘇美人。在那之前，傳統常識認爲除了茹毛飲血的野蠻人，整個星球沒有其他文明，但我們卻發現了一個一萬到一萬五千年前的人造物和文明，這將改變一切！

過去，像這樣影響全世界的發現要花上一百年，才能傳播到人群中，但是拜電視、電腦、網路和現代環境所賜將快速許多！現在科學界開始重視柏拉圖提到的那個文明、那個大陸、那段悠遠的過去：亞特蘭提斯。

人面獅身像是這個星球最大的雕塑，茹毛飲血的史前人類**無法**完成它，它**並非**我們目前所知的地球人所建造的，而是由高度精緻的文明所創造，在科學上，這是人類文明史上第一個被接受的眞憑實據。還有許多其他證據，但人們總是不願放上檯面討論。這個人面獅身像的資訊打破了我們的世界觀，在一九九〇年衝擊這個世界，而這裂口正在擴大。我們現在可以證明一萬年前地球**就有**高度文明存在，你將看見那如何徹底改變我們對自己的看法。

先知凱西、人面獅身像與紀錄大廳

我對人面獅身像會引發的改變很感興趣，尤其是研究與啓蒙基金會的觀點（這個基金會立基於「沉睡先知」愛德加‧凱西〔Edgar Cayce〕的教誨）。啓蒙基金會認爲，人面獅身像是「紀錄大廳」（the Hall of Records）的入口，那是傳說中的地下密室，儲藏了地球遠古文明的具體證據。

　　凱西是一位有趣的先知，他一生做了一萬四千次預言，一九七〇年已有一萬兩千則預言實現，另外兩千則會在未來發生。他唯一的預言錯誤是：他收到一位法國男士的來信，請他做健康預測，然而凱西搞錯，爲詢問者的雙胞胎兄弟做了預測，這是他唯一的失誤。除此之外，他的預言個個成眞，直到一九七二年。

　　一九七二年之後，錯誤開始出現。我會解釋爲什麼。（凱西預測：亞特蘭提斯會在西元一九七〇年之前出現。對於那些認爲凱西預言**未實現**的人，請查看西元一九七〇年一月份的《生活》雜誌，**確實有島嶼在凱西說的亞特蘭提斯區域浮現**，有的再次沉沒，有的至今還浮出水面。）

　　根據凱西所言，人面獅身像的右爪是紀錄大廳的入口，圖特與凱西都說過，靠近人面獅身的地下房間藏有絕對能證明在我們之前便已有先進文明的東西。圖特說那些東西會證明先進文明在五百五十萬年前就存在了。相較於這些祖先，我們的文明根本像是孩童。

　　圖特說，這個星球的文明可追溯到**五億年前**，我們最早的文明來自星星。在五百五十萬年前發生了一個巨變，影響了阿卡西紀錄（akashic records）。依我對阿卡西紀錄的理解，我無法了解那怎麼可能會發生。因爲任何發生的事都會以振動的形式永遠存在，所以我不了解阿卡西紀錄何以會被毀滅，但圖特說，這是眞的。

介紹圖特

　　圖特是誰？圖1-10是埃及的象形文字。圖中的一切都是象形文字，並非只有上方字體。象形文字（Hieroglyph）的字面意思是**神聖書寫**，這些象形文字被畫在紙莎草上，據說這是世上最早的紙。圖中的人物名爲圖特（Thoth），其中「o」發長音（有時候人們寫成「Thawth」，但發音爲「Tho~th」）。他的頭是朱鷺，這是一種鳥，因此當你看到肩膀寬厚、頂著怪鳥頭的男子，便是這位獨特存有的形象。圖特手握蘆葦桿，他是把書寫帶進這個世界的人。引進書寫是重大的事件，也許是這個地球週期影響最深遠的行爲，比任何其他行爲創造了更多進化和意識上的改變。

　　圖特左手握的東西，叫作安可（ankh：上飾圓環的 T 形記號），象徵永恆生命。安可對我們的工作有特殊的意義，因爲它是古埃及主要的象徵之一。我們身體周圍環繞像安可的電磁場。根據埃及人的觀點，憶起它是你返回永恆生命和眞正自由的家的開始。因此安可是主要的關鍵。

安可圖案

　　以上為大略介紹。我跳躍地談論不相干的主題；
隨後我會慢慢把它們建構成完整的畫面。

　　第二次在埃及旅行時，我到處尋找朱鷺這種鳥。
牠們應該生活在蘆葦叢，因此我帶著相機在蘆葦中尋
找。我在埃及所有的時間都在找朱鷺，卻始終未見
到。直到我回到阿布奎基動物園（Albuquerque Zoo，
位於美國新墨西哥州中部）才拍到圖1-11這張照片。
牠們看起來像是短腿的鸛，有著粉紅色的羽毛。

　　圖1-12是圖特的書寫，這是一幅複製的壁畫，圖
1-13的壁雕畫的是他屈膝握筆寫字。這是劃時代的革
新行動，根據傳統的歷史，書寫發生於埃及的薩卡拉
時代。不過我懷疑，應該再早五百年。薩卡拉金字塔
在西元前三千三百年由第一王朝興建，當我們談到比
薩卡拉更古老的金字塔時，你會了解我為何這麼說。

圖1-10 圖特的象形文字。

圖1-11 白色朱鷺。

圖1-13 圖特（右）書寫（原始壁雕）。

圖1-12 傳說圖特發明書寫，他
　　　 經常拿著紙莎草捲和尖
　　　 筆書寫。（複製壁畫）

我的故事

始於柏克萊

　　你們之中也許有些人無法接受和存在其他次元的存有溝通的可能性，但它發生在我的生活中。我不曾希求，它就是發生了。於是我幾乎天天和圖特做跨次元的對話，長達數年之久。現在我知道的更多，我想我和圖特的關係從我還在柏克萊念大學時就開始了。

　　我原本主修物理，副修數學，幾乎要拿到畢業證書了。然而畢業前三個月，我決定放棄這個學位，因為有些事讓我打消進入科學界的念頭，他們讓我覺得這裡毫無科學可言。現在這些都改變了。說來話長，這可以寫一本書了。我退學的理由和我剛才談到的考古學家的事有關。和考古學家一樣，物理學家面對太快和太大的改變時，都會無視真理，這或許是人性使然。於是我轉向另一邊大腦，開始主修藝術。我的導師認為我瘋了，他們問我：「你真的要放棄物理學位？」然而我不需要，也不想要。為了畢業，我再修了兩年藝術和藝術史。

　　現在看起來更換主修是合理的，因為當你研究古代文獻，你會發現古人把藝術、科學和宗教視為密不可分的一體。因此我加入的學程恰好適合我現在做的事。

放逐加拿大

　　我在一九七〇年取得學位，歷經越戰、觀察那時候美國發生的事，我覺得我受夠了。我不知道自己會活多久或未來會發生什麼事，但我決定要保持快樂並做自己想做的事。於是我放下一切潛遁山林，離開美國前往加拿大，完全不知道一年之後會有幾千名反越戰人士追隨我。那時候我和芮妮結婚，兩個人一無所有，在庫特內湖畔的小屋住下，遠離塵囂。從距離我們最近的公路走四哩才能到我們家，真的是與世隔絕。

　　我開始過我一直想過的日子，我總是想嘗試我能否一無所有地生活。剛開始有點害怕，隨著時間過去變得容易許多，我很快就習慣在自然中過活。我過得美好而充實，根本不花錢。一段時間後我領悟到這比在城市工作更容易！每天只要工作三小時，就可以整天休息。這太棒了，我可以玩樂器，到處遊蕩，過著美妙的原始生活。那就是我的生活，很快樂，我一天可以玩十個小時樂器，和方圓數哩外的朋友相聚。我們的地方還小有名氣。我們很快樂，這麼做對我現在的理解很重要，從那

時開始（我現在稱之為「回歸內在小孩」），我的內在孩童解放了。在解放中所發生的事是促使我過起現在生活的催化劑。

兩位天使和他們對我的引導

在加拿大溫哥華時，我們想了解靜心，便開始和當地的印度老師學習。我的太太和我非常認真地學靜心，戴上頭巾、穿上白袍以示慎重。經過四、五個月的練習，兩位高十呎的天使出現在我們的房間，一位綠色、一位紫色，我們可以看穿他們的身體，但他們的確就在那裡。我們完全沒預期、也沒有要求這種事情，我們只是跟隨印度老師的指引。我不認為他知道他在教什麼，因為他總是問我們很多問題。從那一刻起，我的生活開始不同，而這種變化從未停止。

天使說的第一句話是：「我們是你。」我不懂這話是什麼意思。我說：「你們是我？」然後他們開始慢慢教導我各種事情，關於我自己、關於世界和意識的本質。最後我的心對他們完全敞開，我可以感覺他們送出大量的愛，那完全改變了我的生命。他們在幾年間引導我接近七十位老師：他們在靜心裡精確告訴我老師的地址和電話，也會告訴我先打電話，還是直接出現在老師家。我會照做，而且**總是**能找到正確的人！他們會告訴我要在某位老師那裡待多久，有時可能還在學習中，他們就說：「好，你學完了，離開！」

我記得他們送我到拉姆·達斯（Ram Dass）那裡，我在他家待了三天，搞不懂究竟要做什麼。有一天，我碰他的肩膀要和他說話，瞬時一震，幾乎把我摔倒在地。天使說：「好了，現在你可以離開了。」我說：「好！」拉姆·達斯和我後來成為朋友，但不管我應該和他學什麼，那一秒鐘內便學完了。

　　拉姆‧達斯的老師尼姆‧卡洛里‧巴巴（Neem Karoli Baba）的教導，對我而言很重要。他相信「每一種見著上帝的方式，就是最好的方式。」。我接觸過尤迦南達（Yogananda）的作品，我很尊崇他。之後我會提到聖尤地斯瓦爾（Sri Yukteswar）和他的作品。我密集投入所有的重要宗教。我拒絕錫克教，因為我不相信軍事預備是必要的，但是我研習並演練其他所有的信仰：伊斯蘭教、猶太教、基督教、道教、蘇菲哲學、印度教、密宗……我深入學習道教和蘇菲哲學，也花了十一年研究蘇菲教義。然而在所有學習中，對我而言最有力量的老師是美洲原住民。印第安人打開了我心靈成長的大門，他們對我的生命產生重大的影響。那是另一個故事，有機會我會慢慢告訴你。

　　世上所有的宗教說的都是相同的實相，使用的語彙、概念和想法卻不同，但確實只有一個實相，只有一個靈性穿透所有的生命。也許有不同的技巧達到不同意識狀態，但是只有一樣事情是真的，當你達到那裡你便知道。不管你想怎麼稱呼它（你可以給它不同的名字），它都是同一件事。

煉金術與圖特第一次現身

　　到了某個時間點，天使帶我去找一位加拿大的煉金術士。他真的能將水銀變成黃金（也可把鉛變成黃金，難度較大）。我和他學了兩年煉金術，親眼看見這些過程。他有一個直徑十八吋、充滿液體的玻璃球，水銀氣泡會從底部升起，經過一連串發光的顏色和變化，上升至玻璃球頂端，變成固體的小金球，然後沉到底部。他收集的小金球都用於靈性工作。他在英屬哥倫比亞一條不起眼的伯納比街上有間很普通的小房子，但是他的**地下室**是隱密的實驗室。那是用幾百萬黃金建造的巨大空間，裡面滿是各種用品和設備，從電子秤到任何你叫得出名字的東西，以協助他繼續深入研究。他完全不在乎錢，當然煉金術的研究也不是為了製造黃金或錢，**而是去了解水銀或鉛轉變為黃金的過程**。過程最重要，因為水銀變黃金的過程確實和人從普通意識進入基督意識（Christ Consciousness）的過程有關。事實上，如果你想**通達**煉金術，你必須學習每一道化學反應式，因為所有的化學反應都應對了生命的**經驗**向度，所謂「天有一象，地有一物」❷。（這是圖特化身為希臘的赫密士〔Hermes〕時說的一段話。）

　　某天，我和這位煉金術老師進行特殊的睜眼靜心對坐，閉氣並以特定的方式呼吸。他離我三呎遠，我們進行了很長的時間，約一、兩個小時之久。然後，有件我從未遇過的事情發生了！他開始變得模糊並在我眼前消失，他不見了！我永遠不會

忘記這一刻。我呆坐著不知如何是好，遲疑地伸手去感覺他，沒有人。我想，哇！我被嚇壞了，像是腦袋開花一般，不知怎麼辦好，只好繼續待在那裡。不久之後，一個完全不同的人出現，絕對不是同一個人，我的老師三十五歲，而這人大概六、七十歲，很矮，只有五呎三、四吋。

　　他的個子很小，看起來像埃及人。黑膚長髮，紮在後面，臉刮得很乾淨，下巴有六吋長的厚鬚並打了五個結。他穿著簡單的黃色長袖棉質衣褲，對著我盤坐。當我從震驚中恢復，直接看進他的眼睛，我看到只有在嬰兒的眼睛會看見的東西。當你凝視小嬰兒的眼睛，那是很自在的，那裡什麼也沒有，沒有批判，空無一物。你只是融入他們的眼睛，而他們也融入你的眼睛。這就是看著這個人的感覺。這個老人身上有雙嬰兒的眼睛，在他之內什麼也沒有。我與他有了立即的連結，毫無阻礙，他前所未有地碰觸了我的心。

　　隨後他問我，宇宙有三顆遺失的原子，我知道在哪裡嗎？我根本不曉得他在說什麼，所以我說：「不知道。」然後，他給了我一個體驗，我不在這裡敘述，他把我送回過去，回到造物的開始並重新經歷它。這是非常有趣的出體經驗。當我回來，我了解他說的三個不見的原子是什麼意思──至少我以為我知道。所以我開始告訴他我了解的意思。當我說完，他微笑，點頭，然後就消失了。稍後我的煉金術老師再度出現。他完全不知道發生什麼事，那似乎只發生在我的體驗中。

　　那次經驗完全占據了我的心。那時候，天使要我和另外四位老師學習，所以我一位接著一位上課，生活真的很充實。但除了這位在我面前出現的小矮人，我什麼都不想。我沒有問他是誰，而他也沒有再出現。隨著時間過去，這些經驗也開始褪色。但是我的心總掛念著他是誰？為什麼要我去找那三個原子？這一切是怎麼回事？我渴望再次見到他，因為他是我見過最純潔的人。十二年後，我發現他是誰。他是圖特。一九八四年十一月一日，他再度出現在我生命中，並且教導我許多事。那些故事以後再說。

亞特蘭提斯的圖特

　　這個人，埃及的圖特，可以回溯到亞特蘭提斯的起源。五萬兩千年前，他便發現維持不死之身的方法。從那個時候起，他便有意識地逗留在相同的身體中，直到一九九一年，他進入一個遠超過我們所能理解的新存在狀態。他活過大部分亞特蘭提斯時代，甚至當了一萬六千年的亞特蘭提斯國王。在那些年代中，他的名字是璩桂泰‧亞理旭‧瑋瑪提（Chiquetet Arlich Vomalites），其中「璩桂泰」意指「尋找智

慧的人」，因爲他想要成就智慧。在亞特蘭提斯陸沉後（我們很快就會討論這段歷史），瑋瑪提和其他先進的存有，在重建新文明之前等待了六千年。

當埃及文明開始，他便以「圖特」之名現身，在整個埃及時代都用這個名字。當埃及滅亡，圖特開啓了下一個重要文明：希臘。我們的歷史稱畢達哥拉斯爲希臘之父，希臘是從畢達哥拉斯學派開始開展文明的，而我們的現代文明亦源自希臘。畢達哥拉斯在他的文章中提到，圖特牽著他的手，引導他到大金字塔底下，教導他實相的幾何結構和本質。當希臘在畢達哥拉斯之後誕生，圖特便以這個從亞特蘭提斯時代便存在的身體進入這個文化，並稱自己爲「赫密士」。因此史料記載，瑋瑪提、圖特和赫密士是同一個人。這是眞實故事嗎？讀讀兩千年前赫密士寫的《翡翠石板》（Emerald Tablets）吧。

從那時候起，他用過許多名字，但我仍稱呼他「圖特」。他在一九八四年回到我的生活，每天和我一起工作，直到一九九一年。他會在一天中用四到八小時教導我許多事，這些資料大部分源自他，當然也和源自其他老師的其他資料有關。

特別是這個世界的歷史，都來自圖特。在埃及，他被稱爲「文書」（Scribe），記錄每一件發生的事，他是最佳人選，不是嗎？他一直活著，作爲記錄者坐觀生命的起落，是很好的中立見證，這正是他理解的主要智慧。他絕少談論或行動，除非他知道那在神聖秩序中。圖特最後發現離開地球的方法，前往其他有生命的星球，在那裡觀照一切。他從不干涉，不發言，保持絕對靜默，觀察他們如何活出生命，以獲得智慧，理解一切——也許每個星球待一百年，然後到其他地方繼續觀察。

圖特總共離開地球兩千年，去研究其他的生命形式，但他認爲自己是地球人。當然，在生命的遊戲中我們總是會來自其他地方，因爲地球並不老，只有五十億年歷史，而靈性永恆，不管過去或未來，它都在，你也是一樣。靈性不死，除此之外的理解都是幻象。然而圖特認爲自己是地球人，因爲對他而言，他從這裡踏出進入永生的那一步。

圖1-14是圖特的妻子，雪賽特（Shesat）。她是個卓越不凡的人，不亞於圖特。她是把我帶進地球的人，大約西元前一千五百年。當時我並不在地球上，我們進行了跨次元的意識連結。她因爲埃及發生的問題連結我，因爲她知道埃及的問題終將影響整個世界和人類的未來。我們密切合作。我深深愛她並與她維持親密的連結，雖然她和圖特都不在這裡了。一九九一年，他們一起離開了這個音程（Octave），進入完全不同的生命經驗。他們的行動對我們而言很重要，你會了解。

一九八四年，在我首次遇見圖特之後的十二年，他回到我的生命。他做的第一

件事是帶我到埃及進行啟蒙之旅。他讓我走遍埃及，在特定神廟做儀式和接受點化。我被要求進入大金字塔底部某個特定空間，用原始的亞特蘭提斯文反覆唱誦長句，並進入一種全身是光的意識狀態。我會說這個故事，我保證。

圖1-14 圖特的妻子雪賽特。

圖特、幾何與生命之花

　　我從埃及回來的三、四個月後，圖特對我說：「我想看看天使給你的幾何圖案。」天使給了我一些關於實相與靈性關係的基本資訊和幾何圖形，並教我那個我會教你們的靜心。這個靜心是圖特想要從我這裡得到的第一個東西。我們的交換是：我接收他的全部記憶，他接受這個靜心。

　　他想要這個靜心，因為那比他原本的方法簡單多了。他以非常幽微的方式活了五萬兩千年，像是把自己的生命掛在一條細線上。他每天必須花兩個小時靜心，否則會死。其中一小時頭北腳南做某種靜心，再用一小時以反方向做另一種靜心。為了讓他的身體再生，每隔五十年，他必須到一個叫「阿曼提大廳」（Halls of Amenti）的地方，在生命之花前坐上十年。（生命之花是一種純粹的意識火焰，位於大地子宮深處，人類的意識層次需要依賴它存在。稍後我會再談到。）

　　圖特對於這個新靜心很感興趣，因為他花兩小時才能完成的工作，只消用梅爾卡巴做六次呼吸就夠了。它快速、有效、精確，潛力更大，因為它引導你進入一種恆常的知覺形式。於是圖特開始教我他的大量知識。當他出現在我的房間，我們並非以言語交談，而是以結合心電感應和全息影像的方式說話。你們也許認為他的想法對我而言是全像式的，事實上不僅如此，他對我做的描述，我可以嘗到、嗅到、聽到或看見他的想法。

他說他想看天使給我的幾何圖形，我就用心電感應從我的第三眼送一個小光球到他的第三眼。於是他看見了整件事，五秒鐘後，他說我忽略了許多交互相連的資訊層次。於是我開始每天花很多時間在那裡畫圖，試著了解那個我們現在稱爲「神聖幾何」的東西到底是什麼。

那時候，我不知道如何形容這種看見，我不知道那是什麼，不了解它的意義。我不知道除了古人，現代還有誰能理解？我以爲全世界只有我。然而，當我愈投入，我愈了解亙古以來它都存在。它無處不在，存在於整個地球歷史，在全宇宙。圖特用這種方式教了我很久，最後，我們完成了一幅圖：圖1-15的生命之花。他說那包含一切知識，陽性與陰性，無所遺漏。就是左下這幅圖。

我知道此時驟下結論太過武斷，但圖特說這張圖的比例中涵蓋生命的一切面向。它代表一切數學方程式，一切物理學定律，一切音樂和弦，一切生物的生理形式，包括你的身體。它包含每個原子，所有的次元和波動宇宙的每一件事（我稍後會解釋波動宇宙）。在他的教導下，我逐漸明白這些事。我知道這個結論聽起來匪夷所思，我會證明我說的話。然而我無法證明這幅圖含括的每一個面向，因爲創造有太多項目，一本書顯然不夠，但我會給你足夠的證據讓你明白，並把這個觀點帶進每一件事中。

圖特告訴我，我會在埃及找到生命之花的圖樣。我和圖特一起工作多年，只懷疑過兩次，這是其中一次。我的小小心靈說：「不可能！」因爲那時候，我讀完所有關於埃及的書，從未在哪裡看過相關敘述。我飛快搜索腦中想得出來的資料，我認爲不，這種圖案

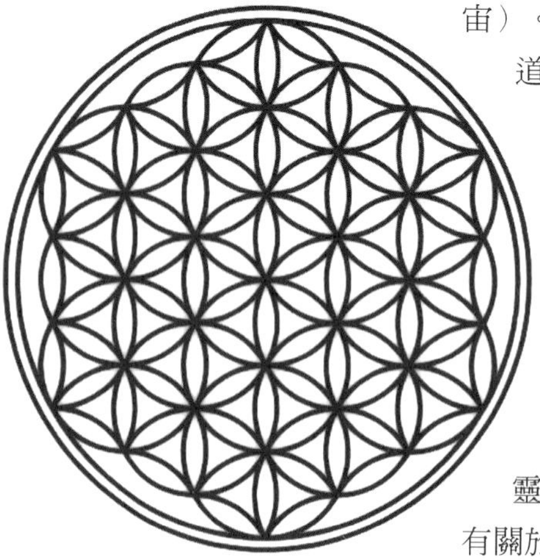

圖1-15 生命之花。

不可能在埃及隨處可見。然而他說我會發現它，就離開了。我甚至不知道該從哪裡找起。

兩週後，我去看我的朋友卡翠娜‧拉斐爾（Katrina Raphaell），她寫了三本水晶的書，剛從埃及回來，我們約在新墨西哥州陶斯城（Taos）的一間雜貨店。當我進去時，她正站在相片沖洗櫃檯前整理一堆剛沖洗好的照片，那是她最近去埃及的照片。那堆照片約有十吋高，她以三十六張為一落堆疊起來。我們開始談話，然後她對我說：「對了，我的指導天使要我把一張照片交給你。」我說：「喔，是什麼？」她說：「我不知道。」她在照片堆中胡亂搜尋，隨手抽出一張，說：「就是這張。」

卡翠娜是我多年的朋友，但對我的工作一無所知，因為我並沒有和誰談起我在做什麼。她抽出的那張照片就是圖1-16在埃及牆上的生命之花。

那面牆可能是埃及最古老的牆之一，它在一座有六千年歷史、地球上數一數二的古老神廟中。當我看見照片中的生命之花，除了「哇」之外，我什麼也說不出來。卡翠娜問：「那是什麼？」我只能說：「妳不了解，但是，哇……！」

圖1-16 阿比多斯牆上的生命之花，卡翠娜‧拉斐爾攝。

注釋

❶最近有一顆磁星被發現，它是一顆中子星，每秒鐘旋轉兩百次，產生巨大磁場。一九九八年八月二十七日，科學家們測得一次幾乎讓他們的儀器破表的磁波，堪稱星際地震，從SGR1900+14這顆強磁中子星發出。這道磁波讓七架太空梭上的伽瑪射線測量儀超載，並讓其中兩架太空梭當機，包括會合–舒梅克號太空梭（Near Earth Asteroid Rendezvous -Shoemaker）。

❷在大衛‧哈德森（David Hudson）關於黃金白粉（white-powder gold）的新發現中，我們可以聯想我們的靈性亦有類似的轉換。

Chapter 2

揭露生命之花
的祕密

阿比多斯的三座奧賽里斯神廟

　　圖2-1的這座神廟位於阿比多斯（Abydos），是塞提一世（Seti I）爲供奉奧賽里斯（Osiris）而建，後面是另一座非常古老的奧賽里斯神廟，牆上刻有卡翠娜拍到的生命之花圖案。除此之外，還有第三座神廟也叫作奧賽里斯神廟。

　　圖2-2是這三座神廟的平面圖。很明顯，埃及人當初在挖山建造塞提一世的神廟時，已經知道第三座神廟的位置。在挖掘途中，他們發現這兩座廟中的第二座，也是比較老的那一座神廟。於是塞提一世改變了施工計畫，把新神廟更改成L形，以免毀損較古老的第二座神廟。塞提一世的神廟是埃及唯一一座L形廟宇，這個事實補強了以上的推測。

　　有人說第二座老神廟也是塞提一世蓋的，然而第二座神廟的設計和塞提一世的神廟完全不同，而且它的石塊比較大，多數埃及考古學家認爲它的年代更久

圖2-1 塞提一世神廟，此爲圖2-2中L形神廟最右方的小突出。

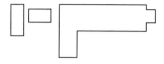

圖2-2　阿比多斯三座毗鄰的奧賽里斯神廟。

遠。此外，它的地基高度也比塞提一世神廟低，證明其歷史更悠久。塞提一世開始建造他的新神廟時，第二座神廟看起來像個山丘。當時，後面那座長方形的奧賽里斯神廟（第三座神廟）是埃及最古老的廟宇之一。正因為它已相當老舊，塞提一世便想蓋一座新廟來奉祀奧賽里斯。我們將依序來看塞提一世神廟、第三座神廟和第二座最古老的神廟。

時光刻痕

最近考古學家發現埃及神廟牆上的鑿痕很有趣。觀光客通常會留意到牆上有大量的破壞痕跡，尤其是關於神祇的象形文字，個個都遭到削切或破壞。但他們可能沒有注意這些破壞都發生在相同高度，從人的眼睛上方到十二呎或十五呎左右，超過或低於這個高度就沒有破壞的痕跡。其實我在那裡也完全沒有注意到這件事。不只是我，數百年來許多埃及考古學家也沒注意到，直到終於有人說：「奇怪！怎麼破壞都發生在特定範圍？」這個領悟開始讓考古學家去了解被破壞區域和其上下部分的不同。

他們終於發現，原來牆上顯示的是時間帶。眼睛以下到地板的範圍代表過去，眼睛以上到十五呎左右的範圍代表現在（神廟的建造時間），超過這個高度的部分（埃及神廟有時高達四十呎以上）預告將來發生的事。

考古學家於是了解到，只有廟裡的祭司知道這個規則並鑿刻象形文字；祭司是唯一知道他們刻掉的是現在的人。因為一般破壞的塗鴉不會這麼精準地只選擇代表現在的範圍；此外，破壞者也不是帶著大槌頭來工作的，事實上，他們是小心翼翼地鑿刻掉特定的東西。我們花了這麼多世紀才發現這件事。

塞提一世神廟

　　圖2-3是阿比多斯塞提一世神廟的前端，這僅是龐大神廟中的一小部分。

　　我知道目前至少有兩個證據證明埃及人可以看到未來。我有其中一張照片，它是阿比多斯塞提神廟中一根高大梁柱的上方，如果你從未見過，你很難相信，但它確實在那兒。下次我去埃及會去拍另一個證據回來，因為我知道它在哪裡。

　　我認為這兩張照片無疑證明了埃及人可以看到未來，我不清楚他們是怎麼辦到的，你們可以想想看。事實上，埃及人真的可以，最後我會用照片證明這一點。

圖2-3　阿比多斯塞提一世神廟的前
　　　　端，為圖2-1神廟正面全長的
　　　　側視圖。

「第三」神廟

　　圖2-4是三座神廟中的第三座，一座長方形、開放式的廟宇。古埃及的國王與法老們認為這座神廟是全埃及最神聖的地方，因為他們相信奧賽里斯在這裡復活並進入永生。

　　第三王朝若瑟（Zoser）國王在薩卡拉城用知名的金字塔階梯建造了富麗堂皇的陵墓，那應該是他的預定埋葬地，但他最後並沒有葬在那裡，反而把自己葬在這間簡樸的神廟中。

圖2-4　阿比多斯的第三座奧賽里斯
　　　　神廟。牆的頂端便是地面。

　　這間神廟不准許任何人進入，但我沒有辦法只是站在那兒往下看，於是趁著四下無人，翻牆跳進中庭。我想在埃及人對我大吼和趕我出去前爭取五分鐘，我以為他們會逮捕我，但是沒有。那裡的象形文字非常特殊，跟其他地方不一樣，壁畫的簡潔完美令人印象深刻。

「第二」神廟的神聖幾何與生命之花

　　圖2-5是三座神廟中的第二座，它的高度比其他

圖2-5　阿比多斯第二神廟，河水淹沒
其地面，野草叢生。箭頭指的
是刻有生命之花的石牆。

圖2-6　第二神廟的階梯，這是還
沒泡水前的樣子。取自羅
伯·勞勒（Robert Lawlor）
《Sacred Geometry》。

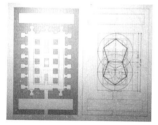

圖2-7　奧賽里斯第二神廟平面圖。
出處同上。

兩座低，一直被埋在地底下直到被挖掘出來爲止（圖片右邊的扶梯是爲了從較高的地面進入而建）。我從第三神廟面向塞提一世神廟拍下這張照片，背景中可以看到塞提一世神廟的後牆。第二神廟（也就是卡翠娜發現生命之花的地方）只有一處開放參觀，正是最好的地方。由於尼羅河不斷上漲，現今這座神廟大部分都泡在水中。它剛被發現時是開放而乾燥的。

圖2-6的兩張照片是神廟中央沒泡水前的樣子，分成三部分：（一）從下層通往神殿中央的階梯，有一塊像祭壇的石頭，（二）像祭壇的石頭，以及（三）往下通往祭壇另一面的階梯，在這裡看不見。你可以看出這三個層次代表奧賽里斯信仰的三個面向，在圖2-7的平面圖中你可以看見第二神廟的兩組階梯。

露西·拉蜜畫出這座神廟的原始平面圖，兩個背對背的五角形顯示平面圖中隱藏的神聖幾何，現在我要給你們一些神聖幾何的背景知識。

在圖2-8中，圖A是二十面體（icosahedron），表面是由等邊三角形組成的五邊形B所構成，在神聖幾何中，我們稱B爲二十面體的蓋子（icosahedral caps）。這裡的三角形是正三角形，如果你把這個蓋子從二十面體上拿開，放在十二面體（dodecahedron，由十二個五角形所組成，如圖C所示）的每一個面上，正好會形成D圖的星狀十二面體（stellated dodecahedron）：一個比例特殊、環繞地球的基督意識網絡（Christ consciousness grid）。如果沒有這個網絡，這個星球就不會有新的意識，在本書結束前你會明白這句話。

兩個二十面體的蓋子相連會變成蛤殼，如圖E。這些蓋子是鑰匙，因爲它們是基督意識網絡的基本幾何。我認爲，那也就是埃及人在這個古老神廟刻畫的幾何圖形。我發現在奉祀奧賽里斯和他復活的神廟中運用兩個背對背的五角形作爲平面圖非常適當。「復

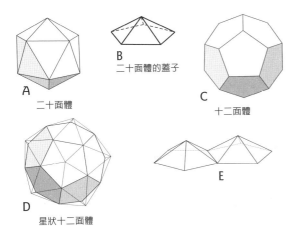

圖2-9 從第二神廟看出去。箭頭是
　　　卡翠娜攝影之處。

圖2-10 和圖1-16卡翠娜的相片一樣
　　　的生命之花。

圖2-11 左方是生命種子，同樣位於
　　　上圖石牆上，但在最左方。

A
二十面體

B
二十面體的蓋子

C
十二面體

D
星狀十二面體

E

圖2-8 圖形D是基督意識網絡。

活」和「升天」引領你進入基督意識。

　　圖2-9在第二神廟的下方，箭頭指出卡翠娜無意中拍攝生命之花的地方，圖2-10是我的相機拍攝的相片。我的相片效果比她的好，你可以看見在陰影的地方，同一塊石頭上有另一個生命之花的圖案，兩個生命之花並列。在同一塊石頭上，這些圖案的左方，是其他相關的圖案。這些用來建造神廟的石頭非常巨大，有這些圖案的石頭也是，我想至少有七○到一百噸重。讓我疑惑的是那些野蠻人是如何搬動這些百噸重的石頭？

　　在這些牆上有許多相關的圖形，在圖2-11的照片中，左方即是生命種子，如圖2-12所示，它直接出自生命之花。

　　因為牆的下方有水，我無法進入。但是我想知道石頭的另一邊有什麼，所以我啟動相機的自拍功能，將相機繞過去拍。圖2-13就是我拍到的照片。你只能看到一點輪廓，但是它包含了許多我們接下來要研究的部分。

　　看著這些圖案，我感到非常驚訝，因為它們對我

圖2-12 生命之花中央的生命種子。

圖2-14 科普特象徵。

圖2-15 科普特符號。

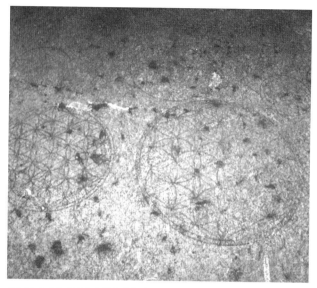

圖2-13 生命之花及上方的其他部分。

而言非常熟悉，我知道它們的意義，它們就排列在有數千年歷史的埃及牆上。這些圖案很古老，但是我知道它們是什麼。

科普特人的雕刻

　　下面這張相片，是用八○釐米鏡頭從第二神廟的一面牆以遠距拍攝而成的。牆上有個圖案，雖然從圖 2-14 的照片中很難看出來，但現場可以看得很清楚。看起來就像圖2-15。

　　這是基督教的符號，來自一個名為「科普特」（Coptic）的埃及教派，存續於埃及王朝將滅亡之際。如果我們把另外兩個相關團體愛色尼教派（Essenes）和德魯伊（Druids）教派一併考量，他們後來變成最早的基督徒。你或許不認為這兩個教派源自埃及，但我們相信他們是。

　　這是科普特教派的符號，當我看到它，我了解到這些和生命之花有關的圖案可能不是這個建築物的建

造者畫的，而是科普特教徒。科普特教徒的歷史要晚
得多，他們可能知道這是復活之地，所以在此處進行
復活儀式。在他們畫這些圖像時，這個建築物可能就
已經有幾千年歷史了。這樣看來，這圖像不會早於西
元前五百年，也就是科普特教派形成的時間。

　　圖 2-16 是真正的科普特符號，十字和圓圈，有
時它們在三角形中。圖 2-17 是另一個科普特符號，儘
管已嚴重剝落，你仍可看出其中的十字與圓圈。在頂
端你可以看見生命之花中央的六個環圈。在埃及圖畫
中，每當你看到頭上的球，那表示它的焦點一定在球
中央，那是他們當時想著的事情或目的。

　　圖 2-18 是另一個用這個象徵符號的方式，四個相
交的弧形被外圓包圍。圖 2-19 這張照片很有意思，你
可以看見那隻魚在呼吸。這幅畫**早於**基督出生，是科
普特人畫的，它有十三個小刻痕或魚鱗，並且在呼吸
空氣。在祕魯的督剛族，我們也看過呼吸的魚。這是
埃及，而它也出現在其他地方。

早期的教會改變了基督教符號

　　回去研究古老文獻，你會發現在耶穌死後兩百
年，基督教發生很大的變化。事實上，這兩百年耶穌
不是很出名。當時最有影響力的是希臘正教，他們改
變了基督信仰的一些內容──增刪一些理念，並改造
許多事以符合他們的需要。其中一項是一個重要符
號。回到基督時代，從所有可考的資料來看，基督在
當時並不被認為是魚，而是海豚。是希臘正教把海豚
改成魚。今日的耶穌被指稱為魚，現代的基督徒甚至
用魚來代表基督教，這到底是什麼意思，我不知道，
我只推測海豚是什麼。此外，希臘正教也把聖經中關
於輪迴的資料刪除了，在此之前，基督教完全接納輪
迴為信仰的一部分。

圖 2-16 科普特圖騰。

圖 2-17 科普特圖騰。

圖 2-18 其他科普特圖騰。

圖 2-19 呼吸的魚。

圖2-20 生命之花。

圖2-21 生命種子，源自生命之花。

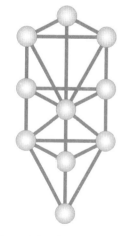

圖2-22 生命之樹。

生命之花：神聖幾何

生命之花的圖形不只在埃及（圖2-20）出現，也在世界各地現身，我會在第二冊給大家看那些照片，在愛爾蘭、土耳其、英國、埃及、中國、西藏、希臘及日本都有它的蹤影 ❶。

這個世界稱它「生命之花」，然而它在宇宙各地有不同的名字，另外兩個主要名字是「寂靜之語」和「光之語」。它是所有語言的源頭，宇宙最原始的語言、最單純的形狀和比例。

稱它為花不僅僅是因為它看起來像花，也因為它代表一顆樹從種子到果實的週期。果樹開出小小花朵，歷經轉化，結出櫻桃、蘋果等果實。果實中有種子，種子落地又生長成果樹。在五個步驟中完成樹、花、果、子、樹的週期，這是個奇蹟。然而它就在我們腦海中，平凡無奇，我們不假思索地接受。這五個簡單神奇的生命循環步驟其實就是生命幾何，也是我們即將探討的內容。

生命種子

如之前的圖2-12，生命之花的中心是七個連結的圓，如果你用一個圓圈住它們，就成為生命種子的圖形，如圖2-21所示。

與生命之樹的關聯

圖2-22的這個圖案，形成你可能比較熟悉的「生命之樹」。許多人認為生命之樹源自猶太人或希伯來人，其實不然。我有證據證明卡巴拉（Kabbalah）並非生命之樹的來源。生命之樹不屬於任何文化——包括埃及，即使五千年前埃及人便在卡納克（Karnak）和盧克索（Luxor）的三根梁柱上刻了兩組生命之樹的圖形；它也不屬於任何種族或宗教，它是大自然密不

可分的一部分。只要有意識的地方，即使是遙遠的星球，你都會發現相同的圖案。

所以如果我們有樹、花、種子，而這些幾何是果樹生命循環的五個階段，那麼樹的起源必然完美地存在種子中。如果我們把生命種子與生命之樹的圖疊在一起，如圖2-23，就可以看到這個關係。你看到它們完美地嵌合在一起嗎？就像鑰匙和鎖一般。

圖2-23 交疊的生命之樹與生命種子。

此外，如果你觀察埃及梁柱上刻的生命之樹，會看見它上下各多一個圓，如圖2-24。這意謂著它本來有十二個元件，而這十二元件的版本恰好完美地吻合生命之花的圖形。（生命之樹還有個第十三個圓，可在可不在。）

我會慢慢引導你，就當你不曾聽過神聖幾何，從最基本的地方開始，我們慢慢建構它，直到你了解為止。首先，你可以看見神聖幾何的整體性，每個圖形和其他圖形完美嵌合，這是了解這種幾何本質的右腦方式。當我們學到後面，會愈來愈複雜，你會不斷看見相同的關係令人驚訝地出現在每一件事情中。神聖幾何出現奇異關係的可能性是幾兆億分之一，然而你會不斷見到它——顯化。

魚形橢圓

圖2-24 多了兩個圓的生命之樹。

魚形橢圓

神聖幾何中有個像是圖 2-25 所示的圖案，當兩個相同半徑的圓心位於彼此的圓周上，就形成這個圖案。這兩個圓交疊的區域稱為**魚形橢圓**（vesica piscis）。你會開始了解這個形狀是神聖幾何關係中最常見和重要的形狀之一。

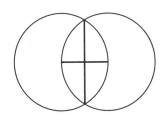

圖2-25 魚形橢圓和它的兩個軸。

魚形橢圓有兩個長度，長邊貫穿短邊的中心，短邊連接兩個圓心——它們是通往神聖幾何偉大知識的鑰匙。許多人不知道生命之樹（不管是十個圈還是十二個）的每根線條都是生命之花魚形橢圓的長或

寬，且**都**符合黃金切割比例❷。

　　若你仔細把生命之樹放上生命之花去觀察，你會發現它的**每一條線段**都是魚形橢圓的長或寬，這是我們離開渾沌虛空的第一個可見的關係（虛空是另一把鑰匙，我們很快就會談到）。

埃及的轉輪和跨次元旅行

　　圖2-26的這些轉輪是目前已知最古老的符號之一，只出現在幾個非常古老的埃及墓穴天花板上。它們總是一組四或八個，沒有人知道那是什麼，連世界最知名的埃及考古學家也不清楚。對我而言，那證明了古埃及人知道生命之花並非裝飾，並明白我要和你分享的大部分資訊，或者更多。要了解這些轉輪出現在生命之花何處，你必須研究它含藏的龐大知識，你無法只看著那些圖案就明白，它不會白白發生，你必須要知道生命之花的**古老祕密**。

　　圖2-27這張照片可以見到一組八個輪子大概的樣子。下一張照片（圖2-28）昏暗難辨，那是我朝著漆黑的天花板拍的照片。圖形底部從左到右是七個有著動物頭的人身，他們被稱為**「內特」**（neter）或神，每位「內特」的頭上方都有一個橘色的蛋，這是圖特所謂的**「變形蛋」**（egg of metamorphosis）。這些「內特」在我們經歷「復活」階段時，全神貫注在時間上，而「復活」是指歷經急速生理變化而變成不同的生命形式。他們維持這個蛻變的意象，沿著時間線行走，而後時間線驟然而止並向上轉折九十度，如此他們便走在與原來垂直的方向上。

　　這個九十度是本書很重要的一部分，九十度轉折是了解復活和升天如何發生的關鍵。次元層次以九十度區分，音符、脈輪也以九十度區別——九十度不斷出現。事實上，為了讓我們進入第四次元（或任何次

圖2-26 埃及牆上的轉輪。

圖2-27 轉輪（並非八個都清晰）。

元），我們必須做九十度旋轉。

也許現在我需要確認我們對次元的了解是否相同，第三、四、五次元……我在說什麼？我並非用數學觀點談次元，諸如三軸或空間次元，像是 x、y、z 軸，前後、左右、上下等。有些人稱三軸為三次元，說時間是四次元。這不是我談的觀念。

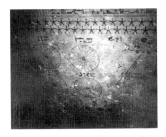

圖2-28 轉輪：「內特」和右邊的九十度轉折，黑色圓圈在人物的頭頂上方。下方的七個人擁有動物的頭。

次元、和弦和波動宇宙

就我所知，各個次元層次和音樂和弦最為相關。研究它們的人可能會同意，音樂和和弦也可能有不同的意義。鋼琴上的C調與C調之間有八個白鍵，是我們熟悉的八度音程，其間有五個黑鍵。這八個白鍵和五個黑鍵發出所有的升降音，形成音階，總共十三個音符（事實上是十二個，第十三個也是下一個音程的開始）。所以從一個C到下一個C，實際是十三階，而非八階。記得這個。

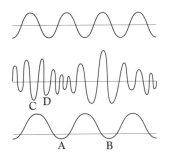

圖2-29 簡單的正弦波。

我想談談正弦波的概念。正弦波和光（電磁頻譜）與聲音的振動有關（圖2-29）。我們經常看到這些例子，在我們的實相中事物皆以正弦波為基礎——除了虛空或靈性例外。

如果你願意，你會看到這個實相的每樣事物都是正弦波或餘弦波，不同的是它們的波長和模式。波長是曲線上的某一點到波形重複的另一點，A到B的波長較長，C到D的波長較短。

如果你遇到很長的波長，那看起來幾乎會像直線。例如，你的腦波波長是十和十的次方公分，它們看起來像從你的頭發射出來的直線。量子理論只能從二中選一來觀察這個實相 ❸，不明白為什麼不能同時看見兩者，雖然若仔細研讀幾何學便會發現為什麼。你可以將任何物體（例如這本書）看成是由微小粒子

所組成，或者視其爲振動波形，如電磁場或聲音。當你選擇某種方式，你便會看到符合**那種**方式的法則。

我們世界中的每一樣事物都是一種波動，或者你可以視之爲音波，包括你的身體、行星、萬事萬物。如果你選擇以這種觀點看待實相，並加上音樂和弦的實相，我們便能開始談不同次元了。

波長決定次元

次元層次不過是不同頻率的波，次元的差別是基礎波長不同。好比電視或收音機，當你選台時，你選擇不同的波長，便在螢幕上看見不同畫面或聽到不同頻道。次元也是一樣。當你改變了意識波長，並因此把身體改變到一個異於這個宇宙的波長，那麼你就眞的消失在這世界上，而出現到你對準的地方。

如果你看過，那麼幽浮閃過天際時便是這麼做的，他們用難以想像的速度閃現，做九十度迴轉然後消失。太空船上的旅客不以我們搭飛機的方式移動，而是用意識連結他們的載具，當他們準備去其他世界時，便一起靜心進入合一，並用意念做一個九十度或兩個四十五度的轉向，而在實質上把他們的船和乘客送進其他次元。

我們的世界有一個基本波長7.23公分，包括向內和向外的無限擴展，所有星辰與所有原子。你可以在這個房間任選一點向內外無限擴展，都屬於這個宇宙。從靈性的觀點來看，這7.23公分的波長就是「Om」，印度發音的「宇宙」。這個世界的每一樣東西，都有特定的聲音，依其結構而改變。物件會發出它獨特的聲響。如果你把這個宇宙所有物件的音波長度平均一下，你會得到7.23公分的波長。Om是這個次元眞正的聲音。

這個長度恰是我們兩個瞳孔之間的平均距離（這是百人平均值），是我們的下巴到鼻尖的距離，也是我們的手掌寬度與每個脈輪間距的平均值，還有更多例子。7.23公分以各種方式出現在我們的身體中，因爲我們存在這個特別的宇宙中，於是它展現在我們的身體中。

這個波長是貝爾實驗室發現的，不是靈修人士在山洞中苦修領悟的。當時他們架設美國各地的微波系統，在啓動系統時卻發現靜電干擾。貝爾實驗室恰巧選擇比七公分稍長的頻率作爲發送信號，因此他們必須找到干擾源，於是他們想盡辦法檢查設備。剛開始，他們以爲那個訊號來自地球內部，後來轉向天際才發現它居然**無所不在**。爲了要擺脫這個靜電干擾，他們做了讓國家和地球迄今**仍**蒙受其害的事：

就是把訊號放大五萬倍，產生超級強大的磁場，以避免這個無所不在的7.23公分波長的信號干擾。

次元與音階

　　因為上述理由，我相信7.23公分是我們三次元宇宙的波長。當你進入更高次元，波長會愈短，能量會愈強；反之，當你進入較低次元，波長會愈長，能量會愈來愈低和濃密。拿鋼琴來比喻，音符間有區隔，當你敲一個音，它有一個確切的位置，你會知道它下一個音的位置在哪裡；在我們的波動宇宙中，下一個層次的次元位置也很明確，而它也對應一個特定的波長。泛宙中多數文明對於宇宙都有這種基本了解，並明白如何在其間移動，而我們卻不記得。願神保佑我們能憶起這些事。

　　音樂家、樂理家及物理學家很早就發現存在音符之間的泛音（overtone）。在每個半音之間存在十二個主要泛音（一個加州團體發現每個音符間有超過兩百個次泛音）。

　　如果我們以圓圈代表半音階的鍵，總共有十三個圓，如圖2-30。每個圓是一個白鍵或黑鍵，最後一個灰圓圈代表第十三個音符，也是下個八度音程的開始。圖中黑色的圓代表我們的三次元宇宙，第四個圓是四次元。兩個音符或次元間的十二個主泛音是大模式的縮小版，這是全息影像。進一步研究，你會發現，在每個泛音之間有另外十二個泛音，是這整個模式的縮小版，而它們會永無止境地向上或向下延伸。這是一種幾何級數，只出現在和弦中。如果你繼續研究，會發現不同樂器產生**不同音程經驗**，也就有更多宇宙可探索！（我們會再研究這個主題。）

　　你也許聽說過一四四個次元和一四四個相關的靈性主題，因為每個音程有十二

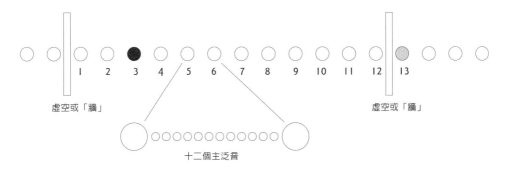

圖2-30 兩壁之間的音程。黑色圓圈代表三次元，灰色圓圈代表下一個音程的開始。

個音符，而每個音符之間有十二個泛音，12×12＝144，所以每個音程中有一四四個次元。更明確地說，在每個音程中有十二個主要次元和一三二個次要次元（雖然實際上這個級數是無限的）。圖2-30是一個八度音程，第十三個音符重複，開始更高的音程。在我們這個宇宙之下有一個音程，之上也有一個音程，理論上會無限延展。儘管這個宇宙似乎無限巨大（它仍是個幻象），仍然有其他無限種方式能表達這唯一的實相，而每個次元的**體驗**完全不同。

這也就是這個教導的內容：提醒我們**正處在一個朝四次元以上發展的三次元星球上**，而這個星球上的三次元成分正在消失中，我們對三次元的覺察只會再維持一段時間。我們會進入四次元的某些泛音。這些在更高次元觀察和協助我們的人，相信我們正快速朝高次元移動。

音程之間的區隔

在每個擁有完全音符的宇宙之間，以及兩個子空間或泛音宇宙之間，只有空無──什麼也沒有，這種空間我們稱爲**「虛空」**。埃及人稱次元間的空爲**「度埃特」**（duat），西藏人稱之爲**「中陰」**（bardo）。每當你從一個次元或泛音進入下一個，便會穿過其間的虛空或黑暗。其中有一些空比其他的空更「黑」，而最黑暗的是兩個八度音程間的空，它們比音程內部存在的空更爲強大。請了解我們的語彙不能充分解釋這些概念。這個存在於兩個八度音程間的虛空被稱爲「大渾沌」或「牆」。它是你要進入更高音程必須翻過的牆。神以特別的方式樹立這些「大渾沌」，有其特別的理由，你很快就會知道。

所有次元交疊，在時間／空間中的每個點都包含它們全部：任何地方都是進入任何次元的入口。這很方便──你毋須尋找入口，只須知道如何進入。

雖然地球有一些特別神聖的地點（聖地），尤其容易覺察各種次元和泛音，它們是地球與天堂相連的結點，也是和那個空間的幾何有關的地方（稍後也會談到）。這些地方被探險家稱爲「星門」，是很容易穿越其他次元的入口。事實上，如果你真的了解次元並有展現神聖之愛的能力，你可以在任何地方去你想去的地方，而與地點無關。

改變次元

回到前述神廟天花板上的人像，他們正在轉換次元，做九十度旋轉並改變波長。而那些轉輪與音樂和弦有關，現在你已經知道音樂和弦與次元的關聯。因爲天

花板上的人像正在做蛻變和復活的轉換，我相信這些轉輪告訴我們他們去了哪裡，進入哪個次元。當我們結束這本書時，你會了解我說的話。

星狀四面體

圖2-31這張疊上達文西人體比例圖的星狀四面體是本書中最重要的畫。你看到的是二維的圖畫，但請把它想成三維。如同畫中所示，有個星狀四面體環繞著人體。我們會花很多時間讓你明白確實有一個星狀四面體環繞你的身體。請特別注意在你身體中央那個貫穿的管道，我們透過它呼吸生命能，這管道的兩端連結三次元和四次元，你可以透過它直接呼吸四次元的生命能。如果你依照這個法則生活，便能活在眞空（一個完全虛空、沒有空氣）的環境中。

如同理察·霍格蘭先生（Richard Hoagland，前美國太空總署顧問）對聯合國和美國太空總署的報告，我們要開始以科學觀點探索這個場域。在達文西人體比例圖周圍的能量場，也同樣出現在行星、太陽，甚至更大的星體周圍。這解答了外行星的存在，因爲從那些行星表面放射的能量比從太陽吸收的要多許多，那能量是從哪裡來的？

以這種了解來看，如果達文西的人體圖是一顆行星，那麼南北兩極便能從別的次元（或多個次元）帶進龐大能量。其實行星不僅存在一個次元，若你看見地球的光輝，多重能量場環繞著一個星球，你會目瞪口呆！大地之母非常精妙複雜，我們那處於濃密層次的覺察能力無法理解。這種連結能量的管道人的身上也有，它的能量從什麼次元來，就看我們如何呼吸。

在達文西的畫中，向上指向太陽的四面體是陽性，向下指向地球的是陰性。我們稱陽性這個爲**太陽**

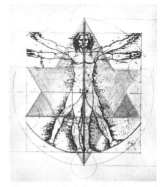

圖2-31 象徵梅爾卡巴的星狀四面體疊上達文西的人體比例圖，以及中央的普拉納管道。

四面體，陰性這個爲**地球四面體**。人類平視水平面時，有兩種對稱方式可以觀察這兩個尖端一上一下的星狀四面體：對男士而言，他的太陽四面體的尖角向前，平邊在背後；他的地球四面體的平邊向前，尖角朝後，如圖2-32a。對女士而言，她的太陽四面體平邊在前，尖角指向後背；她的地球四面體的尖角在前，平邊則指向背後，如圖2-32b。

首先我要介紹的是梅爾卡巴的其他面向，讓你開始憶起並預備重新啓動它。我們先談瑜伽呼吸法，學習手印，逐步體驗球式呼吸（Spherical Breathing），一種能活化梅爾卡巴的狀態。

二元世界的三：神聖的三位一體

在我們的實相中，自然界存在形形色色的相對律，如陽陰、冷熱……事實上，我們的實相每樣東西都有三種成分。你聽人們談論陰陽二極和二元意識，那不是完整的眞相。沒有第三種成分，便沒有二元性——除了一個少見的例外。

幾乎什麼情況都有三。讓我們舉一些二元的例子，例如黑白、冷熱、上下、男女和天地。黑白之間有灰；冷熱之間有溫；上下之間有中；男女之間有子；太陽與地球之間，有月亮（對應男、女和小孩）。時間也含有三個元素：過去、現在、未來。我們描述空間有三軸——前後、左右、上下；這三個方向都有中點，而形成三個部分。

也許最好的例子就是三次元的物質結構，物質由三種基本粒子構成：質子、電子、中子。這三種基本粒子更高一層的組織是原子，更低一層，更小的粒子以類似方式再區分出去。同樣的，意識在巨觀和微觀之間察覺自己，而如果你仔細觀察每一種層次，你總是會發現三。

俯視圖
地球
正面
太陽

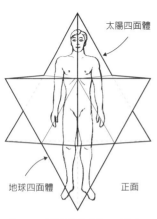

太陽四面體
地球四面體　正面

圖2-32a 男性在他的星狀四面體中。

　　然而，事情總有例外，這個特例與事物的起源
有關。原始的面向只有二，但極為少見。其中一個例
子是數列。諸如1, 2, 3, 4, 5, 6, 7, 8, 9……或2, 4, 8, 16,
32……或1, 1, 2, 3, 5, 8, 13, 21……所有的數列至少要
有三個連續數字才能找出整個數列的規則，唯一的
例外是黃金切割對數螺旋（Golden Mean logarithmic
spiral），它只需要兩個數。因為它是其他數列的源
頭。同樣的，所有的原子都有三個部分，唯一的例外
是第一個原子：氫。氫原子只有質子和電子，沒有中
子。如果它有一個中子，那是下一步，稱為气。物質
的開始只有兩個組成分子。

　　數字有三元性，顏色也是。三原色衍生一切顏
色。這意謂宇宙的一切都由三個部分組成，除了少數
原始範圍。我們也透過三種自然方式來覺察宇宙：時
間、空間、物質，這些都顯現了神聖的三位一體。

知識爆炸

　　大多數人警覺到地球有些不尋常。我們處於一
個極度加速的時代，許多前所未有的事正在發生。
地球現有的人口是空前的多，如果我們以這種速度
成長，幾年後我們的人口總數會倍增到一百一十或
一百二十億。

　　人類的學習曲線可以看出地球的資訊成長速度
遠大於人口。從大英百科全書的資訊紀錄來看，以最
古老的蘇美文明（西元前三千八百年）到一九○○年
的五千八百年間，我們收集的資訊量為基期，代表我
們的知識。從一九○○年到一九五○年，這個資訊量
增加一倍，也就是說我們花了五千八百年學到的事，
五十年就增加一倍，令人驚訝！到一九七○年，二十
年後又增加一倍，到了一九八○年，僅只十年，又增
加一倍！現在每幾年就倍增一次。

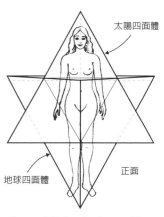

圖2-32b 女性在她的星狀四面體中。

　　知識如滾雪球般增加，在八〇年代中期，資訊增加的速度讓美國太空總署來不及輸入電腦。聽說在一九八八年，鍵入資訊的進度落後八、九年。在知識爆增的同時，電腦的運算速度也產生巨大的變化。每十八個月，電腦的速度和記憶體便成長一倍。首先是286，然後386、486，586（一九九三年）很快就讓486變成了廢物。我們還不知道怎麼用486時，586就出現了，686也計畫生產。我想進入二十一世紀不久，可能家用電腦就超越現在（一九九三年）美國太空總署和國防部電腦加起來的運算速度和能力❹。

　　憑藉電腦的運算速度，就可以觀察整個地球的大氣資料，它能做到一些現在看起來絕無可能的事。資料輸入的能力在增加：大量資訊可直接從其他電腦、掃描器和語音輸入。隨著進入人類意識的知識大幅增加，人類的重大轉變正要發生，這是十分明確的。

　　因為數千年來靈性資訊被祕藏著，宗教或教派的神職人員為保密不惜犧牲生命，不讓世界其他人知道他們的祕密文件或靈性知識。世界上所有的靈性團體都有神祕資料。然而突然間，在六〇年代中期，這個神祕面紗被揭開。幾乎在同一時間，世上所有的靈性團體一起開放了他們的檔案，你可以在鄰近書店找到被祕藏千年的資料，為什麼？為什麼是現在？

　　這個星球的生命正在飛快加速中，顯然有什麼超乎我們想像的登峰造極的新事物會發生。我們不斷地改變，這對世界的意義是什麼？為什麼會發生？為什麼現在發生？為什麼不在千年前或為什麼不等到一百、一千、一萬年後再發生？這個答案很重要，因為如果你不知道它為什麼現在發生，你就不會了解你的生命正在發生什麼事，也無法預備未來的變化。

　　我不想深入它的真正意義，然而答案的一部分是電腦由矽構成，人類由碳構成，它和矽與碳的關係有關。但我要先把這個主題擱下，繼續探討地球發生的事所代表的不尋常本質。

地球和宇宙的關係

　　讓我們再次談談天狼星與地球。我們在這裡（圖2-33），太陽系的第三顆行星，從這裡要理解我們與天狼星的密切關係並不容易。你必須深入太空去看圖2-34的類星體，而大多數人不認得它，它巨大無比，違背所有的物理定律，我們完全不了解它。

太空中的螺旋

　　下一張照片（圖2-35）距離我們比較近，也比較
熟悉。它是某處銀河，不是我們，我們無法在自己的
內部為自己照相（右下方的星雲和銀河是分開的，離
我們更近）。注意星星在白色的旋臂中散開，另有一
道旋臂以幾乎一百八十度的反向出現。我知道有八種
不同的銀河型態，這是很基本的一種。

　　有很長一段時間天文學家都是眼見為憑，看不見
便以為不重要。然而，我們看不見的實相比看得見的
更大，可能也更重要。事實上，如果所有的電磁光譜
有兩碼長，可見光範圍只有三十二分之一吋寬。換言
之，看得見的實相只占了百分之一不到。不可見的宇
宙才是我們真正的家。

　　還有很多事**超越**我們正在了解的電磁光譜。例
如，他們發現當衰老的太陽爆炸死亡，如圖2-35右下
所示，它似乎只發生在螺旋的黑暗區域（箭頭A），
這表示太空深處（箭頭B）與兩道明亮螺旋之間的黑
暗區域不同。所以他們開始研究這兩種黑暗區域的差
異，銀河的暗區和亮區也不相同，而螺旋的暗區似乎
與那些亮區有關。

我們與天狼星的關聯

　　觀察這些銀河螺旋的特徵，讓我們發現新的事
情。科學家注意到我們的太陽系在太空中移動時並非
直線前進，而是盤旋運動，它是一種螺旋。除非我們
和一個巨大物體（另一個太陽或更大的物體）有引力
關係，否則不會發生這種螺旋。以月球為例，很多人
認為它繞著地球旋轉，其實不然，地球與月球**互轉**，
它們之間有第三個部分，地球和月球間距三分之一的
一個樞紐。月球和地球朝太陽移動時，便是以螺旋方
式繞著這個樞紐旋轉。這個現象發生的原因是地球與

圖2-33　地球在太陽系的位置。

圖2-34　類星體，據說是這宇宙中最
　　　　遙遠而閃耀的物體。

圖2-35　螺旋狀的銀河。

月球這巨大的物體連結，月球是很大的，它能讓地球以特定的模式運動，而既然整個太陽系在太空中是以類似的螺旋方式前進，那麼太陽系一定和**什麼**巨大物體有引力關係。

於是天文學家便開始尋找這個拉動太陽系的天體，他們逐步縮小範圍去尋找，幾年前他們鎖定了一顆恆星，原來我們與天狼星連結──天狼星A和天狼星B。我們的太陽系和天狼星的重力場緊密相連，繞著共同的中心螺旋前進，我們與天狼星的命運相同，我們是同一個系統！

自從科學家發現銀河旋臂內的黑暗區域是不同的，便發現星星並不是沿著螺旋旋臂的曲線移動。如果有人拿著水管在頭上旋轉噴水，你從上方會看見水滴以螺旋狀飛出；儘管每滴水是從中心放射出去，**看起來**卻會像螺旋運動。銀河也一樣，每顆星星實際上是放射狀地移動，它們以放射狀向外移動的同時，也各自從銀河旋臂的暗處移動到亮處，繞著整個銀河系統中心前進，需要幾十億年才能繞行一周。

想像你俯視銀河，如圖2-36，暗色部分是黑光螺旋，亮色部分是白光螺旋，從側邊看像飛碟。我們繞行銀河中心的軌道很像一個彈簧，同樣的螺旋運動也在天狼星A和天狼星B之間出現（見圖1-4）。它們和地球與月球繞行的螺旋不同。有位澳洲科學家指出，天狼星互繞的螺旋運動像是人類DNA分子的幾何排列。如同DNA訊息引導人類生理結構的發展，令人懷疑事物之間的關聯似乎依循一個更大的計畫發生。當然這只是推測，但「天有一象，地有一物」，因此也極為可能。

所以我們有兩個問題要回答。其一是為什麼天狼星如此重要？萬有引力可以解釋這個問題。另一個問題是地球經歷的極快速進化為何在此刻發生？讓我們

圖2-36 銀河螺旋，俯視圖（上）與側視圖（下）。

繼續探索天際。首先，有兩則新資訊和你分享。

在你了解梅爾卡巴之前，這個補充對你而言可能不具意義，但此刻最適合提它。天文物理學家威廉‧普西爾（William Purcell）發現「巨型反物質」，一個與銀河平面垂直的管子正從銀河的中央噴出，在太空綿延數兆公里（一九九七五月十二日，《時代雜誌》），這無疑是銀河層級的梅爾卡巴。

同一時間，康乃爾的天文學家發現銀河 NGC4138 中有八○％的星體（大部分是老星星）繞著一個方向旋轉，而二○％的星體（大部分是年輕星星）以相反方向在一個巨大氫雲中旋轉。一九九七年一月十八日，他們在美國天文協會發表這個發現。那是一個反向旋轉的能量場，這不僅讓銀河看起來像梅爾卡巴，也表示它們有同樣的內在動力。（我相信銀河是活的生命體，它們是大型的梅爾卡巴能量場。）

另外，羅徹斯特大學和堪薩斯大學物理學家的發現，也改變了人們以為在太空中每個方位都一樣的想法。研究員約翰‧拉斯頓（John Ralston）指出「似乎有一個絕對座標，為宇宙標定方位」。他的報告刊登在一九九七年四月二十一日的《物理回顧書信》。他們發現，沿著這個座標的光和別處不同，所以現在真的有兩種光速了。這個座標是通往梅爾卡巴的關鍵，並可能在最後證明整個宇宙真的是一個活的巨型梅爾卡巴。在你覺察你的梅爾卡巴後再重讀這段文字，你會明白。

銀河旋臂、球體與熱封套

圖2-37出自《國家地理雜誌》。他們發現銀河被球形的能量場環繞，包括旋臂中的小型銀河及其他零散的星星全數被籠罩在球形的能量中。在球體外圍是更大的球體，照片中看起來像六角形的網絡，有一個

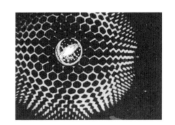

圖2-37 銀河能量球體。

圖2-38 銀河熱封套。

巨大的球體包圍一個小球體和一個小銀河。你將來也會看到你有一模一樣的能量場圍繞著你。

圖2-38是一張銀河熱封套的紅外線照片，有點傾斜，看起來像一架飛碟。它的外緣有一個大圓圈，因移動快速而呈現暗色。這熱封套的比例就像你透過呼吸或靜心啓動的梅爾卡巴。當你以特定的程序呼吸，你會發現你的身體周圍有一個五十五呎寬的能量場，看起來就像這個熱封套。運用適當的設備，便可以在電腦螢幕上看見它的電磁波顯影。這是眞的，當你啓動梅爾卡巴，它看起來會和這張圖一樣。

分點歲差與其他週期擺動

爲什麼改變在此刻發生：我們的地球與繞行太陽的軌道呈二十三度傾斜，因此陽光照射地表的角度會因繞行位置而改變，這是產生四季的原因。

此外還有另一個很慢的週期（Wobble），就是大家熟知的「分點歲差」（precession of the equinoxes）運動，要花兩萬六千年才能完成，精確地說，是二五九二〇年——取決你的資料來源是什麼，計算結果有一點差距。在這個週期中還有其他的擺動週期。例如二十三度夾角不是固定的，它的擺動週期是四萬年，範圍從二十三到二十六度。在這三度角的擺動中，還有一個十四個月週期的擺動。另外還有人發現一個週期爲十四年的變化，其他的變化週期也不斷被發現。如果你去讀梵文古籍，這些擺動週期對這個星球的意識變化影響深遠，它們與特定事件發生的時間有關，就像DNA控制發育階段一樣。

現在我要探討的是稱爲「**分點歲差**」的主要週期，見圖2-39。這個週期運動是橢圓形的，圖2-40是這個運動的圖示。橢圓長軸的右端點，指向銀河中心，稱爲「遠地點」（apogee）。橢圓的下半部顯示

這個星球正逐漸**移向**銀河中心，而上半部則顯示星球回復並**遠離**銀河中心。遠離銀河中心的運動也稱為**「御銀河之風而行」**。梵文古籍記載（古時候的人是知道歲差的），發生重大變化的時間點並非橢圓的兩個端點，而是在經過這兩個端點**之後**的一段時間：圖上標示的A、C兩點。大變化發生在這兩個時間點。A、C之間還有B、D，雖然它們的變化不如A、C，但也是非常重要。一九九〇年代的我們正位於A點，這個下方小橢圓表示巨大變化發生的時代。

古書上說當我們到達上方的小橢圓C（見圖2-41），我們便背離銀河中心，開始沉睡並不斷喪失意識和下降

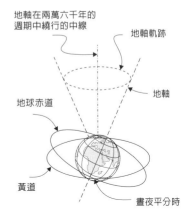

圖2-39 分點歲差（地球的赤道與黃道交會點），起因於地軸緩慢繞著垂直黃道的軸線旋轉。

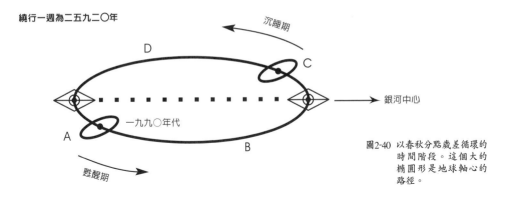

繞行一週為二五九二〇年

圖2-40 以春秋分點歲差循環的時間階段。這個大的橢圓形是地球軸心的路徑。

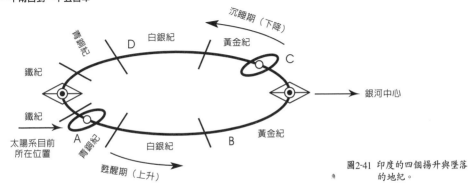

一千兩百到一千五百年

圖2-41 印度的四個揚升與墜落的地紀。

次元，直到我們回到下方的小橢圓A，我們會開始甦醒並朝較高次元移動。經過一定的甦醒階段，直到我們回到上方橢圓，沉睡期開始。這並不是封閉的模式，因為我們在太空中移動，它會呈現螺旋，像彈簧一般開放，而不是在同一個圓中重複循環。因此，我們每一次的沉睡期會比以前短，清醒期會比以前長。

　　類似的循環每天都在地球上演。當你從太空看地球，任何時刻它都有一半是暗的，一半是亮的，暗處的人在睡夢中，亮處的人是清醒的。即使我們擁有日夜，我們並非一再重複相同的事，希望每天醒來都更有覺性。儘管我們睡了又醒，每一次都能更有進步。這個歲差運動也一樣，只是它的週期很長。

地紀

　　西藏人和印度人稱這些特殊的時間週期為地紀（Yugas），就是年代的意思。每個地紀都有上升和下降的階段。所以如果你用印度系統來看，在橢圓上方的C年代稱為下降的黃金紀（satya yuga），然後是下降的白銀紀（treta yuga）和青銅紀（dwapara yuga），而在鐵紀（kali yuga）結束。鐵紀也有上升和下降二種面向。接著就進入上升的青銅紀，依此類推。我們現在（一九九三年）正處於上升的青銅紀，離鐵紀約九百年，正是預言說驚人的事會發生的年代。我們的世界正在重新發現那些地球上遭遇巨變的時期。

　　圖2-42是由尤迦南達的老師聖尤地斯瓦爾所繪。他在十八世紀晚期發表了這張表。他雖然不知道分點歲差的確實時間，但他估計為兩萬四千年，相當接近了，因為大部分印度人對此並沒有什麼概念。你知道，當我們穿過鐵紀，我們處於最黑暗的沉睡期。在過去兩千年都是沉睡的人在寫書，他們試圖詮釋那些比他們清醒的人寫的書，他們不了解那些古老典籍在說什麼。所以過去兩千年寫的書，因為寫作期間的因素，讀的時候要小心。許多印度學者認為分點歲差為數十萬年，有些人認為一地紀是十五萬年。其實他們都不懂。

　　聖尤地斯瓦爾比較懂，但也並不完全正確。在他的表中，他把地紀放在外圈，黃道十二宮放在內圈，如此可顯示地紀和星座的對應。當他製作這張表時，我們正在處女座，見圖的左下方；現在（一九九三年）我們則在處女座和獅子座之間。看你求教的星象專家是誰——此時我們正接近處女座的第三眼，將要進入獅子座——這指的是地球的位置正處於處女座和獅子座之間。如果你向一八〇度的天空看去，你會看見天空正從雙魚座移向寶瓶座。此刻我們正在雙魚座和寶瓶座的交界處，即將進入寶瓶世紀。物質觀點看起來是完全不同的，這點你必須了解，少了這個觀

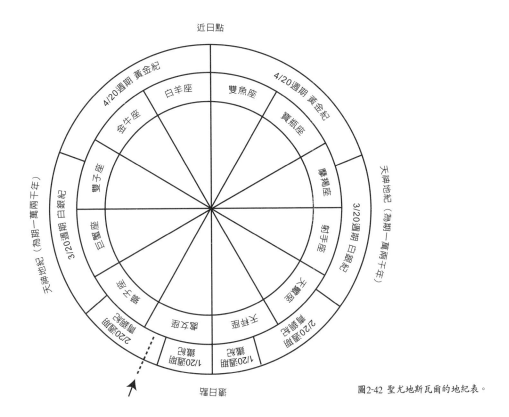

圖2-42 聖尤地斯瓦爾的地紀表。

點，去看埃及的一些作品時會無法理解它的內容。

磁極逆轉的現代觀點

一九三○年代，當愛德加‧凱西正在通靈，回答某位地質學家的問題時，他停了下來，說：「一件更重要的事正在地球發生，也許你該知道。」於是他開始談地磁會如何在短期間逆轉，並預測一九九八年冬季會發生。然而從那時候起，事情以一種通靈無法預測的方式變化。磁極仍有可能逆轉，然而變化的方式可能與凱西預測的不同。我們確實能藉由我們的存在以自由意志改變世界的命運。

凱西是個卓越的人，人們遵從他的話。然而大多數人無法相信他對於地磁逆轉的預測。但是因為這是凱西說的，所以有一些科學家和有興趣的人便著手研究。

地質學家並不相信凱西的說法，他們認為磁極變化需要很長久的時間，也許百

萬或上億年。因為凱西的預測，科學家們開始調查，這讓許多支持凱西說法的證據紛紛出現，因而也改變了人們對這件事的看法。科學家認為地軸若變動，**磁極**便會跟著改變，因此他們決定研究的其中一個方式是檢驗世界上的古老熔岩。科學家早在五○、六○年代便著手這方面的研究，他們研究熔岩的原因有二個：第一，若地軸改變，必然有大量火山活動；第二，熔岩的特性可以保存前一次磁極轉變的時間。

積鐵與岩心樣本

火山熔岩中有積鐵，這些積鐵和熔岩的熔點不同。當岩漿還在流動時，積鐵便已開始凝固並依磁極排列。透過這個觀察，地質學家能知道岩漿硬化時的磁極方向。他們從三個地方收集樣本，並用三角定位法找到熔岩硬化時的磁北極方位。然後，用當時最好的方法——碳十四——來標定樣本時間。這個問題還有別的研究方法，我們會再談。

如此他們發現更早的磁北極，是在相隔甚遠的夏威夷。上一次磁極變化發生的時間正是橢圓上半週期，約一萬三千年前。然後他們做另一個測試，發現更早的地磁轉變，時間在橢圓週期的下方。這個發現開啟全新的地磁調查領域。

美國地質協會對於海床岩心樣本的研究發行了一本摘要（Geology 11:9，一九八三年九月），分析直徑六吋、長十一呎的沉積岩樣本，發現磁極確實會自行逆轉，南北互換。這是凱西談起，但人們難以相信的事。這些岩心樣本的研究發現凱西的話是真的。

檢查幾億年的資料，科學家發現一種週期現象，磁北極會維持一段很長的時間，然後在某一天突然改變，在二十四小時內南北極互換，維持很長一段時間後再次逆轉。特別是在大橢圓長週期的末段，磁軸會自行互換，這種變動每隔一段時間就會發生。越接近現代，磁極逆轉愈密集，在磁極互換時，磁北極的地點也會改變。這種現象在過去的幾億年發生數百次。這開啟了全新的**「地磁學」**理論。然而從太空看起來，這難道不像脈動嗎？

磁極逆轉的原因

很多人試圖了解磁極逆轉的原因，它的機制為何？肇因是什麼？約翰‧懷特（John White，凱西的代言人）為此寫了《Pole Shift》，收集世界上關於這個主題的所有資料。雖然他沒有提及，但我相信，最近一次磁極變化的地點是在夏威夷。你若讀了，便會了解這個廣大而驚人的主題。

目前有兩個磁極逆轉的理論，一個較明顯，一個較為隱微。前者是布朗理論（Brown theory），以胡・奧奇克羅斯・布朗（Hugh Auchincloss Brown）——這個想法的發明者——來命名。他的理論是，南極因為某種原因開始偏離軸心，然後快速改變，在週期發展的最後階段變得更快。直到有一天，它脫離地球的離心力，於是就像任何旋轉的物體：若有部分偏離中心，便會使整個物體偏離中心，直到新的平衡發生；若冰的重量持續增加，事情便會發生。地球無法維持相同位置旋轉，它會找到新的中心。然而科學家相信南極的冰的質量並不足以引發磁極變化。

事實上，南極某些地方的冰層已厚達三公里深並持續增加中，尤其最近二十年的形成速度，超乎預期的快，大概是因為溫室效應的影響。我們從人造衛星看到有三個巨大的火山被覆蓋在冰原下，正在融化冰原下方，形成巨大的河流。存疑的科學家可能並未考量這個因素。根據懷特所言，如果那兩個有美國本土大小的冰原裂開，將以每小時一千七百哩的速度向赤道移動以求平衡，那麼它將在各處造成問題。布朗理論似乎正在發生，但不確定。

還有另一個連愛因斯坦也覺得有必要嚴肅以對的理論，因為它可以回答那些科學家的質疑。他的名字是查爾斯・哈普古德（Charles Hapgood），他的科學團隊發現在地殼至少有兩層不尋常的岩石會在特定情況下液化。另一些科學家在實驗室裡模仿地球結構，以迷你模型實驗，模擬地球內部環境。在實驗中他們發現，地球表面或地殼能在地球的質量上滑動而絲毫不影響地球的旋轉。這是事實，只是我們不知道它會不會在真實世界發生。科學家還不明白過程的細節，諸如什麼因素造成地表的滑動。哈普古德有兩本書《Earth's Shifting Crust》和《Path of the Pole》，大大改變了我們對世界的觀點。

愛因斯坦為哈普古德的《Earth's Shifting Crust》寫序，我覺得很重要，直接引述如下：

「我經常收到人們來信，要我對他們未發表的想法提供意見。不用說，這些想法少有科學實證。然而，查爾斯先生的第一封信讓我像是觸電一般。他的想法非常原創、簡要，若證明其為真，對地殼表層的歷史來說，具有舉足輕重的重要性。這位作者並未因發表新理論而滿足，他繼續謹慎而廣泛地搜羅資料支持他的移動理論。我認為他的想法相當令人驚訝，也很吸引人，值得關心地球發展的人嚴肅的關注。」

愛因斯坦是歷史上的傑出人士，即使他認同，仍沒有幾個地質學家願意相信這

個理論，直到愈來愈多證據開始證明它的可能性。科學界對愛因斯坦的微小質量蘊藏大能量的理論，原本也不太相信。

　　我相信地軸改變與地球磁場有很大的關聯。這需要時間解釋，我暫時不提。已知的事實是過去五百年來地磁持續弱化，而過去幾年更是怪現象不斷。桂格‧巴登（Gregg Barden）在《Awakening to Zero Point: the Collective Initiation》書中提到，地磁弱化在兩千年前就開始了，五百年前，它的弱化程度加快（有可能是五百二十年前嗎？那會符合馬雅曆的預測）。近代的地球磁場正在發生前所未有的變化。

磁力線改變

　　地質學家發現地球的磁力線分布，並非如理想的圖2-43所示，從兩極進出，環繞地球。實際上磁力線分布如圖2-44，像編織的圖案一樣。它們是固定的，但沒有那麼理想，強弱的分布也不一。這些線通常固定不動，但由於磁場弱化，它們也開始移動或改變。鳥類、動物、魚類、海豚和鯨魚等動物利用磁力線來

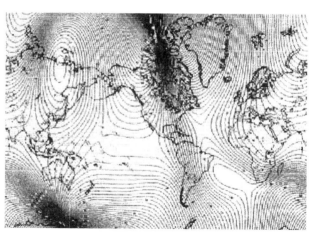

圖2-43 環繞地球的磁力線。　　　　圖2-44 地球主要磁場的複雜型態樣本，一九九五年USGS提供。

遷徙，所以如果磁力線改變，牠們的遷徙模式便無法繼續，這是現在世界各地發生的狀況。鳥類飛到不該出現的地方，鯨魚游上了牠們以為是海水的岸邊。牠們只是跟隨多個世紀以來所依據的磁力線移動，卻上了不在線上的陸地。

當磁場弱化超過零點（也許很快就會發生），我們就有另一個主題可談了。我們相信人類的記憶與磁場有很大的關係。沒有這些磁場，你可能什麼也記不得。另外，磁場和人的情緒體緊密相關，磁場變化劇烈影響情緒。你了解月亮透過重力影響世界各地的潮汐，而地球磁場也受月相所影響。滿月時，月亮在我們的頭頂，我們會感覺有點水腫並經驗地磁的變化。看看滿月時大城市發生的事，滿月前後比整個月其他日子有更多強暴、謀殺、暴力和發狂事件，大都市的警察局可以證實這些情況。為什麼會這樣？因為這些能量場特別影響那些情緒在穩定邊緣的人，他們平常只能不失控；當滿月影響磁場，他們會情緒低落並開始做平常不會做的事。

所以想像當地球磁場不穩定時，會發生什麼事。一九九三年十月，我聽一位航運界人士說，在九月的最後兩週，因為地球磁場發生少許不平均的偏移，許多主要機場跑道必須重新校準導航系統。那似乎是只持續兩週的短暫現象。你也許記得那個時候你或身邊的人難以抑制的情緒衝動。我當時接到世界各地的電話，到處有人變得很奇怪。這是為什麼我相信這些事。而如果它**真的**發生，那麼我們就進入了本書的最後一步。地球磁場的變異會愈來愈密集，直到磁場崩潰、磁極逆轉為止，這是末世會有的現象之一。

這些現象雖然不尋常，但毋須害怕，我們以前都曾經經歷無數次。這並非不尋常，雖然你們大多不記得。當你開始經驗次元轉變並對它有所感受時，你會說：「喔！我想起來了，我們正在經驗再次出生。」它沒什麼大不了，但是個重要議題。

你誕生為嬰兒前，來自其他地方，不是嗎？你來自其他次元，穿越虛空並從子宮來到地球。你曾走過這條路，而我們也將經歷相似的歷程，只是這次不太尋常。當你了解這一切並記起你是誰，你是沒有理由害怕的。事實上，正要發生的事是無比正面，非常、非常的美麗。

和諧與不和諧的意識層次

梵文文獻記載，當我們進入歲差運動下半橢圓的A點（圖2-40），我們開始能覺察到電能，飛翔於天空，做許多不尋常的事。世界變得極度不穩定，我們在一天之內便能擺脫舊的世界觀，並在意識上獲得巨大的轉化。然而當這種轉化到達時，

我們會摧毀我們所在的意識層次上碰到的任何事物。那是很自然的一面，我們沒有做錯什麼，它就是這樣，我們完全沒錯。我們就是要破壞一切，讓事情變得不和諧。我會再討論這個問題，我覺得現在是告訴你這回事的適當時機。

圖特說，地球有五種生命階段或層次，是每個人必經的過程。當我們到達第五層，便會做一次超越生命的轉化，那是正常的模式。每一個意識層次都有不同於其他意識層次的面向。首先，每一個意識層次的人有不同的染色體數目。第一層次的人有42+2條染色體；第二層次有44+2條染色體；第三層次有46+2條染色體；第四層次有48+2條染色體；最後一個層次的人有50+2條染色體。每一個人類意識的層次配合不同的身高。（如果你從未聽說，這也許很有趣。）

第一個層次的意識有42+2條染色體，高度約四至六呎。現在澳洲有一族原住民的高度符合這個範圍，我相信有些非洲與南美洲的原住民也是。第二個層次的意識有44+2條染色體，也就是我們。我們的高度約五至七呎，比第一族群的人高一些。第三層次的身高明顯上升，這個46+2條染色體的層次以合一或基督意識來突破實相；他們的身高約十至十六呎。第四個層次的意識有48+2條染色體，身高約為三十至三十五呎。最後一個層次的意識，完美的人類，身高約五十至六十呎，有52條染色體。我懷疑五十二張牌與人類潛能的五十二條染色體有關。如果你是猶太人，你也許記得麥達昶（Metatron），完美的人類，我們會變為的典範：藍皮膚，五十五呎高（到埃及部分再好好談他）。

意識層次之間有許多狀態，例如「唐氏症」（Down syndrome）。唐氏症發生在一個人從我們所在的第二意識層次轉化到第三層次，但不完全成功。這樣的人沒有得到完全正確的指引，通常他失敗的地方是左腦接受指令的染色體功能不完全。唐氏症的人只有45+2個染色體，他得到了一個，但少了另一個。他或她獲得的是情緒的染色體，心的染色體。如果你認識任何唐氏症小孩，你會發現他們純粹是愛，但不了解如何轉化到第三意識層次。他們還在學習。

第二和第四是不和諧的意識層次，第一、三、五是和諧的意識層次，當你看到它們的幾何圖案就會明白了。當你從幾何的觀點來看人類的意識，你會了解和諧的意識層次，也會明白不和諧的意識層次只是失去平衡罷了。

這也是我們現在的處境——失衡。不平衡的層次有絕對的必要性，因為你無法不經過第二層次，而從第一層次來到第三層次。但是第二層次是完全地不和諧，混亂難道不是為了帶來變化嗎？

當一個意識進入第二或第四意識層次，他可以短暫停留。這些層次是墊腳石，

就像河中的石頭，你可以利用它過河，但是要盡快離開。你不會停在石頭上，因爲你會落水。如果我們在地球上停留得久一點，我們將毀滅這個星球，我們只要「是」我們，就足以摧毀它。然而我們也是進化中一個神聖而必要的過程，我們是通往其他世界的橋梁。當我們活在這個不可思議的時代，我們就活出這個橋梁。

注釋

❶ 我們在十八個地方發現生命之花的圖形，包括瑞典、芬蘭的拉普蘭、冰島和猶加敦半島。

❷ 黃金切割比例（Golden Mean proportions），即「phi ratio」，又譯作黃金比例、黃金切割率。

❸ 波動或粒子能。

❹ 美國國防部在一九九七年春天宣布他們有一種電腦，一秒鐘就能算出個人電腦（規格250-MH, 3GB）三萬年才能處理的資料；一天之內，它可以運算個人電腦二十六億年才能處理的資料。這是多麼大的躍升！

Chapter 3
人類現在與過去
的黑暗面

　　我們將探討一些負面的主題，你也許會這樣說：「才說不必害怕，就談令人害怕的事。」然而我想讓我們見識所有的面向，地球生活的好與壞。我不想只看正面的部分，我想讓你們看完整的畫面。如此你會明白混亂是真理的一部分，是重生的一部分。

　　人類意識正經歷非凡的轉變。儘管你在生活的種種小事或戰爭、饑荒和充斥媒體的情緒垃圾中，看不見美好的未來；但是當你了解生命的全貌，你會看穿負面的表象背後，一件恢弘、偉大、神聖、純潔的好事正在發生。而你會更清楚：此刻生命**即是**完全、完整與完美！

瀕臨危機的地球

　　我知道的最保守的科學家們認為，我們的星球活不過五十年！他們說如果我們不改變我們的所作所為，五十年內地球上的生命便將絕跡。有些科學家估計三、五年，有些則估計十年，最多不超過十五年。然而即使是百年千年，你能接受嗎？

　　如果不是過去八年來美國政府開始**允許**開放訊息，你今天不會知道任何事。雖然他們仍不讓你們了解所有的情況，然而有力人士開始願意與生命合作，只是他們無法讓你盡知一切，怕全世界的人都會掛冠求去，說：「原來我們做的事是混亂

的源頭！」除了離開，難道不是集中精神的時候嗎？人類意識是很有力量的。我們知道該怎麼做，我們並非像看起來的那樣普通。你記得嗎？

我們來談談黑暗面。我要跟你聊一九八九年一月二日《時代》雜誌的主題。一九八八年，世界的祕密政府決定讓我們知道一些環境問題，這是全世界第一份關於這個議題的主流刊物。《時代》雜誌打破過去以一位男士或女士為年度風雲人物的傳統，宣稱「地球」為年度焦點人物。整本雜誌談的都是瀕臨危機的地球和問題。如果你看他們在一九八九年提出的問題，再看看他們現在的文章，就會明白一九八九年的版本是多麼輕描淡寫，但這至少是個開端：讓世界看見我們到底對大地之母做了什麼。

我們只談地球面臨的四、五種問題，然而還有更多事情正在發生，**任何一件事**爆發都足以危害地球的全體生命，而此刻**都**在發作邊緣。不管哪一個系統先崩潰，其餘系統也都會跟著崩潰，生命面臨毀滅，我們的下場就像火星或恐龍一樣。

二十世紀初，地球上有三千萬種**不同的**物種，一九九三年只剩下一千五百萬種。十億年創造的生命形式，一眨眼工夫，百年不到，就有半數生命在親愛的地球上死去，一分鐘大約有三十個物種正在滅絕。若從太空看地球，就像是即將步入死亡的星球，而我們卻一副若無其事的樣子。我們仍執迷於金錢，大搖大擺開車。攸關生死的問題正在發生，嚴肅以對的人卻少之又少。

九〇年初期，當世界各國嘗試在里約討論全球的環保問題，美國的總統甚至缺席。為什麼？因為問題太嚴重，如果我們要修補這些問題，會有總統認為更嚴重的問題出現，因而破壞世界經濟，導致全球饑饉或其他問題。簡言之，我們沒本錢整修我們的環境，然而我們能不修嗎❶？

瀕死的海洋

一九八八年八月一日，《時代》雜誌的焦點話題是海洋及海洋發生了什麼事。一九七八年賈奎斯‧寇斯圖（Jacques Cousteau）寫了一本相關的書。他原本是個受人尊敬的人，但當他做了這些人們不願相信的敘述時，便喪失了科學威信。他的論點基於科學觀察，但人們不能接受現實，特別是當他提出地中海會在一九九〇年以前變成死海，以及本世紀末大西洋也會遭受同樣的命運。人們認為他瘋了，認為不可能。

但是事情發生了。地中海現在是九五％的死海——並非百分之百，所以他也不是完全正確。然而，如果人們不改變，不久它便會是死亡的海洋。即使兩千年大西

洋沒有死亡，也快了，除非事情有戲烈的變化，否則
它將死亡：沒有魚，沒有海豚，沒有生命。

我們無法不依靠海洋生活，因為浮游生物是食
物鏈的底層，當牠們消失，我們也會消失。若我們不
嚴肅以對，那就像是你說你不需要心臟一樣。地球生
態系統的主角正在快速消失，你相不相信，它都是事
實。**總之，它正在發生**，人們不相信是因為不想接受
現實。

以紐約市為例，它有一條二十哩長的排糞管，將
人類排泄物傾注到大海中，以為大海會處理。但是經
過六十年，它已經堆積成一座大山。這座糞山正慢慢
向紐約市移動，現在是它向港灣回擊的時候。紐約人
得花更多的錢去解決，這就是人類的遠見。

漂進紐約的人類糞肥是大西洋的問題。然而，問
題不只發生在大西洋或地中海。太平洋是地球最大的
水域，也許要歷經更久的時間，但它在某些特定區域
也有很棘手的問題。

紅潮（red tide，見圖 3-1）是受污染的死亡跡
象，一種會摧毀生活在其下方的任何生命的藻類。而
這些紅潮正到處擴散，特別在日本，那裡的污染特別
多。我們在地球上犯了很多錯，因為我們沒有意識去
覺察如何和我們自己的身體——大地之母——和諧相
處。這就像是癌症或其他致命疾病的症狀❷。

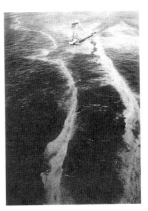

圖 3-1 紅潮。

臭氧

這是另一個問題。圖 3-2 顯示南極上空的臭氧層
破洞。臭氧層厚約六呎，是相當脆弱、稀薄，不斷更
新的一層大氣。我們對它所知不多，如果不是因為紫
外線從臭氧洞穿透進來，我們知道的更少。當人們開
始在南極偵測到大量的紫外線，他們不明白怎麼會這
麼多，因為電腦並未如此顯示。後來才發現電腦會覆

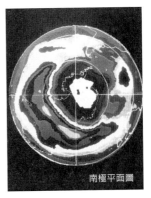

南極平面圖

圖 3-2 南極上空的臭氧洞。

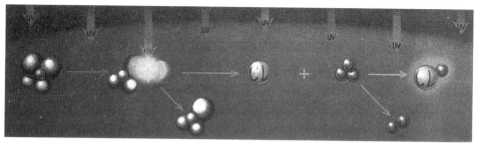

圖3-3 分子的臭氧反應。

寫這些數據，在修正軟體後，他們發現臭氧層確實有破洞。這是多年前發現的事。

圖3-3最右方的分子，是他們要尋找的氧化氯。他們發現臭氧層破洞是由幾種化學物質所引起，其中之一是氟氯碳化合物（CFCs）。當氟氯碳化合物和臭氧作用時，臭氧的分子破裂會形成氧及氧化氯。科學家認為氟氯碳化合物抵達臭氧層的速度，讓那裡的氧化氯是正常的三十倍。他們很擔心，因此全球的政府要求製造氟氯碳化合物的公司停止生產，並尋找解答。然而生產公司幾乎口徑一致地回答：「那是自然現象，與我們無關。」

各國政府必須在法庭上證明這些公司須為錯誤負責。為了取得必要的證據，有了地球有史以來第一次的各國探險合作。他們飛到南極上空收集兩年的資料，得到的數據非常驚人。這種造成破壞的氧化氯成分不是正常值的三十倍，而是五百倍，而且移動速度比他們以為的還快。

圖3-4這篇文章應該是一九九二年發表的，文中說美國環保署首次預測會有超過二十萬人死於臭氧層破洞導致的皮膚癌。專欄右邊有一小塊報導說美國環保署指出最初的估計是錯的，情況比預估糟糕二十一倍。二十一倍很多，並非只是一點點。

這便是政府的作為，不告訴你太多，只在少數文章披露一點資訊。依法他們必須公布，因此他們只在很少的文章上這麼做，然後投機地在另一篇不起眼的文章上說，危險高於前次的二十一倍。兩週後，同一份報紙上說「它確實為當時的兩倍」。兩倍聽起來不多，然而那代表從第一次報導的二十一倍增加到四十二倍，那是個很難想像的數量。如果事實以第一手的資料告知，聽起來會很嚇人，也會製造恐慌。

這是在全世界上演許久的事，各國政府只知道，處理這些事情的唯一方式是讓它看起來不嚴重，然後承認愈來愈糟糕。他們知道必須告訴你真相（稍後你會知道理由），但是害怕承認真的有麻煩，他們會說：「不差，但是愈來愈糟糕……」

不只在南極有臭氧層破洞，在北極也有，其他臭氧層就像「瑞士起司」一樣。一九九一／一九九二年有個重要電視節目在探討臭氧層破洞的問題，討論所有的好處與壞處。主持人訪問了一對夫妻，他們寫了一本預測臭氧層破洞發生的書。他們在我之前就已經研究了；臭氧層就如同他們預測的變化一樣。

這對夫妻以專家身分上電視受訪，主持人可愛地問道：「我們怎麼辦？你們是專家，臭氧層會發生什麼事？」這位先生說：「束手無策。」我不相信他們喜歡在主要頻道上聽這種意見。主持人問：「這是什麼意思？」作者回答：「即使全世界通力合作，也要十五年後才能解決問題。」「假設我們讓整個星球的人說：『我們今天就停，沒有人會再用摧毀臭氧層的化學物質。』」作者說：「那仍然無法解決問題。」主持人問：「大氣層無法自癒嗎？」作者回答：「不行，氟氯碳化合物要花十五到二十年才會到達臭氧層。即使立刻停止一切，地面上剛噴灑出的氟氯碳化合物也會繼續愈來愈快地侵蝕臭氧層，因為近年來我們的用量愈來愈多。」「十年內我們的臭氧層會消失，我看不出有什麼解決辦法。」

如果臭氧層消失，我們的麻煩就大了。動物會失明，不穿太空裝將無法在白天出門，在短時間內紫外線就會殺了你。我們正快速朝向那一天。如果你不認同，請讀一九九三年一月的《華爾街日報》。

華爾街日報說在南半球靠近南極臭氧層破洞的智利，動物已開始失明。住那裡的人有厚黑的皮膚，通常在戶外生活，但是現在他們在日常生活都會灼傷。這種情況從智利向北方擴散，並開始在很多地方發生。臭氧層變成瑞士起司的樣子，讓整個地表都不安全。

你不可能知道這些點在哪裡，因為每年都在推進和變化。臭氧層的問題是進行式，並非明天或以後或某天，它每一刻都在發生。過不了幾年，我們將陷入嚴重的麻煩中。

雷根當總統的時候，就知道臭氧層的問題。當環保單位問：「我們該如何處理臭氧層的問題？」雷根真是能言善道，他說：「我們會發雨衣和黑色太陽眼鏡來解決問題。」這是哪門子的政客？攸關我們生命和生存的事，政府卻不當一回事❸。

圖3-4 升高的賭注。

溫室效應的冰河期

　　布希總統上任後七天，接見了七百個意見一致的環保團體。他們告訴布希：「我們有比臭氧層和海洋還嚴重的問題：溫室效應。如果不想辦法，它會毀滅這個星球。」有一陣子戈巴契夫相當熱中於和各國政府討論如何用太空站監測環境，並採取負責任的行動。後來我猜想他們放棄了，僅保持謹慎地觀察。真是令人失望。

　　圖3-5是衛星在澳洲上方拍攝的海洋照片。澳洲和新幾內亞上方的暗點，表示已達到一九九二年以來歷史上最高的水溫。華氏八十六度的海水（攝氏三十度）若橫跨赤道，將如約翰·哈馬克（John Hamaker）的預測一樣。如果你熟悉哈馬克的理論，他有很強力的證據顯示，當水溫升高，地球並不會變熱，反而會變得很冷。哈馬克博士預測冰河時期會在幾年後降臨。

　　我並不將這些變化全歸於溫室效應，它有相當部分與岩石、礦物和樹木有關。平均一英畝林地可釋放五萬噸二氧化碳。當這些樹木被砍伐、燃燒或死亡，二氧化碳將溢散到大氣層。當大氣層的二氧化碳達到某個程度，便會啟動冰河時期。

　　哈馬克找到最近幾個冰河時期發生的證據，基於研究從古代湖床取出的核樣，只對這些核樣做花粉計量的觀察，便可發現地球幾百萬年來，有一個九萬年的冰河期和一萬年的溫暖期交替循環，這種明確的循環已持續很長的時間。

　　此外，哈馬克也發現（並已經他人證實）：由溫暖期轉進到冰河期只需二十年！長期研究這個現象的人們相信，我們距離冰河時期不遠了。我們有可能已在第十六、十七年？他們也說當時間到臨，也許彈指之間，一天之內，雲層將覆蓋地表，一切結束，平均

The Heat Is On

A hot spot in the sea could mean global warming is finally here

THE RED BLOTCH ABOVE AUSTRALIA AND NEW GUINEA in this satellite image, released last week, represents the ocean's hottest water, at 30°C (86°F). That sensationally ominous, and it may be partly a result of the global warming that scientists think is on its way. The good news: NASA reports that the ozone hole, latvar over northern latitudes this spring never showed up, but only because the winter was warmer than usual. A cooler season next year, which is quite possible, and goodbye ozone.

圖3-5　衛星在澳洲上方拍攝的海洋照片。

溫度降到零下五十度，大部分地區有九萬年不會看到太陽。如果那些人是對的，那麼陽光燦爛的日子便不多了。天氣也許會變得越來越熱，直到那天來臨。我並不打算交代哈馬克的研究細節，但建議你們自行研究他提出的強力證據，書名是《The Survival of Civilization》。

從冰河期進入溫暖期的快速變化

科學家們還發現另一件讓人很難相信的事。他們認為冰河期消退時，需要幾千年時間回暖，但是證據顯示只要三天。《時代》雜誌的文章上說，用二十年邁入冰河期，只需三天便回暖。溫室效應是個嚴重的問題，但更嚇人的是他們在找尋沒有根據的答案，爭論誰的答案正確和誰想做什麼，卻**沒有人**有解答。就像臭氧層，至少有十五種修補臭氧層的理論，每一種都可能讓情況更好或更壞，但沒有人知道怎麼做。我們似乎只能拿自己做實驗，去發現我們將會成功還是失敗。

地下的核彈和氟氯碳化合物

除此之外，還有各種問題，政府根本不敢說。以下的事他們不會告訴你，我也不想說，但是它太重要，**總要有人揭露才行！**

我們在大氣層上方發現氟氯碳化合物。政府部門的權威人士告訴我們：氟氯碳化合物（如氟氯烷）會浮在空中，因為它比空氣輕。然而氟氯碳化合物並不比空氣輕，**它比空氣足足重四倍**。它們只會**下沉**，不會上升！那麼這些東西怎麼跑上去的呢？我們的政府在各地引爆的二百一十二顆原子彈應該才是原因。有很多人對氟氯碳化合物怎麼到上面去心存懷疑，而真實的肇因也不是我們使用冷氣，而是**全世界的原子彈政權**。

有一段時間原子彈都在地底試爆，大家也許認為地下核爆沒有什麼。其實不然，這也許是現在地球上最危險的事，甚至比高頻活動極光研究計畫（HAARP）更嚴重。我無法證實我的觀點，你在獲得證明之前也可以選擇不相信❹。

亞當・川普林（Adam Trombly）是成就非凡的知名科學家，一直密切注意世界各地的地下核爆，他可能知道得比任何人多。川普林解釋這些原子彈在地底爆炸時會發生的事，他說能量不會停留在原地，它們得去某些地方，所以它們會穿越地球，在地球內彈跳，撕裂地球板塊，像乒乓球一樣亂竄，造成難以想像的災害，而爆炸後這種彈跳效應將在地球內部持續三十天。

川普林有一套預測理論，**而這些事情正在發生！**例如印度洋海面在很短的時間

下降了二十三呎，川普林在十多年前便已預告，如同寇斯圖預告地中海在十年內死亡一樣。許多傑出人士告訴我們他們知道的真相，但很少人聆聽。如果川普林是對的，只要再有幾個原子彈爆炸，地球便會被撕裂。從一九九一年開始，川普林的預言便不斷實現，各國政府也因恐懼而進入紅色警戒。但我相信中國又將引爆一枚核彈，而美國政府因為中國而考慮引爆另一枚！

　　生命無論如何會繼續，還好除了血肉之軀，我們的靈性還有其他面向。若非升天大師們和我們的高我，我們會陷入絕望之境。但由於這些偉大的努力，全人類會有新的生活，你會在一個嶄新、潔淨而美麗的世界誕生。感謝神！我們經歷一切而平安無事。然而我還沒說完……❺

史崔克的愛滋備忘錄

　　接下來是壓軸好戲，其實還有很多危機，我可以說上好幾個鐘頭，現在我只想說說這個關於愛滋的故事。我建議你們去看看政府想盡辦法隱瞞的史崔克資料（Strecker memorandum）。史崔克博士拍了一部關於愛滋病是如何發生的影片。他也是一位傑出人士，研究逆轉錄病毒的專家。他的影片在電視上播出後，便遭受政府恐嚇，揚言要殺害他的兄弟和贊助他的參議員。史崔克博士發行了許多影片，雖然你們再也沒有聽過他。

　　史博士在影片中說明聯合國為了解決環境問題做了許多努力，因為他們知道人口是全球最嚴重的環境問題。依照目前人口增加速度，到二〇一〇年或二〇一二年，全球人口會是現在的兩倍。由於中國的一胎化政策和其他各種努力，這個速度有所減緩。但聯合國認為人口倍增的夢魘仍然存在，估計二〇一四年世界人口會達到現在的兩倍❻。

　　根據聯合國的電腦模擬，屆時地球上的生命會面臨死亡的威脅。因為地球最多只能維持六十億人口，你能想像目前的地球有辦法負荷一百一十億人嗎？

　　如果你在聯合國，你知道這種潛在的浩劫，你會怎麼做？所以他們做了一個決定。史崔克博士在電視上播出的備忘錄，就在告訴我們那個決定的內容。聯合國決定與其撞上一百一十億人口的銅牆鐵壁，不如創造一種能殺死特定人選的病毒或疾病，消滅地球四分之三人口。史博士指出那四分之三是什麼人，並將聯合國的計畫公諸於世。

　　史崔克博士說明聯合國如何進行此事：他們從牛羊身上取出病毒，混合成愛滋病毒。在散播病毒前他們便研發了治療方法。根據史崔克博士的說法，政府有治療

愛滋的方法。決定這件事的人有明顯的偏見，因為他們挑選了兩個團體：黑人和同性戀者。

海地有一種在同性戀社區傳染的B型肝炎正在流行，他們需要B型肝炎疫苗。所以聯合國駐當地的機構就把愛滋病毒混入B型肝炎疫苗中，注射到每一個人身上。根據史崔克博士的說法，這是愛滋病毒的開始。

另一個證據是病毒**並非**只給同性戀者，非洲至少有七百五十萬人得了愛滋病，男女患病比率為五比五。愛滋病只有在海地和美國，是在同性戀人口間散布，如果你調查數據，會發現現在女人得病的速度最快。然而在自然法則的平衡下，你會發現愛滋病人的男性和女性數目相同。愛滋病根本不是同志圈的疾病，它與同性戀無關，它和創造它的那些偏激人士有關。

史崔克博士指出，世界健康組織（愛滋病的推手）和許多醫生也擔心其他疾病。舉癌症為例：醫生擔心癌症會變成傳染病，不是透過污染源和食物的接觸傳染，而是像感冒一樣透過空氣或水傳染，你走過癌症患者的身旁就會得到癌症。目前癌症病毒的種類還太少，機率不大，不過，並非不可能。然而對愛滋病而言，**它有九千到一萬倍種類或**6,561,000,000,000,000**種不同的病毒**，數量相當龐大。每當有人得到愛滋病，一種全新的病毒就會被創造出來。也就是說，以數學邏輯來看，愛滋病會像感冒一樣傳遍全世界，只不過是早晚的問題罷了。

傳言世界健康組織認為，快速傳播的愛滋病毒已經開始了。一九九○或一九九一年，世界健康組織篩檢非洲部一千四百個人，包括嬰兒跟老人，無一倖免，**人人得愛滋**。那時世界衛生組織祕密宣布愛滋病毒可能會經由空氣或水傳染，像野火或流行感冒般到處蔓延。愛滋像其他新疾病一樣，也有潛伏期，愛滋的爆發期可能還有幾年。如果真的發生，你會是安全的嗎？你需要知道真相——**你不只是你知道的樣子！** ❼

一種看地球問題的觀點

如果我們不是多次元的存有，如果我們只是生活在地球的肉體而無處可去，情況就嚴重了。然而因為我們不是，因此在地球發生的事，反而是讓我們大幅成長的工具。記住，生活是學校，幻象就是幻象。當然，如果我們真的了解情況有多危急，我們可能會覺悟到我們是誰。我毫無保留地這麼說，因為我們是在同一條船上的人，船上有個大洞而水不斷湧進，**這不是呆坐、遊戲、不反應的時候**。如果你不明白環境的真相，你也許會毫無行動。

　　我並非建議你為環保行動，雖然這也沒有錯，但我指的是一種內在活動，一種靜心，一種讓你可以重新連結全體生命的靜心。那是道家所說的：知行合一。外在行動沒有錯，但我相信這裡需要的是另一種活動。一種了解情況的心靈，讓我們開始嚴肅面對這些問題，直到我們的意識有了真正的改變。當我們繼續，這種需要我們注意和了解的內在活動會展開。了解生命另一面的人將明白，當更高的意識進入三次元世界，這些環境議題並非真正的問題，然而從三次元的角度來看，它確實像是生命的盡頭。

世界史

　　我們即將開始一個新主題，那就是世界歷史和它對現在的影響。每一塊歷史拼圖都會打開我們的視野，讓我們發現我們的狀況並非偶然。我們需要記得過去發生的事。我們許多人的過去世也在這裡，我們的內在仍有這些記憶。此外，我們需要知道過去發生了什麼事，以了解它如何發展成現況。想當然耳，這段歷史你在史書上找不到，因為人類的文明史只有六千年，然而人類起源要追溯到四十五萬年前。

　　我的資料是圖特在一九八五年給我的。圖特在一九九一年離開後，我開始注意到撒迦利亞‧西琴（Zecharia Sitchin）的資訊，我發現西琴的書和圖特的資訊幾近完美契合——那可不是巧合。許多圖特解釋得不清楚的事，例如亞特蘭提斯的巨人，西琴的書便詳細闡述；西琴書中說得很簡要的事，圖特會深入解析。如此結合兩種訊息來源，會形成有趣的見解。你不需要全盤接受這些觀點，你可以把它當傳奇故事來看，想一想它是否對你有用。如果你覺得它不是真的，你不需要接受。但我相信這是我得到的最接近的真相，我把它給你。記住，我必須翻譯圖特的幾何和象形文字。翻譯過程必有逸失，但我相信它能觸動你的記憶。

　　首先請你了解歷史的特性，總要有人用文字把歷史寫下來，如此文字史必然有執筆人的觀點。文字史始於六千年前，執筆的人如果不同，歷史記載會相同嗎？歷史往往是戰爭勝利者留下的紀錄，戰敗者是無法表達意見的。細看每一場戰爭，尤其是第二次世界大戰，一場非常情緒性的戰爭，如果希特勒打贏了，我們的歷史課本會寫什麼。我們可能會看見完全不同的事，有可能我們會變成壞人，納粹對猶太人做的事可能會變成好事。然而我們贏了，因此由我們的觀點來寫歷史。

　　歷史就是這樣，也許沒有人點出這件事，但這是顯而易見的。圖特很清楚這點，他說：「我給你們我的觀點，我觀照無數世紀，但畢竟我只有一個人，這是我

認為真實的事。你必須了解其他人對歷史或許有不同觀點。當你明白這一點，我們就可以前進了。

西琴和蘇美人

首先我從西琴的《第十二個天體》（*The 12th Planet*）開始，雖然另外兩本《失落的國度》（*The Lost Realms*）和《*Genesis Revisited*》我也很推薦（按那個順序看）。他描寫許多在基督聖經出現的城市，例如「巴比倫」、「阿卡德」（Akkad）和「以力」（Erech）。長久以來人們認為那些是神話，因為沒有人和證據證明它們存在。然而一座城終於引導出另一座，如此最後聖經提到的每一個城市都被發現了。

這些古城在過去的一百二十年間被發現，很多是最近才發現的。他們挖掘這些古城時，出土的數千塊圓柱形黏土上記錄了幾十萬年的蘇美和地球歷史。出土的紀錄是楔形文字，我告訴你的是西琴的解釋。現在有許多學者能解讀楔形文字，當這些文字內容被轉譯出來，便改變了我們對世界的觀點，如同魏斯特對人面獅身像的著作影響了現代人的人類史觀。我們會再回過頭來解釋蘇美人如何得到他們的資訊。

蘇美人的紀錄是這個行星上最古老的書寫紀錄，有五千八百年，然而他們描述的是數十億年前和四十五萬年前發生的事。從科學驗證或圖特所言，人類歷史大約二十萬年。西琴認為我們更古老些，約三十萬年，但可考的紀錄、圖特與默基瑟德（Melchizedek）並不是這麼說。我們的歷史約比二十萬年多一點，然而地球上還有更古老的文明——早於這個週期，早於尼菲林人（Nefilim），比尼菲林人和我們見過的任何事更為先進。

他們不留痕跡地離開，這本書結束前你會明白為什麼。這是行星的歷史，是我們的一部分。我們能取得所有資訊，每一個人內在都有記錄一切的部分，取得容易但大多數人不知道。我們通常信任最古老的歷史考據，它比文字紀錄更接近我們的時間。而這些是我們擁有的最古老的文字，只有早於埃及象形文的幾何語言可能是例外。然而古代蘇美人的故事我們很難接受，因為我們堅信我們了解的歷史是正確的。

這些故事聽起來難以置信，科學家即使知道它可能是真的，也很難接受。最古老的來源啊！若非它如此難以置信，我們早就接受了。這些如果是他們編造的故事，我們又如何解釋他們知道那麼多的自然事實，從我們的史觀來看，他們不可能知道這些事。

　　例如，督剛人知道所有的外行星，蘇美人也知道。西元前三千八百年開始的蘇美文化是世界上公認最早的文化，而蘇美人知道從外太空靠近太陽系是什麼樣子。他們知道所有的外行星，把它們從外向內排列，彷彿他們從太陽系外面進來。就像督剛人的壁畫一樣，蘇美人描繪各個行星的比例大小和特性，彷彿他們在太空中通過那些星球，知道它們的外觀、有沒有水，以及雲層的顏色。西元前三千八百年前便有的完整紀錄，可能嗎？或者我們對我們的起源一無所知？

　　早在美國太空總署送出太空探測器、經過外行星進入太空之前，西琴便送給他們蘇美人對各個星球的描述。當人造衛星一個一個抵達各星球，當然發現蘇美人的描述完全正確。另一個例子是，**蘇美文化顯示他們從一開始就知道分點歲差**，知道地球繞太陽的地軸傾斜二十三度，以及每二五九二○年完成一個歲差週期。這對傳統的歷史學家而言，是很難理解的問題，有科學概念的人更知道，至少要花二一六○年的時間觀察天空，才能了解地球的擺動週期。而蘇美人卻在他們的文明開始的第一天就知道了。

　　他們是怎麼知道的呢？這些泥板顯示了驚人的證據，那是很難被一般人接受的。學校教育我們摩西在西元前一二五○年寫了〈創世記〉，那是距離現今三二五○多年前的事，而蘇美人在比摩西至少早兩千年前的泥板上寫了和聖經第一章幾乎一模一樣的文句。泥板上甚至有亞當、夏娃和他們兒女們的名字！〈創世記〉中記載的情節都在其中，而它們在摩西接收訊息前便被刻在牆上了。這證明摩西並非〈創世記〉的作者。這個事實顯然是不被基督教接受的，但它是事實。我可以了解為什麼這樣的知識要經過許多年才能進入我們的現代，因為它和我們接受的地球歷

史大不相同，而這個關於摩西的眞相，不過是冰山一角。

提亞瑪特與尼比魯

　　蘇美人除了留下那些看來不尋常和不可能的資訊之外，更深刻的是比亞當和夏娃更早的人類起源故事，那是更久遠的年代。故事始於數十億年前，地球還非常年輕的時候，當時有個稱爲提亞瑪特（Tiamat）的巨大行星，它也繞著太陽旋轉，軌道位於火星和木星之間。他們的記載說遠古地球有一個很大的衛星，注定要變爲一顆行星。

　　根據那些記載，我們的太陽系還有一顆行星，到了近代我們才模糊地知道它。巴比倫人稱之爲馬杜克（Marduk），這是它過去的名字，蘇美人稱之爲尼比魯（Nibiru）。這顆巨大行星的繞行方向和其他行星相反。其他的行星幾乎在一個平面上朝相同的方向前進，但是尼比魯以相反方向移動，從火星與木星之間接近其他行

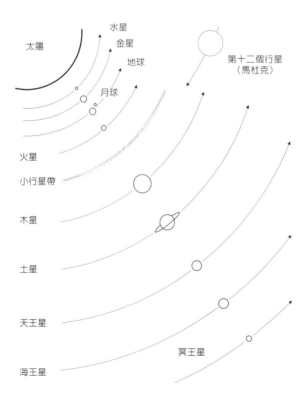

圖3-6　太陽系和馬杜克／尼比魯，以及提亞瑪特的殘片（小行星帶及地球）。

星，如上頁的圖3-6。

　　他們說它每隔三千六百年會經過我們的太陽系一次，那通常是太陽系的大事，然後它會經過外行星並消失在我們的視野中。太空總署可能已經發現這個行星了，他們用兩個人造衛星在離太陽極遠的地方找到它，而蘇美人在幾千年前就知道了。根據蘇美人的記載，就像命中注定般，尼比魯的軌道非常接近提亞瑪特（我們的古地球），它的一個月亮撞上提亞瑪特，把它撞成兩半。分裂後較大的一塊和它的主要衛星跑到金星與火星之間，變成現在的地球；另一半則分裂成無數小塊，變成蘇美人紀錄中所說的「鎚打的手鐲」，散布在火星與木星之間，成為小行星帶。天文學家非常訝異，蘇美人如何得知小行星帶？它們並非肉眼可見。

　　這是蘇美人記載中最古老的年限，它述說的是更遠古的事件，直到關於尼比魯。尼比魯上住著一種稱為尼菲林人的有意識人種。他們身高很高，女性約十到十二呎，男性約十四到十六呎。他們並非永生不死，根據蘇美人的紀錄，他們會存活相當於地球的三十六萬年，然後死亡。

尼比魯的大氣問題

　　根據蘇美人的紀錄，大約在四十三萬年到四十五萬年前，尼菲林人的星球開始出現大氣問題，類似我們的臭氧層問題，於是他們的科學家想了一個解決方案。我們的科學家也考慮過要把微粒放進臭氧層，過濾陽光中的有害輻射。尼比魯的軌道距離太陽很遠，他們需要保存熱能，因此決定把黃金微粒放在大氣層上方來反射光與熱（像鏡子一樣）。他們計畫取得大量黃金，研磨後放上天空。沒錯，蘇美人紀錄中的主題似乎十分現代，遠古的人類也提過ET和複雜的科學。這並非星際奇航或科幻小說，它是真的。他們的內容驚人，這就是為什麼它這麼不容易成為普羅大眾常識的原因。

　　儘管尼菲林人當時並不如現代的我們進步，但他們有旅行太空的能力。在蘇美人的紀錄中，他們利用噴火的火箭式太空船旅行。這是太空旅行之初，並不複雜。事實上，他們的確相當原始，必須等到尼比魯足夠接近地球，才能進行行星間的旅行。我相信，因為尼菲林人無法離開太陽系，他們搜尋太陽系所有的星球，發現地球有大量金礦，所以在四十萬年前派出一支小組到此採集金礦。來到地球的尼菲林人有十二名管理人，帶領六百名採挖人員及三百個在母船上的待命人員。

　　他們首先在現在的伊拉克安定下來，並建設城市，但那不是他們挖礦的地方（圖3-7）。他們開採金礦的地方是非洲東南方的山谷。安利爾（Enlil）是十二名

管理人之一，他們進入地球內部挖出了大量的黃金。此後，每當尼比魯隔三千六百年接近時，他們會把這些黃金運送回去，然後在尼比魯繞行的其他時間繼續挖掘。根據蘇美人的記載，他們挖了大概十萬到十五萬年，之後尼菲林人便發生叛亂。我並不同意西琴推斷此事件發生的時間，因為他並非直接從蘇美人的紀錄得到這個時間，而是依照他認為應該的時間去推算。他認為這個叛亂發生的時間在三十萬年前，而我相信它比較接近二十萬年前。

尼菲林人的叛亂與我們的種族源起

約二十萬至三十萬年前，尼菲林工人造反。蘇美人的紀錄記載了這次叛亂的細節。這些工人對抗他們的上司，因為他們不想再挖礦。他們把問題丟給長官，而這十二位督導一起討論解決之道。他們決定取地球上某種既存的生命形式——靈長類——的血液混入泥土，並取一位年輕尼菲林男性的精液，把這些元素混在一起。壁畫顯示他們拿起一個化學燒瓶倒進另一個化學燒瓶，去創造這個新生命。尼菲林人的計畫是利用靈長類動物和他們自己的DNA，創造一個比當時地球上的生命更進化的人種，如此便能利用這個新人種來採金礦。

依據原始的蘇美人紀錄，我們被創造為礦工，開採黃金的奴隸。這是我們存在

圖3-7 尼菲林人的定居處和金礦
所在地。

的唯一目的。當他們取得拯救他們的星球需要的黃金時，便想摧毀我們並離開，他們並不允許我們存活。大多數人聽到這個故事會認為那不可能是我們，我們如此高貴，怎麼會是這種來源？但這是地球上最古老紀錄上的事實。蘇美文是世界上最古老的文字，比聖經和可蘭經更早。倒是那本神聖的聖經，看起來有可能是從蘇美人的灰燼中誕生的。

　　科學發現也很有趣。考古學家在蘇美紀錄中那個開採黃金的地點，發現了金礦。這些古老的金礦有十萬年之久。不可思議的是「人類」（我們）真的在這些礦脈中工作：我們的骨頭在那裡被發現。這些金礦的開採時間至少在十萬年前，而在這些礦區中發現的人約存在兩萬年前。我們十萬年前開採這些黃金做什麼？我們為什麼需要黃金？黃金是很柔軟的金屬，不像其他可用的金屬那般堅硬鋒利，在古代器具上很少見到。我們為何要這麼做？而那些黃金又到哪裡去了？

夏娃是否來自黃金礦脈？

　　於是有個夏娃理論被現代人壓抑了很長時間。

　　科學家採集DNA分子中的某個組成，作為比對標準，如此他們發現第一個人類存活的時間約在十五萬到二十五萬年前。而且這個他們稱為夏娃的第一人，就來自蘇美紀錄中說我們採金礦的那個山谷。從此科學家便拒絕這個理論，因為還有其他找尋DNA源起的方法。但我認為它值得注意，因為它指出蘇美人稱為一切起源的山谷。

人類起源：圖特的版本

　　現在，讓我們看看圖特相似的版本。他同意默基瑟德所說的，我們的種族並不像西琴所言，從三十五萬年前開始，而是始於二〇〇二〇年前（從一九九三年算起）或西元前一九八二一四年。他說最原始的人類被安置在靠近南非的一座島嶼，稱為岡瓦那大陸（Gondwanaland）。

　　我不知道圖3-8剛瓦那大陸的形狀是否正確，不過這不重要，因為它就是在那個區域。原始人類被隔離安置在那裡，無法離開。當他們進化到可以讓尼菲林人使用時，就被運到非洲礦區和其他地區開採金礦和執勤。如此這個原始種族、人類的祖先，在岡瓦那大陸進化了五至七萬年。

　　你可以在地圖上看見這些陸塊如何嵌合在一起，科學家們認為有其可能。這塊土地分開之前被稱為岡瓦那大陸，西非部落關於創世的傳說裡有這個名字。如果你

讀過不同部落的創世記，他們對於創造的發生有不同
的理解，卻有一條線索完全相同。他們都說他們來自
非洲西岸一個名為岡瓦那的大陸。他們的資訊在這一
點完全一致──除了祖魯人，他們宣稱自己來自太
空。

　　蘇美人的紀錄提到，人類的高度是尼菲林人的
三分之一。對我們而言，身高十到十六呎的尼菲林人
確實像巨人。圖特說地球上有巨人，但並沒有說明他
們是誰。聖經裡有相同的描述。〈創世記〉第六章：
「當它進來，男人們開始增加，女兒們開始為他們出
生」──這是一段重要的敘述，「當男人**開始**增加」
（待會談）──「神的兒子們」（複數）「看見男人
們的女兒們，她們是平等的」，而他們（神的**兒子
們**）「和他們選擇的妻子一起」，而主說「我的靈魂
不會永遠與男人同在，因為他也是血肉之軀」（主是
血肉之軀），「然而他的日子有一百二十年。那時和
之後地球上有**巨人**；當神的兒子們和男人們的女兒們
在一起，為他們生出的孩子，也變為同樣威嚴的男人
和老者，一樣是有名望的人。」關於這部分經文，有
許多種詮釋，然而當你看見蘇美人的紀錄，你會看到
全然不同的觀點；特別是當你讀到舊約聖經提到的巨
人，他們在基督聖經中被稱為「尼菲林人」，與蘇美
人的紀錄有相同的發音。世界上有超過九百種版本的
聖經，幾乎都談到巨人，有很大一部分的聖經稱他們
為尼菲林人。

圖3-8 岡瓦那大陸。

人類的孕育：天狼星人的角色

　　圖特只提到地球上有巨人，沒有說他們是怎麼來
或從哪裡來的。他說當我們的種族被創造時，巨人變
成了我們的母親。他說他們七個一起來到這裡，藉著
有意識的死亡留下他們的身體，用七個互相交疊的意

識球體形成圖案，如同創世記的圖案（我們在第五章會談到）。這個結合形成一道藍白色火焰，古人稱之為生命之花，而他們把這道火焰放進了大地的子宮。

埃及人稱這個子宮為「阿曼提大廳」，那是在三次元中的四次元空間，就在地底一千哩處，以一個四次元通道連結大金字塔。阿曼提大廳的主要功能之一，就是創造新種族或新物種。大廳的裡面是一個房間，按照費伯納齊比例（Fibonacci proportion）建造的石屋。石屋中央是一個立方體，立方體上方是尼菲林人創造的火焰。這道火焰直徑寬約三呎，高約四到五呎，發出藍白色的光。這道光是純粹的普拉納生命能，純粹的意識，它是地球孕育人類生命的卵子，為我們而造，以開 「人類」這條進化途徑。

圖特說有母親，必有父親，而這位父親的本質（他的精子）必須來自這個系統或身體之外。如此當尼菲林人用燒瓶準備開發這個新種族時，來自遙遠星系天狼星B的第三顆行星的另一生命體，正預備他們的地球之旅。他們總共有三十二個人，來自同一家庭互為配偶的十六名女性和十六名男性。他們和尼菲林人一樣是巨人。尼菲林人基本上是三次元的生命體，而天狼星人則是四次元的人。

三十二人聯姻聽起來很奇怪。地球上一男一女的配對反映了我們的太陽。我們的太陽是氫太陽，氫有一個質子和一個電子，我們在複製氫的產生過程，一個配一個。如果你去造訪一個有著氦太陽的星球，氦有兩個質子、兩個電子和兩個中子，你會發現是兩男兩女在一起創造後代。當你去造訪像天狼星B那麼老的太陽，一個高度進化的白矮星，會發現它是一個三十二的鍺系統。

所以天狼星人來到這裡，他們知道怎麼做。他們直接進入「阿曼提大廳」的子宮，來到那個金字塔和那道火焰前。這些存有們了解一切是光，了解思想和情感的連結，所以他們圍著那個火焰憑空創造了三十二個粉晶石床，每一個高約三十吋，寬三到四呎，長十八到二十呎。然後他們以男女交錯的順序，頭朝火焰仰躺在石床上。這些天狼星人與尼菲林人創造的火焰（或卵子）合一，來讓它受孕。在三次元世界，尼菲林的科學家把這些實驗室創造的受精卵放在七個尼菲林女人的子宮裡，此時第一個人類終於誕生。人類受精卵的形成只需不到二十四小時，便已形成最初的八個細胞；然而行星層級的受孕是十分困難的。據圖特所言，為了替地球孕育這個新種族，他們在那裡靜止不動躺了二千年。經過了兩千年，第一個人類終於誕生在岡瓦那大陸，就在南非的西海岸。

安利爾的到臨

　　故事中天狼星人為父親的說法似乎不符合蘇美人的紀錄，或至少不符合西琴的說法，除非你仔細審視那一連串西琴似乎也不了解的事件。安利爾（第一個到達地球的尼菲林人和南非採礦工人的領袖）抵達地球時，並非登上**陸地**，而是降落在水中。他為何入水？因為那是有海豚和鯨魚的地方。海豚和鯨魚是當時地球意識最高的生物，現在仍是。用簡化的星際語言來說，安利爾必須進入海洋去獲得居住地球和開採金礦的允許。為什麼呢？因為這個星球是屬於海豚與鯨魚的，銀河律法規定，不屬於這個行星的外族必須被授權才能進入不同的意識系統。根據蘇美人的紀錄，安利爾在海中待了很久，當他最後登上陸地時，他已經變成半人半魚的樣子了！一段時間後他又演化為人形——蘇美人的紀錄如此記載。

　　天狼B的第三顆行星，名為歐西安那（Oceana），恰好是海豚與鯨魚的故鄉。海豚運動的澳洲領導人彼得‧申史東（Peter Shenstone），和海豚通靈寫了一本書《The Legend of the Golden Dolphin》，描述牠們如何從別的銀河來到這裡，如何先在天狼B的小行星停留和牠們如何旅行到地球。那時候地球充滿了水，只有兩塊比較完整的陸地，一塊大小像澳洲，另一塊大小像加州。在兩塊僅有的陸地上有一些類人類（human-type），數量不多，其他充滿水的地方則是鯨類活動的地方。當時的類人類和鯨類之間有直接的連結。所以當安利爾（尼菲林人）來到地球，他首先連結海豚（天狼星人）以獲得牠們的祝福，**然後**才登上陸地，並開始那一段最後導致人類孕育的過程。

尼菲林的母親們

　　讓我簡述一下：尼菲林人在遭遇叛變後，做出孕

育地球新人種的決定，而由尼菲林人擔任母親的角色。蘇美人的紀錄說有七名女性站出來，尼菲林人從地球上取了泥土，從原始靈長類取得血液，從年輕的尼菲林男性取得精液，混合後將它放進七名選取的尼菲林年輕女性的子宮中，生出了人類的寶寶。七名人類一起誕生，而非僅有亞當與夏娃。根據原始的故事，**我們是無法生育的**，我們無法複製後代。尼菲林人繼續製造矮小的人類，形成小人部隊，把他們安置在岡瓦那大陸。如果你願意相信這個部分根據蘇美人紀錄、部分來自圖特的故事，它告訴我們人類的母親是尼菲林人，而父親是天狼星人。

現在，若非蘇美人留下關於尼菲林人的紀錄，這一切將顯得荒謬怪誕，而它的確是。然而如果你閱讀一些人類學資料，有大量科學證據顯示這是真的，特別是關於尼菲林母親的部分。

科學無法了解我們是如何出現的。我們和靈長類之間有個遺失的環節，我們像是從空氣中蹦出來的。科學知道人類的存在約有十五到二十五萬年，然而對於我們從哪裡來和發展的過程一無所知，彷彿我們從一個神祕通道來到這裡。

亞當與夏娃

另一個有趣的蘇美人紀錄是，當人類在非洲採礦一段時間後，那些位於現在伊拉克附近的北方城市變得非常優雅美麗。它們坐落在雨林中，被大型的花園所環繞。蘇美人的紀錄說後來有些奴隸從南方礦區被帶到北方花園工作。顯然我們是好僕役。

有一天，安利爾的弟弟恩基（Enki，即**蛇**）去找夏娃（蘇美人的紀錄也用「夏娃」這個名字），告訴她為什麼他哥哥不讓人類吃花園中央的果樹，因為那樹會讓人類變得像是尼菲林人。恩基這麼做是想在他和哥哥的爭執中扳回一城（故事沒有這麼簡單，你可以看看蘇美人這段紀錄）。所以恩基說服夏娃去吃那棵樹上的蘋果，那棵分辨善惡的樹。根據紀錄，那樹提供的不僅是二元觀點，也賦予夏娃再創造的力量：生育能力。

如此夏娃找亞當一起去吃那棵樹的果實，並有了孩子，他們的名字都記錄在蘇美人的石板上。現在，請你想想亞當和夏娃的故事：蘇美人和聖經的版本。創世記：神走進花園──**他走路**，在一個身體中，是血肉之軀。他穿過果園呼喊亞當和夏娃，他不知道他們在哪裡。他是神，卻不知道他們在哪裡。他呼喊他們，然後他們出來，他不知道他們吃了樹上的果子，直到他看見他們躲躲藏藏、感到害羞，於是他明白他們做了什麼。

　　還有一件事，在原版和所有版本的聖經中描述神的字「Elohim」，是複數而非單數。所以創造人類的「神」是一整個種族的人？當安利爾發現亞當和夏娃做的事，他勃然大怒。他特別不願意他們去吃生命之樹上的果實，並非只是因爲他們將能生育，而是因爲他們將能得到永生。（不知道是否眞有這些樹，應該是一種與意識有關的象徵。）因此，安利爾把他們逐出花園，另行安置並監控他們。他必然監控了他們，因爲他記下了他們所有兒女的名字，知道那個家庭發生的每件事，在聖經完成之前的兩千年寫下發生的每件事。

　　從亞當和夏娃之後，人類分成兩支：一支自由並可生育（被監控），一支是不能生育的奴隸。根據現代科學考據，後者繼續挖礦，直到兩萬年前。那些在礦脈發現的人體骨骸和我們的一樣，不同的是他們不能生育。他們在約一萬兩千五百年前的大洪水時期，完全滅絕。

　　我們會談到四次地軸變動，分別發生在岡瓦那陸沉、列穆里亞（Lemuria）陸沉、亞特蘭提斯陸沉（大洪水時期），以及將會發生的這次。以下的注記很重要，請了解：根據圖特的說法，地軸傾斜的角度和經常發生的磁極變動的角度，直接影響地球上的意識變化。例如，最近一次的磁極變動發生在大洪水時期，那時的磁北極在夏威夷，與現在的磁北極呈九十度角。這是巨大的變化，然而它並非正面的變化，我們的意識向下沉淪而非提升。

列穆里亞大陸的升起

　　根據圖特的說法，在亞當與夏娃之後有一次大型的地軸變動，造成岡瓦那陸沉。圖特說岡瓦那陸沉後，太平洋升起了一塊陸地，我們稱之爲「列穆里

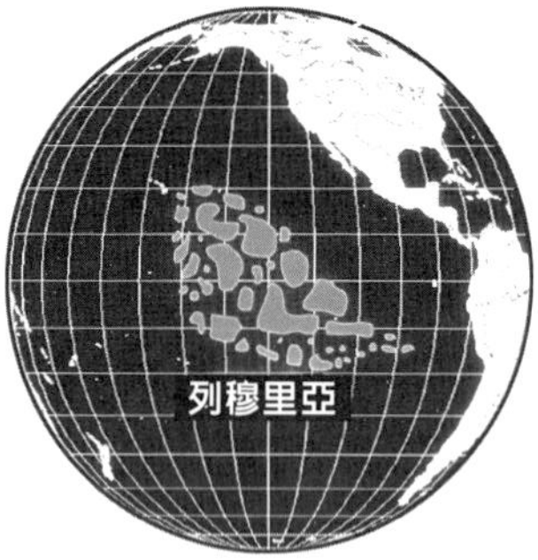

圖3-9　列穆里亞。

亞」。亞當與夏娃的後代被帶到了列穆里亞。

　　圖3-9並非列穆里亞真正的樣子，但相當接近，它從夏威夷一路延伸到復活島。它不是完整的陸塊，而是幾千個大大小小的島嶼連成一氣。它就像是一個淺淺浮在水面上的大陸，一個水洲。

　　我知道的是，亞當的族人被帶到那裡自由發展，尼菲林人並不干涉。我們在列穆里亞生活了六萬五千到七萬年。在列穆里亞的生活很快樂，少有問題。我們在進化路程上加速得很順利。我們對自己做了很多實驗，在身體上有許多改造，包括頭骨結構、脊柱根部、頭顱大小和形狀。那時我們完全是右腦人，具有陰性特質。每一次進化週期需要選擇一種表現屬性，陽性或陰性，就像你進入地球必須選擇性別一般。所以我們正在變為女性。在列穆里亞陸沉的時候，整族人相當於一個十二歲少女。

一九一〇年發現的列穆里亞遺跡

　　我們的世界開始知道列穆里亞，大約可回溯到一九一〇年。我們不記得這些事，因為一九一二年的事情改變了我們進化的路徑。一九一二年我們做了一些類似一九四二、四三年在費城進行的實驗，在第四章中我會再細談。實驗進行的時間是一九一三年，後來它變成一個大災難，我相信這個實驗導致了一九一四年的第一次世界大戰。從此我們便再也不同了。

　　第一次世界大戰前，美國人的靈性成長模式類似現在，大家對於靈性和心靈工作、靜心、遠古歷史與自然界的一切都具有高度的興趣。像詹姆斯·柴吉吾德（Colonel James Churchward）和法國的勒普朗根（Augustus Le Plongeon）等人研究亞特蘭提斯和列穆里亞，而其中有很多類似現在的思維模式。然而第一

次世界大戰讓人沉睡，直到六〇年代人們才逐漸甦醒。但是他們在一九一〇年發現列穆里亞存在的證據，卻相當震撼人心。這必須歸功於珊瑚礁。珊瑚只能生長在水面下一百五十呎的深度。我相信一九一〇年代的太平洋海底比現在高，所以人們可以目視太平洋底層的珊瑚礁環一路延伸到復活島。

順便一提，海底**確實會**升降。你可能不知道大西洋的底部在一九六九年十二月陡升了兩哩，你可以參考一九七〇年一月的《生活》雜誌。百慕達區域很多小島突然出現在海面，有些現在還在，大部分已再度沉沒。所以現在的海底比當年更下沉了兩哩。

柏拉圖描述亞特蘭提斯和大西洋時，希臘人還沒有辦法突破直布羅陀海峽在大西洋上航行，因為那個區域的海水只有十到十五呎，有時更淺，現在的水深多了。

人們在太平洋發現的珊瑚礁估計有一千八百呎深，然而這證明環礁的內緣曾經是小島，因為珊瑚必須靠近水面才能生長。如果現在珊瑚礁的深度超過一千八百呎，而珊瑚只能生長在海面下一百五十呎以上，意謂著它們以非常緩慢的速度不斷下沉。

一九一〇年，人們能目視這些礁環延伸很長的範圍，所以他們知道那個區域曾經有許多島嶼。更重要的是，如果你跟著動植物的軌跡走，你會發現從夏威夷到復活島的這段環狀小島沿線上的生物幾乎和夏威夷完全相同。

現在這些小島之間的距離都很大，然而如果你對照地圖，你會看到一條島鏈。這條線是過去列穆里亞大陸的西岸。這些小島，包括大溪地和波瑞亞（Borea），都是列穆里亞的一部分。這條小島沿線上的動植物完全相同，其他的島則不同，它們有相同的樹、鳥、蜜蜂、昆蟲、細菌……都一樣。解釋這個現象的科學觀點是，有一段時間島嶼間更為接近，並有陸橋相連。

阿已、提亞和最早的譚崔

列穆里亞的新文明發展良好，事情都進展順利，然而最終列穆里亞還是沉沒了。在它沉沒前的一千年左右，有對伴侶名為阿已（Ay）和提亞（Tiya），他們做了一件人類演化期間前所未有的事。他們發現，配合呼吸用特定的方式做愛，生下的孩子會很特別。在這種特別的受孕和出生中，母親、父親與孩子將獲得永恆的生命。換言之，以特別的方式懷孕將讓人們永遠改變。

阿已與提亞並不清楚自己是否獲得永生，然而當時間過去，其他人開始死亡，他們依舊存活。人們開始了解，確實發生了什麼事。因此他們成立了這個週

圖3-10 亞特蘭提斯。

期的地球的第一所神祕學校，它被稱為「邁可」 ❽
（Naacal 或 Naakal，讀作McCall）。邁可神祕學校嘗
試教導透過「譚崔」（tantra）復活或揚升。

譚崔是印度文，意思是透過性愛做瑜伽或與神
合一（在了解他們怎麼做之前，我們有很多預備工
作）。總而言之，他們這麼做並開始教導其他人。

在列穆里亞陸沉前，他們指導了約一千人，有
三百三十三個三口之家了解並能示範。他們以這種不
尋常的方式做愛，事實上他們並不碰觸對方，甚至不
需要在同一個房間。那是一種跨次元的做愛。他們也
教別人怎麼做，如果他們能這樣持續幾千年，將進入
一種境界，轉化整個種族進入新的意識。

但神顯然不同意，時機不對。列穆里亞陸沉時他
們才開始這麼做。列穆里亞是一個陰性種族，他們有
極高的心靈能力，早就知道列穆里亞會陸沉，所以很
早便預備遷移。他們把所有的家飾藝品遷往的的喀喀
湖、雪士達山和其他地方，包括大型的黃金圓盤。他
們帶走一切有價值的東西並靜待結果。當列穆里亞下
沉時，他們已全數離開那塊土地，在的的喀喀湖、中
美洲、墨西哥和雪士達山定居。

列穆里亞陸沉與亞特蘭提斯的升起

圖特說，列穆里亞的陸沉和亞特蘭提斯大陸的升
起發生在同一次地軸轉變之時。列穆里亞的陸沉也就
是亞特蘭提斯的升起。

亞特蘭提斯是一塊很大的大陸，如圖3-10所示。
那時候美國東南部的佛羅里達、路易斯安那、阿拉巴
馬、喬治亞、南卡羅來納、北卡羅來納和德州都還沉
在水底。我不知道亞特蘭提斯到底有多大，但它相當
大。除了完整的大陸之外，還包括九個島：北、東、

南方都有一個島，西方有六個島，延伸到現在的佛羅里達角❾。

注釋

❶一九九二年，世界各國元首在里約熱內盧舉辦「地球高峰會議」，討論地球環保問題。這是有史以來最大的領袖聚會，因為我們正在面對失去地球的危險。全世界的國家都出席，獨缺美國——世界最大的污染源，不願參加。很顯然，就政治利益的考量，金錢、工作和經濟比地球的存亡更重要。五個月後，一九九二年十一月十八日這天，一篇名為〈世界科學家對人類的警告〉的文件發表，由七十一國一千六百名資深科學家（包括半數諾貝爾獎得主）連署。這是權威研究團體對世界提出的嚴正警告，有足夠的公信力，世界應該要謹慎以對。它是這麼寫的：「人類和自然界正處於衝撞路線上。人類的活動對自然和自然資源帶來重大衝擊，並造成不可修補的破壞。我們如果不檢討目前的做法，將危害人類社會和動植物王國，並可能讓生物界無以維繫生命。如果我們想要避免撞擊，根本的變化是首要之務。」

這份文件開始列出我們面臨的危機：污染的水、海洋、土壤、大氣，消失的動植物及人口過剩（這個星球超過一半的物種已經滅絕並持續死亡）。接下來語氣轉為嚴峻：「避開人類前景盡失的威脅的時間，僅剩十年到數十年。我們謹代表資深的科學人在此背書，警告全人類將面臨的危機。我們對於地球及各種生物之間的關係須有所改變，以避免人類的悲劇和星球的瓦解。」但即使由地球上最受尊重的科學人士發言，這個世界卻拒絕這份聲明。你也許會認為我們應該停下來思考：「如果這是真的，我們能做什麼，並放下一切去做必要的事。」但是各國政府明白，若要避免這個危機，我們得改變生活方式，而這在政治上並不令人愉悅。

沒有政治人物願意挺身而出，引介這個不受歡迎的改變。對各國政府而言，停止污染等於經濟損失或崩潰，最終演變成一場金錢與生命的戰爭。《紐約時報》和《華盛頓郵報》，兩個在新聞界最受敬重的領袖，對這份文件嗤之以鼻，認為毫無新聞價值。這也讓你們了解我們把什麼看得比地球更重要。（你可以看鈴木大衛的書《神聖的平衡：重尋人類的自然地位》。）

試想，這份警告文件給我們「十年到數十年」去避開這個危機——那是一九九二年的事了。地球有幾十億年歷史，它花了幾百萬年時間讓人類達到這個知覺層次，但如同一眨眼的十到三十年，如果我們不做正面的改變，我們也許會「無可挽回地解體」……我不用「絕種」這個字，但確實有可能。

❷在海洋生態系中，魚、蝦、貝類產量之高低，繫乎初級生產力的高低，初級生產力高的海域，其魚、蝦、貝類之產量才會高。不過，有些河口海域和近海水域，由於河川污染帶來豐富的營養鹽類，造成藻類過度生長，即通稱的水質優養化（eutrophication）。藻類過度生長固然會造成初級生產力的提高，但是，此時經常出現由少數藻種成為絕對優勢的現象，例如由鞭毛藻類大量增殖所形成的「紅潮」，常造成魚、蝦、貝類的死亡，魚、蝦、貝類之生產量反而下降。有的鞭毛藻類會產生毒素，造成水生物死亡或人類中毒，好比麻痺性貝毒（paralytic shellfish poison），而saxitoxin即是由甲藻類所產生的一種分布最為普遍的毒素。這種由於海域水質優養化帶來的負面影響，在世界各地區海域都曾有過報導，近年世界衛生組織還特別為此成立委員會，推動紅潮和毒藻的研究，以探究其成因和制定防除之對策。

❸從一九九六年開始出現一種新的可能，我們也許有辦法療癒大地和它的環境問題，也就是我們稱為「地與天」的新工作坊。即使我想告訴你梅爾卡巴會把我們帶到哪裡去，這也不是適當的時機。因為它有相當龐大的資訊，我會為這個主題寫一本新書。我能說的是此刻我對大地之母在三次元的存續保持樂觀。

❹記得愛因斯坦**不確定**什麼時候原子彈會被引爆，原子反應實在不應該發生的。我們的政府知道第一枚原子彈炸時，會是世界末日：一分鐘結束所有生命。然而我們還是做了，這真是靈性上的缺憾！

我們又再度面臨政府拿我們的生命作賭注：一九九七年 HAARP 計畫開始的時候，他們並不清楚大氣層是否會因此而被破壞。他們仍不知道長期的影響是什麼，就像他們不知道二次世界大戰和曼哈頓計畫有什麼關係。

HAARP 是什麼？HAARP 代表「高頻活動極光研究計畫」，它是一種比原子彈更強大的武器。他們意圖發射超過一‧七千瓩的輻射能到離子圈，沸騰上方的大氣層便會形成一面鏡子或人造天線，將大量的能量傳導到地球任何區域。這個能量可用來操控全球天氣、摧毀生態系統、破壞電子通訊和改變情緒及心智狀態。當然，也可用來破壞或操弄環繞世界的新基督意識網絡。閱讀珍‧曼寧（Jeane Manning）和尼克‧彼金博士（Dr. Nick Begich）寫的書《Angels Don't Play This Haarp: Advances in Tesla Technology》，你會得到更多資訊。

❺一九九五及一九九六年，祕密政府在大溪地群島的茉莉亞島（Mooréa）引爆六顆原子彈。法國和幾個國家在大地之母體內的聖地置放這些炸彈，如果你的母親被如此對待，你會稱之為「血腥強暴」。他們放的是中子彈。中子彈不會破壞結構，「僅只」摧毀該區域的生命而已。如果地球是個女人，他們放炸彈的地方就是她的會陰。從該處直行穿過地球便是地球的頂輪，恰巧是埃及的大金字塔。

這才是他們的意圖，因為祕密政府封鎖了金字塔三天，不准任何人靠近，以測試如此對行星意識的效果。他們想要摧毀環繞地球的能量場，即地球的記憶銀行，我們稱之為基督意識。祕密政府害怕這個新意識，但我相信現在已經解決了。地球的極性正在融合。本書寫於一九九三年，那時我們還活在行星洞見剛剛開始的時期；現在（一九九七年），我們在互相了解的合一邊緣。大型測試仍在那裡等待進行，特別是如果祕密政府決定用 HAARP 去破壞基督意識。

❻二○一一年十月底公布的數字是七十億。

❼正面好消息：五年前 UCLA 的醫生開始檢驗一個出生即為愛滋病患的年輕男孩，他在出生時、六個月和一歲時接受檢查，皆為愛滋帶原者。他在五歲以前沒有再接受檢查。但是他五歲時的檢查結果發現，他體內所有的愛滋病毒都消失了，就像他從未感染似的。他們不懂為什麼他的系統開始恢復免疫力，只知道確實如此。所以他們檢驗了他們想得到的每一件事，包括他的 DNA。這個檢驗讓他們發現一個變化：這男孩沒有人類 DNA。

我們的 DNA 有六十四個基因密碼，一般人只有二十個是活躍的，其他不活動，除了三個與停止和啟動程式有關的基因密碼例外。這男孩有二十四個基因密碼是啟動的，他的身體找到方法突變，讓他對愛滋免疫。事實上，他們檢驗時發現，他對任何東西都免疫了，他們發現男孩的免疫系統比一般人強三千倍。後來他們發現另一個小孩也是如此，出生即為帶原者，後來啟動了二十四個基因密碼，而對愛滋和其他疾病免疫。他們先發現了一百個案例，然後是一萬個。UCLA 相信世界上有百分之一的人會這樣，從 DNA 的定義來看已經有五千五百萬的大人和小孩不是人類了。這麼多人正在改變中，科學家相信不生病的新人種正因愛滋而誕生。有趣的是，一九九八年十一月公布一九九七年的愛滋罹患率下降四七％，這是史上重大疾病罹患率創下新低的一次，難道這是原因？

傑佛瑞‧尚提諾瓦（Jeffrey Satinover）在《Cracking the Bible Code》中分析「AIDS」這個字的密碼，發現和它有關的字包括：「血」、「死亡」、「消滅」、「以病毒形式出現」、「破壞」等等。然而，還有一些研究者不知其意義，而只有剛才的故事能說明，那就是「終結所有疾病」。這可能是當代最重要的事之一吧！

❽即一般通譯的「納卡」，作者此處指出其正確發音，故譯作「邁可」。

❾一九九八年五月二十三日，埃及學會（Egyptology Society）理事長亞朗‧度‧華（Aaron Du Val）

在佛羅里達州的邁阿密宣布：科學證據顯示，接近百慕達處發現了亞特蘭提斯遺址。他們在水底找到一個大型金字塔，並打開緊閉的密室取得紀錄，確認柏拉圖在古希臘提到的亞特蘭提斯確實存在。亞朗・度・華說他們會在一九九八年底以前把這些證據公諸於世。

Chapter 4

中斷的意識進化及
基督網絡之創造

列穆里亞人如何進化人類意識

達到永生的列穆里亞人從家鄉「飛」到北方新升起的亞特蘭提斯小島，在悟達島（Udal）上等待許久，才開始重建他們的靈性科學。你如果看見他們，一定不懂他們在做什麼，你可能會認為他們是瘋子。為了描述他們做的事，我要先說另一些事。

人腦結構

圖4-1的圓代表一個人的頭，從上往下看。「N」是鼻子，人腦被分為兩半，左半和右半。圖4-2中，左邊為男性，右邊為女性，由胼胝體連結兩者。根據圖特的說法，兩個半球各有特性：左邊是男性元件，以絕對的邏輯看待每一件事；右邊是女性元件，這一半關心的是「**體驗**」而非「**理解**」。

女性覺察與男性覺察互為鏡射——就像你在它們之間放了一面鏡子。如果你在男性部分寫上「愛」，他看見的是圖中的文字，但女性部分看到的卻是鏡

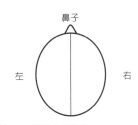

圖4-1 人腦的兩個半球。

圖4-2 兩個半球彼此反射。

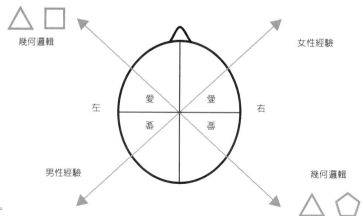

圖4-3 前後的反射區域。

像，如圖4-2所示。當他用她的方式來看，會認為：
「沒有邏輯」，當她用他的方式來看，會說：「感覺
在哪裡？」

　　大腦可以進一步被分為四個部分。男性腦的後半
部反射前半部，如圖4-3，女半腦的後半部也反射前半
部。男性邏輯中有完全的經驗在後面，而女性經驗中
也有完全的邏輯在後面。

　　這彷彿是四組彼此反射的鏡子。當我們學習幾
何學，你會看見男性腦的前半邏輯部分，是以三角形
和正方形（二次元）或四面體和立方體（三次元）為
基礎；女性腦的前半經驗部分，是以三角形和五邊
形（二次元）或四面體和二十面體及十二面體（三次
元）為基礎。還有一個斜角關係連結左前方與右後方
的邏輯，以及右前方與左後方的經驗。圖特說，這種
反映左右、前後和對角的鏡射特性，是我們被創造的
方式。

在亞特蘭提斯誕生新意識的企圖

　　當時機到來，從列穆里亞來的邁可人在亞特蘭提
斯島上創造了代表人類大腦的靈性象徵。他們想以列
穆里亞時期的學習為基礎，誕下一種新意識，並相信

亞特蘭提斯新意識的出現，必須是大腦先於肉體。當你了解圖特所說的人腦圖，便能理解他們的行為。

他們首先在島中央築了一道高約四十呎、寬二十呎的牆，將小島嚴實地一分為二，也就是你必須下水才能繞到另一邊。接著他們在第一道牆上豎立了一道較小的牆，如此把小島分割成四個區塊。然後，來自邁可神祕學校的一千人依據他們的天性，半數前往島的一邊，半數留在另一邊。你也可以說女性留在一邊，男性留在另一邊，但據我所知，人們會到哪邊並不是依據肉體性別，而是依據他傾向運用哪一邊的腦。如此，約有半數的人變成了大腦的男性部分，另一半變成了女性部分。

他們用了幾千年時間保持這個狀態，直到他們認為準備好進行下一步。有三個人被選出來代表胼胝體，那是連結左右大腦半球的部分。圖特的父親桑姆（Thome），便是其中之一。他和另外兩位是唯一被允許在島上自由來去的人。除了他們以外，兩邊必須完全分離。於是這三個人用他們的能量、想法、感覺和人性的種種面向整合成了一個人類的腦，並非利用人類的細胞，而是用人類的身體。

下一步是在亞特蘭提斯地表投射生命之樹，他們採用的是圖4-4的樣子，以十二個圓取代十個，然而第十一和第十二個圓不在陸地上。其中一個在悟達島，另一個在南方的水中。如此陸地上有了我們熟悉的生命樹的十個環圈。根據圖特的說法，即使它在島上綿延數百哩，投射的精確度卻絲毫不差，誤差值小於一顆原子。

有人指出，生命之樹的球體甚至被用來設計亞特蘭提斯城的尺寸和形狀。柏拉圖在《克里特雅斯》（Critias）中提到亞特蘭提斯的主體由三個環狀陸地構成，以水分隔每一陸塊，如圖4-5所示。他也提到

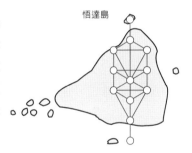

悟達島

圖4-4 亞特蘭提斯的生命之樹。

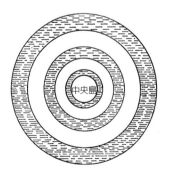

中央島

圖4-5 亞特蘭提斯的海神市。

這個城市是用紅、黑、白三色石頭建造——這在我們討論大金字塔時，會變得有意義。

召喚列穆里亞的子民

某天，亞特蘭提斯的大腦，也就是邁可神祕學校，為亞特蘭提斯地表的生命之樹吹入了生命，讓生命之樹的每一個圓圈噴出了能量漩渦。當漩渦一形成，亞特蘭提斯的大腦便以感應力召喚列穆里亞的孩子。成千上萬名在南、北美洲西岸和其他地方住下來的列穆里亞人，被召引至亞特蘭提斯。大遷徙發生了，列穆里亞的民眾開始移居亞特蘭提斯。

他們都是具有女性特質的右腦人，擅長進行內在的溝通。然而，列穆里亞的身體意識只有十二歲，仍是個孩子，而且還有一些中心尚未發生作用。他們已經能運用這些能量，但只掌控了十個中的八個。因此每位遷移過來的列穆里亞人，將依據其天性被亞特蘭提斯地表上的八個中心之一所吸引，而在那裡定居和建造城市。剩下的兩個能量漩渦完全沒有人使用。於是這兩個漩渦便開始吸引生命，生命不會留白，它總有方法填滿自己。就像你在高速公路上開車，如果你落後太多，就會有人填入空隙；當空白出現，生命便會填滿它。這便是發生在亞特蘭提斯的事。

雖然列穆里亞人只進入其中八個能量漩渦定居，馬雅人的紀錄卻顯示亞特蘭提斯陸沉時有十個城市，你可以在大英博物館的特洛阿諾抄本（Troano）找到這些紀錄。這些文件至少有三千五百年歷史，詳盡記載亞特蘭提斯的陸沉。它是用馬雅文寫成的，由法國歷史學家勒普朗根解譯，他認為此文件正是這個劇變的明證，內容如下：

在 Kan6 那年的 Zak 月份的第十一個 Muluc 日 ❶，

發生可怕的地震，持續不斷直到第十三個 Chin 日。「姆德」（Mud）丘陵上的國家，「姆」（Mu）大陸慘遭蹂躪，經過兩次隆升，在一夜間突然消失，盆地因火山的力量不斷搖晃，這塊封閉的土地經歷多次下沉和隆起，最後陸地消失，十個國家禁不住劇烈震動而崩裂，與六千四百萬住民一起沉沒。

上述提及的十個國家便是生命之樹的十個圓圈。當你閱讀這份文件，會看見它描述了一個相當複雜的城市，火山到處噴發，金字塔和所有東西都被摧毀了，而人們試圖乘船逃跑。它以馬雅文的圖畫式文字記錄了整個事件。

進化的中斷

兩個空漩渦引來外星人

根據圖特的說法，為了要填入這兩個空的能量漩渦，有兩族外星人進駐。其一是來自未來的希伯來人。圖特說他們不來自這個行星，我不知道他們從哪裡來。希伯來人像是讀過五年級的小孩，因為不及格必須重讀，他們沒有晉級，所以必須重來。換言之，他們是學過數學、知道許多我們不知道的事的小孩，他們擁有銀河議會的允許而合法地介入我們那時的演化。圖特說，他們帶來許多我們沒有的觀念與想法，因為我們還不具備那些層次的知覺。我相信這個交流確實對我們的進化有益。他們在地球定居完全沒有問題。如果只有這一族就好了，那就一點問題也沒有。

引發重大問題的是當時進駐的另一個種族，他們來自附近的火星。顯然縱觀世界局勢，這個種族現在仍舊製造很大的問題。（這聽起來也許很怪，但我在一九八五年、霍格蘭等人還未發聲前和人們談起這類事情時還更奇怪呢。）祕密政府和世界上擁有數兆資產的人都是火星人或具備火星基因，他們的情緒／感受體很少，或根本沒有。

撒旦叛亂後的火星

圖特說，在距今不到一百萬年前火星和地球是很像的，很美麗，有海洋、水和樹木，非常迷人。後來因為前一次的「撒旦叛亂」而發生了一些事。

類似「撒旦叛亂」的實驗總共有四次，神的創造都是實驗。換言之，除了撒旦之外還有另外三次不同種族的造反，每一次都造成整個宇宙徹底的混亂。

大約一百萬年前，火星人加入生命嘗試的第三次叛亂，這個實驗徹底失敗，殃及所有行星，火星也在其中被毀滅。生命試圖創造與神分離的實相，我們現在也是，等於是生命的一部分試圖將自己和其他生命分離，自行創造一個分離的實相。因為每一個人都是神，這個嘗試當然可以是一種選擇，然而它從未成功，不過生命還是會再嘗試。

與神分離的嘗試切斷與實相相連的愛。因此當火星人和許多其他種族創造與神分離的實相，他們切斷了愛的連結（也等於切斷了情緒體），如此便成為純粹的陽性，他們內在只有少許或全然沒有陰性的成分。他們變成了只有邏輯沒有情感的存在，就像影集《星際爭霸戰》（*Star Trek*）中只有邏輯的史巴克。因為缺乏慈悲與愛，火星和其他無數地方陷入不斷的征戰中。火星成為戰場，反覆的戰爭讓火星變得無法生存，結果他們炸掉了火星的大氣層並摧毀了星球表面。

在火星毀滅前，他們建造了大型四面體的金字塔，也建造了三邊、四邊和五邊形的金字塔，最後還建了一個能形成人造「梅爾卡巴」的複合體。瞧，你可以運用類似太空梭的飛行器穿梭時空，或者用某種結構行使相同的功能。他們建造了一個結構，得以看進距離他們極遠的過去和未來。

有一群火星人試圖在火星毀滅前離開，他們及時將自己傳送到未來，找到一個地點定下來，那個完美的地點就是六萬五千年前的地球。他們看到亞特蘭提斯有個沒有人居住的小旋渦，未經准許就進駐了。身為亂源，他們不遵照正常程序，只說：「好，就這麼做吧。」他們直接進入那個能量漩渦而加入了我們的演化。

火星人強暴幼小的人類意識並據為己有

　　利用時空轉換的意識機器或結構來到地球的火星人只有數千名，他們抵達地球的第一件事便是宣戰，試圖占領亞特蘭提斯。然而因為人數太少和其他因素，他們還很脆弱，所以沒有成功。最後亞特蘭提斯的列穆里亞人降服了他們。我們可以停止他們的征服行為，但沒有辦法把他們送回去。這件事發生的時候，我們的進化年齡只有十四歲。這就像是一個十四歲的小女孩被一個六、七十歲的老男人強占，換言之，這是強暴，我們別無選擇被強暴了。火星人說來就來了，他們不在乎我們的想法和感受；其實我們對待美洲原住民也是一樣。

　　當最初的衝突結束，火星人同意嘗試了解他們完全缺乏的女性面，很長一段期間都相安無事。但火星人開始慢慢輸入列穆里亞人一無所知的的左腦科技。列穆里亞人知道現代人不知道的右腦科技，他們會使用心靈機器和卜杖等工具。許多右腦科技令人驚訝，如果你在現場看他們用。右腦科技可以做到任何你想像得到的事，左腦科技全然發揮潛力時也一樣。然而我們兩者都不需要，這是我們遺忘的偉大祕密！

　　火星人繼續他們的左腦發明，一個接著一個，最後他們改變了我們進化路徑的極性，因為我們開始用左腦去「看」，並從女性變為男性，我們改變了我們的本質。火星人一點一滴地控制，最後不戰而勝，控制了一切，掌握所有的金錢和權勢。即使到亞特蘭提斯毀滅，火星人和列穆里亞人的仇恨從未止息（我把希伯來人歸屬於列穆里亞）。

　　他們彼此仇視，代表女性面的列穆里亞人被鏟除，並視為劣等。這是一個沒有愛的情況，就像一個女方不喜歡的婚姻，而火星男才不在乎她喜歡與否。這種情況持續了很久，直到兩萬六千年前，下一個階段開始時才逐漸改變。

小型的磁極變動與後續的爭論

　　兩萬六千多年前，我們經歷了一次小型的磁極變動，我們的意識有了微幅的改變。它發生在我們稱為「分點歲差」的地軸週期，正好是現在我們回返的地方（見下頁圖4-6較小橢圓下方的A點）。雖然不多，但有科學證據可考。通常磁極變動會發生在週期較短的那兩個橢圓上，而現在我們再次回到A點上。

　　這次的磁極變動，讓亞特蘭提斯的一塊陸地沉入海中，大小有如半個羅德島。這讓亞特蘭提斯人很恐慌，他們害怕失去整個大陸，就像過去列穆里亞陸沉一樣。在此之前，他們早就喪失透視未來的能力了，因為不確定會發生什麼事，他們在恐

長度為一千兩百到五千年不等的八個週期

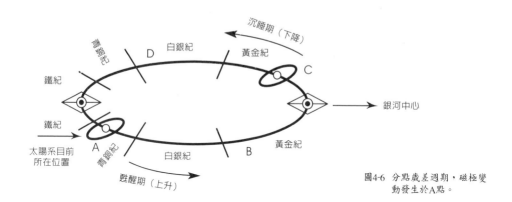

圖4-6　分點歲差週期，磁極變
動發生於A點。

懼中度過了一百年，兩百年後他們才再度感覺安全。

　　當亞特蘭提斯來到小橢圓下方A點之後的地方，他們終於對地殼變動感到放鬆，但記憶猶存。一段時間後，大約在一萬三千到一萬六千年前，一顆彗星突然出現，靠近地球。彗星還在遙遠的天際時，亞特蘭提斯人就知道了，他們那時的科技比我們現在還先進。他們看著它接近。

　　這在亞特蘭提斯內部掀起了很大的衝突。儘管火星人控制了一切，但仍屬少數，他們想用雷射光爆破這顆彗星。但列穆里亞人發起了反對火星人使用左腦科技的巨型運動。女性面說：「這顆彗星依循神聖秩序前來，我們要順其自然，讓它撞上地球。」

　　火星人反對，認為必須立即爆破它，否則大家會面臨死亡的威脅。經過許多爭論，火星人勉強同意彗星撞地球，於是彗星以尖銳的聲音劃破大氣層，撞進亞特蘭提斯西邊的海底，靠近現在南卡羅來納州的查爾斯頓（Charleston）。彗星殘骸散布超過四個州。科學家證實在一萬三千至一萬六千年前，那些地方真的發生過撞擊，陸續還有殘片被發現。雖然大部分的碎片集中在查爾斯頓，但最大的兩塊撞上了亞特蘭提斯西南方的陸地，而在大西洋底部造成了兩個巨洞，這可能是導致亞特蘭提斯陸沉的原因。它當時並未下沉，那發生在數百年後。

火星人決定的命運

　　彗星殘片撞擊的亞特蘭提斯大陸西南部，正好是火星人居住的地方，因此他們

傷亡慘重。同意讓彗星撞進來，讓火星人損失大部分人口，讓他們感到十分羞辱和痛苦。這是地球損失大量意識的開始。愁苦之樹的種子萌芽，而那正是我們現在賴以生活的樹。火星人說：「一切結束了。我們分手，各過各的，我們要主導自己的生活和命運。我們不再聽你們的話。」你們看見全世界家庭的離婚率，而孩子們又如何？看看我們的世界，**我們**正是那些孩子！

　　火星人決定要占領地球，控制是火星人主要的表達方式，加上他們的憤怒，他們開始建造一種他們在火星上建造的複合體，目的是再一次合成梅爾卡巴。只是上次他們這麼做是在五萬年前，而他們不記得怎麼做了。所以他們用他們記得的方法，開始建築和實驗。那個實驗和一百萬年前火星人做的一連串梅爾卡巴實驗有關。一九一三年在地球上也做過，再來就是一九四三年的費城實驗、一九八三年的蒙托克實驗（Montauk Experiment），還有一九九三年在比米尼島（Bimini Island）附近進行的實驗。這些日期都是時間之窗開啓，並與這個情況的音程相關的日期，實驗必須在這些時間窗口進行才會成功。若火星人成功地合成梅爾卡巴音程，便能絕對地控制地球。如此他們會叫地球上的人做他們想做的事，即使危害自己的安危也在所不惜。了解真正實相的更高存有們是不會如此宰制別人的。

火星人失敗的梅爾卡巴

　　火星人在亞特蘭提斯蓋了那個複合體，設置了整個實驗，並開始運轉能量。然而實驗幾乎是立即失控，就像掉落時空之中，那恐怖邪惡的破壞力，筆墨難以形容。在這個實相中，最大的錯誤莫過於創造一個失控的人造梅爾卡巴。那個實驗開啓了較低的地球次元——並非高次元，而是低次元。用一個比喻來說明，人體的器官有薄膜區隔彼此，例如心、胃、肝、眼睛等等，如果你用刀割開胃壁，就像撕開地球的低階次元。各種不同的靈性層次以次元的薄膜區隔，它們本不該混雜：血液不該在胃中出現，它們只會在動脈中；血液細胞的目的和胃細胞不同。

　　這些火星人所做的事讓地球垂危。與之相比，我們現在的環境災難簡直是小巫見大巫，雖然我們長久以來的作為導致這些問題，然而只要有正確的認識和足夠的愛，環境會恢復。但火星人若繼續這個實驗，便將永遠摧毀地球，地球將無法成為讓種子發芽的生命溫床。

　　火星人犯了極嚴重的錯誤。首先，失控的梅爾卡巴放進大量低次元靈體到地球。這些靈體被迫進入他們不了解的世界，他們充滿恐懼，必須擁有身體才能生存，因此他們進入了人體，每一個亞特蘭提斯人都被幾百個靈體侵入。亞特蘭提斯

人無法阻止他們進入身體，最後，幾乎每個人都被這些低次元靈體占有。這些靈體是真正的地靈，和我們很像但非常不同，它們並不來自這個次元。這是一場徹底的災難，地球有史以來最大的災難。

混亂遺址：百慕達三角

　　火星人做實驗、意圖控制世界的地方，在靠近亞特蘭提斯的一座小島，接近現在的百慕達三角洲。在海床上有一座真正的複合體，有著三個旋轉交疊的星狀四面體的電磁場，形成巨大的人造梅爾卡巴，向上伸展出海面並深入太空。這是一個完全失控的梅爾卡巴，之所以稱之為百慕達「**三角**」，是因為有個靜止不動的四面體頂點突出水面，而另外兩個電磁場相互旋轉，其中轉得較快的那個有時候會順時針轉動──這是很危險的事。（這裡所謂的順時針轉動是指電磁場的「**源頭**」，而非電磁場本身；電磁場本身是逆時針的。）當你愈了解梅爾卡巴，你就會明白。當較快的電磁場（相對它的源頭）**逆時針轉動**是無妨的；但當它（相對於源頭）**順時針轉動**時，會造成時空扭曲。就是這個失控的電磁場讓許多在百慕達三角洲航行的飛機與船隻失蹤，它們進入了其他次元。

　　造成這個世界扭曲的主因就是那個失衡的電磁場，它也造成了人類社會的扭曲，產生戰爭、婚姻和情緒的問題。它不僅在地球造成扭曲，也對遙遠的太空造成扭曲，因為這是實相建構的方式，這也是為什麼「灰族」和其他「地外種族」（ET）試圖要來修正很久以前在這裡造成的錯誤。我會在適當的時機談談他們。這不僅是地球的問題，它的影響範圍遠超過地球。火星人在亞特蘭提斯時代的作為違反所有銀河紀律，完全不合法。直到二○一二年之前，這個問題不會解決。這些時候外星人能做的事不多，但他們會繼續努力，他們最後會成功的 ❷。

解決之道：基督意識網絡

升天大師們協助地球

　　在人造梅爾卡巴失敗時，還有一千六百位升天大師在地球，他們嘗試各種方法療癒這個情況。他們封鎖次元，驅趕人體中的靈體，讓他們回歸來處，竭盡所能在各層次這麼做。最後他們療癒了九十％到九五％的情況，但還是有許多不尋常的存有進駐在人體之中。

　　情況惡化得很快。亞特蘭提斯所有的系統，包括財經、社會和生活倫理開始

崩潰。亞特蘭提斯大陸的居民開始得到一些怪病，整個大陸進入苟延殘喘的求生狀態。情況變得愈來愈糟，很長一段時間地球簡直是恐怖煉獄。若非升天大師幫忙，這個世界就要結束了。

升天大師們（我們當時最高的意識層次）**真的**不知如何協助我們回到原來的恩寵。相對於他們面對的情況，他們的年齡只是孩童，不知如何處理。因此他們向更高層次的意識祈禱，呼請任何能聽見他們的人，包括偉大的銀河統領（Galactic Command）。他們祈禱再祈禱，這個問題被許多高層生命體知道了。

其他星球也發生過類似的事。我們的升天大師和銀河朋友們知道我們會失去恩寵，失去我們的高次元知覺；他們知道我們會在生命光譜上直直墜落。他們關心的是找到我們墜落後回復的方法，而且必須盡快進行。他們從光明和黑暗中尋找療癒地球的解答，不考慮只對火星人、列穆里亞人或只對**部分**地球人有用的方法，他們要療癒整個地球和它所有的住民。

高次元意識並無「人我」之分，只有**唯**一意識在整體生命中移動，他們試圖讓每個人回到愛和相互尊重的狀態。他們明白唯一的辦法是讓我們回復基督意識，那是某種我們可以看見合一的存在層次，從那裡我們可以再度帶著愛與慈悲前進。他們知道如果我們回到生命的軌跡，那麼在一萬三千年循環末期的現在，我們一定會回到基督意識。如果我們沒有進入基督意識，我們將面臨自我毀滅。即使靈性永恆，生命卻可能暫時中斷。

唯一的問題是我們無法自行回歸基督意識，至少一時之間不能。當我們沉淪到這種層次，自然恢復的速度需要很久的時間。因此真正的問題是時間。我們是珍愛我們的更偉大意識的一部分，出於愛，它希望盡量協助我們回到永生。就像看到撞到頭昏了過去的孩子，你會希望他盡快恢復意識。

最後他們決定嘗試一種標準程序，但並不保證有效。換言之，一個適用於這種情況的實驗。地球人成為企圖解救我們銀河實驗的對象，我們拿自己做實驗。外星人沒有這樣做過，只是告訴我們怎麼做，我們執行這個實驗——而我們成功了。

那麼天狼星人呢？我們的幫手知道我們很接近。事實上，若非真心相信我們可以，便無法得到銀河統領的實驗允許。你無法對銀河的總指揮說謊。

行星網絡

你會了解他們決定的程序是什麼，而我必須談談網絡結構。行星網絡指的是環繞地球並保存每一種生命的意識，像透明晶體一般的以太體。其中有連結三次元的

電磁場，也有連結更高次元的部分。科學界會發現世界上每一種物種都有光網。原先環繞地球的網絡有三千萬種，現在只有一千三百萬到一千五百萬種，而且正在快速遞減中。如果地球只剩下兩隻住在愛荷華州某處的蟲，牠們也會有環繞整個星球的光網，否則無法存在，這是生命遊戲的自然本質。

每個網絡都有獨一無二的幾何圖形，就像每個物種都有獨特的身體，它們對實相也有獨特的觀點。行星意識網絡為這個星球保存基督意識，沒有它，我們就沒有辦法達到基督意識。亞特蘭提斯人知道這個網絡，儘管我們還很年輕，它已經開始在分點歲差的某些時間發揮功能。他們也知道火星人的行動會讓基督意識的網絡呈現停滯，所以決定以人為方式活化這個環繞地球的網絡。它會是活的，然而卻是人造的——彷彿我們從水晶中取出水晶的活細胞而造出人工水晶。於是在適當的時候（希望在我們將自己趕盡殺絕之前），完成新的網絡，讓我們再度提升到先前的層次。一百隻猴子的理論可說明網絡的效應。

第一百隻猴子的概念

你也許讀過肯・凱耶斯（Ken Keyes, Jr.）的《猴子啓示錄》（*The Hundredth Monkey*），或更早由萊爾・華特森（Lyall Watson）所寫的《Lifetide: The Biology of the Unconscious》。書中描述一個針對日本彌猴做的長達三十年的科學研究計畫。日本的幸島上有個野生聚落，科學家每天拿掉在沙地上的甜薯餵彌猴。猴子喜歡吃甜薯，但不喜歡泥沙。有一隻一歲半的母猴 Imo 發現，牠可以用水去洗甜薯來解決這個問題。牠教牠的母親這個方法；牠的玩伴學會這個新伎倆，也教給牠們的母親。很快的，所有年輕猴子都懂得甜薯要洗了再吃，然而只有那些模仿子女的成年猴

子才學得會。科學家記錄了一九五二至一九五八年的觀察。

　　在一九五八年的秋天，突然在沒有任何新的因素影響下（也許幸島上清洗甜薯的猴子數目到達臨界值，華特森博士推斷這個數目是一百隻），島上幾乎每隻猴子都會洗甜薯！如果這只發生在那個小島上，他們大概會想辦法找出猴群溝通的方式。然而一時之間，周邊島嶼上的猴子，甚至日本本島的猴子也開始用水洗甜薯，而這些猴子不可能以任何我們知道的方式溝通。科學家們第一次觀察到這種現象，他們假設有某種能讓猴子們互通訊息的型態結構或電磁場跨過這些島嶼。

第一百個人類

　　很多人思考第一百隻猴子的現象。幾年後，一個由澳洲和英國組成的科學團隊做了個實驗，想了解人類是否擁有類似猴子的網絡。他們製作一張由大大小小數百張人臉組成的照片。每樣東西都由臉組成，但是當你看第一眼，大概只能看出六、七張臉。人們必須受過訓練才能看到其他的臉，要有人先指出臉在哪裡才行。

　　他們把照片拿到澳洲做實驗，按人口比例選出一些人，給他們看照片，然後逐一問他們看到幾張臉。這段期間實驗對象大多看見六至十張臉，很少人能看得更多。他們記錄了一百個人的基礎抽樣，然後到了地球另一端的英國，在BBC電視台的地區頻道（一個只能在英國收看的電視台）播出這張照片，在節目中仔細指出照片中每一張臉的位置。**幾分鐘後**，澳洲這邊的研究員開始對一些新對象進行調查，突然間，人們便能輕易看見大部分的臉！

　　從那時起，他們了解還有一些關於人類的事他們不知道。然而澳洲原住民早就知道這個我們不知道的東西，他們知道有一個連結人們的能量場。我們的社會也經常發現當地球的某一端發明一個複雜的東西，另一端就會有人用一樣的原理和概念發明相同的東西。發明人經常會說：「你偷我的東西！它是我的！我先做的！」你會發現在地球歷史上，這種事情發生過很多次。當澳洲的實驗完成，他們開始了解我們的確是被**某種東西**連結著。

政府發現行星網絡並競逐控制權

　　早在六○年代初期，美蘇兩國政府便已發現這些環繞世界的電磁場或網絡，許多人類光網（是的，不只一個）在地球上方六十哩或更高的地方。

　　還記得我說過地球上的五個意識層次和不同的基因數目與身高嗎？地球現在只經驗其中三個意識，另外兩個還離我們很遠。第一個是原始層次，第二個是我們

現在的意識層次，第三個層次是我們正要進入的基督意識或合一意識。一萬三千年前當亞特蘭提斯隕落後，環繞地球的只有兩種人類網絡，第一和第二層次。澳洲原住民在第一個層次，而我們這些變種人，在第二個層次（他們稱我們變種人，因為我們經過變異才成為現在的樣子）。科學家們對澳洲原住民少有研究，所以我們不知道他們的網絡。但政府部門卻對我們做了很多研究，所以他們知道我們的網絡確切的樣子：由三角形和正方形組成，是個十分陽剛的能量網絡，環繞整個地球。現在，還有一個第三個網絡正在成形，我們稱它為合一意識網絡，或簡稱「下一步」。它從一九八九年二月四日便在那裡，沒有它，我們可能早就不存在了。

政府可能在一九四〇年代就知道第二層網絡，這個說法也許和我之前說的有些矛盾。但我相信發現這個網絡的時間有可能早於「第一百隻猴子的理論」。因為第二次世界大戰，政府開始把軍事基地部署在全球的偏遠地區，像是關島這樣的偏僻小島。他們為什麼要選擇這種蕞爾小島作為基地？真正的理由可能和他們聲稱的不同。當你把網絡和各國軍事基地交相比對，特別是美蘇這兩個窮兵黷武的政府，他們的軍事基地幾乎都**絲毫不差**地位於網絡交點上，或者是從這些結點發出的小型螺旋線上。把軍事基地精準地布署在這些地方，絕無巧合。他們意圖控制這個網絡，因為他們知道，只要控制它，便能控制我們的思想跟感覺。這兩個政府正在進行一個精細的戰爭，然而在七〇年代這場戰爭在本質上出現很大的改變，這一點我會再詳細解釋。當然，在美蘇背後的祕密政府始終操控著這個衝突的形式和時機。

網絡如何建構？位於何處？

有了必要的背景知識，我們現在可以繼續亞特蘭提斯的故事。重建網絡的計畫由三位男士開始：圖特、拉（Ra）❸ 和亞拉拉吉特（Araragat）。這三位男士飛到現在埃及的吉薩高原，當時那裡不是沙漠，而是熱帶雨林區，人們稱它為「開歆」（Khem），意思是「野蠻人之地」。三位男士會到這個特定地點，因為舊的合一意識網絡從這裡開始伸展到整個地球。根據更高意識的指示，他們要在舊的軸線上建造新的網絡。

他們必須等待適當的時機——直到分點歲差通過意識衰退期才能行動，這個衰退期對他們而言還很遙遠，他們要等待半個週期的時間，約一萬兩千九百年。然而這一切必須在二十一世紀結束前完成。我們不能再等更久，否則我們會毀掉自己和整個星球。

他們先在高次元完成這個網絡，然後他們必須在地球建造實際的神廟，好顯化

這個新的合一網絡。一旦新的合一網絡顯現並達到平衡,他們會開始幫助我們有意識地進入更高的世界,更新我們回家、回到神的路徑。

圖特和他的朋友來到那個合一意識能量漩渦進出的精確地點,這個點距離大金字塔一哩。他們在這個能量漩渦的軸心挖了一個深約一哩的洞,用磚塊排列起來。他們在幾分鐘內便完成了這件事,他們是六次元的存有,想什麼便是什麼,非常簡單。

當這個對齊合一意識軸線的洞完成之後,他們從洞中畫出十個黃金切割螺旋,並且定出它們在地球上方移動的位置,以這個洞為軸線,從洞中投射螺形能量,一路延伸到太空。其中一個螺形能量的地表出口距離大金字塔不遠。當他們完成之後,便在洞口前方蓋了個小石屋,這個建物是啟動整個吉薩能量配置的鑰匙。之後他們才蓋大金字塔。

根據圖特的說法,大金字塔是他建造的,而非古夫法老王基奧普斯。圖特說它落成的時間是地軸轉變之前的兩百年。大金字塔的頂石如果還在,會正好位於螺形能量的曲線上。他們將那個洞的中心和小石屋的南面和大金字塔的北面連成一線,讓研究員驚訝的是,雖然這些建物距離彼此有一哩遠,石屋的南面和大金字塔的北面卻位於一條精準的直線上。他們認為即使用現代的科技都不可能做得更好。

後來另外兩個金字塔就直接蓋在螺形曲線上,事實上這也是那個洞被發現的原因。人們透過空照圖發現這三個金字塔排列在對數曲線上,於是追蹤這個圖形的起點,到現場勘察時發現這個洞和石屋。我相信這是一九八〇年代初期的事,因為這被記錄在洛基·馬克柯倫(Rocky McCollum)一九八四年的調查報告當中。

我親眼看過這個洞和小石屋,我認為那是埃及最重要的地方,凱西也這麼認為。距離第一個螺形能量出口一個街區之外還有一個洞,這個螺旋的開始和第一個螺旋有一點不同,但漸近而緩慢地與第一個螺旋重疊。要能在前一個螺形的洞口附近建置這樣一個螺形,規畫者必須對生命的複雜有非常通徹的理解(我稍後再解釋)。如此這兩個完整的螺形定義了最後會成為地球的合一意識網絡的軸線。

聖地

在毀壞的網絡上建構新的網絡,並在螺形的線條上蓋了一座金字塔之後,圖特、拉和亞拉拉吉特定出兩個網絡在地表交疊的八萬三千個位置。他們在這些能量交疊的結點上,以四次元的方式建構了整個網絡的建物和結構,它們以黃金切割比例或費伯納齊螺旋的方式展開,而它們的數學起點都精準地指向埃及一個名為「太

陽十字」的地方。

　　這個世界的聖地並非偶然，從祕魯的馬丘比丘城到英國的巨石陣和突尼西亞的札古旺（Zaghouan），任何你說得出名字的地方都是由同一個覺識所創造，只有極少例外。我們現在比較了解這些事。霍格蘭的研究發現這些事，雖然他並非第一人。他們說明如何從一個聖地推敲出另一個，以及每一個。這些遺址顯然由一個統合一切的意識所為，超越時間、文化或地理的限制，在不同時代建立。探索者終會發現埃及的這個點是所有聖地的發源。

　　埃及的這個地點是合一網絡的北極，網絡的南極在另一端：南太平洋大溪地群島的茉莉亞島。從坐落於九千呎高的祕魯群山中的瓦納比丘山頂鳥瞰的人知道，群山環抱完美的圓，像是代表女性的圓環繞中央突起的男性陽具。茉莉亞島也是如此，不同的是它是心形。在茉莉亞島上房子的門牌都是心形的。茉莉亞山的陽具比祕魯的大，你可以看見群山環繞著地極，這是合一意識網絡南極的精確位置。如果你從茉莉亞島穿過地心，你會到達埃及，也許順著曲線有一點微小偏離。茉莉亞島是陰極，或女性，而埃及是陽極，或男性。所有的聖地都連結埃及，並通過與茉莉亞島連結的中軸交相連結，形成一個環紋螺形曲面。

金字塔的降落平台和人面獅身像下方的太空船

　　圖4-7是大金字塔，曾經有個「消失的頂石」，外界對此有各種臆測。圖特說消失的頂石是**五又二分之一呎**高的黃金，它是整座金字塔的全息影像。換句話說，它有金字塔等比例縮小的每個房間，它現在就在「紀錄大廳」裡。另外兩座金字塔有尖頂，只有大金字塔的頂端是平面。消失的頂石並不小，其基座有二十四呎見方。如果你登上金字塔的頂端，會看見一個巨大平台，

可以讓一艘存在於地球的特別太空船著陸。

　　人面獅身像離大金字塔不遠。根據《翡翠石板》和圖特的說法，人面獅身像的年代比魏斯特估計的一萬至一萬五千年更久遠。現代許多研究人員忽略了人面獅身像大部分時間都埋在沙裡，事實上，拿破崙看到它的時候，甚至不知道它在那裡，因為他只看到露出的頭部，其他部分完全埋在沙中，至少過去幾百年是如此。考量這個也許很重要的因素，它被風雨刻蝕的痕跡可能比估算的更為久遠。

　　圖特說，人面獅身像至少存在**五百五十萬年**了。我想這終會被證實，因為圖特從未出錯過。魏斯特甚至也曾懷疑人面獅身像或許比一萬五千年更古老，卻不曾推測它有百萬年歷史，只想超過六千年的門檻，否則會推翻我們認定的地球歷史。我相信當他和他的團隊找到更多證據時，會把日期回溯到更久遠之前。

　　圖特說人面獅身像下一哩深的圓形密室，有平坦的地板和天花板，裡面放的是世上最古老的合成物。他說雖然他無法證實，但這個合成物可回溯至**五億年**前、「人類生命開始之初」。這東西有兩個街道那麼大，形狀像圓盤，底部跟頂部很平坦，不尋常的是它的厚度只有三到五個原子。在它的頂部和底部的平面上有下頁圖4-8的圖案。

　　圖案本身有五個原子厚，其他平面只有三個原子。它是透明的——你甚至可以看穿它。那是一艘飛船，沒有馬達或明顯的動力。即使杜瑞爾（Doreal）解釋《翡翠石板》時說這艘船有原子馬達，但圖特說並沒有。一九二五年杜瑞爾在猶加敦翻

圖4-7 大金字塔。

圖4-8 人面獅身像下方圓盤上的圖樣。

譯《翡翠石板》的碑文時並不了解那些講到這艘船如何驅動的文句,原子馬達是他唯一能想到的動力來源。然而它其實是受想法和情感驅動,被設計來連結和擴展我們的梅爾卡巴;此外,它直接連結地球的精神體。《翡翠石板》稱它為「戰船」,它是地球的保護裝置。

脆弱的時代與女英雄的出現

《翡翠石板》記載,每當我們經歷分點歲差的脆弱期,就有外星人想占領地球。這種情況已發生了好幾百萬年、千萬年,迄今仍是如此。當我在碑文中讀到這些事情時,我還不認識「灰族」或這類存有,並認為「有人要來占領地球?別傻了」。然而即使到今天同樣的事情仍在進行,從未停止。簡單地說,這是黑暗與光明之爭。

每當外族入侵,總會有一位純潔的人發現提升意識層次的方法,並找到那艘飛船使之升空。地球與太陽在他的內在相連結,賦予他巨大力量,讓他的思想和感受成真,那就是這艘飛船的作戰方式:想像任何意圖染指地球的種族被驅離,這個人只要使用念力就能驅逐他們,這是我們的演化能避開干擾而不中斷的原因。

我們遭受外族入侵,純潔的人出現,那樣的事曾發生,於是灰族人離開。他們面對的是一位祕魯女孩(那是一九八九年發生的事情,當年她只有二十三歲)。她首先完成揚升進入新網絡,與它相連結並連結地球,然後找到那艘太空船使之升空。她利用地球上的水晶完成必要的基本連接,然後重新計算程式。最後她「想著」這些侵略地球的灰族和相關的人若留下,會得到一種不治之症。

一個月不到,灰族人開始生病,她觀想的事情全

都發生。灰族人被迫離開地球。這個來自外太空的軍隊被迫改變計畫離開，這全歸功於一位純潔的弱女子。令人驚訝不是嗎？就像我們大男人多次被妻子徹底改變一樣。

即將降臨亞特蘭提斯的大災難

圖特與同伴在埃及完成協助重建網絡的複雜工程後，便將它留在雨林中，並回到亞特蘭提斯做準備。它會在那裡靜置二百年，因爲他們知道在分點歲差的臨界點，地軸將變動，亞特蘭提斯將下沉，他們靜候此事發生。

當這一天來到，大災難在一夜之間發生。科學證明地軸轉變只需要二十小時，不過彈指之間。你在早晨醒來時一切如昔，傍晚便進入全新的世界。整個過程歷時約三天半，然而地軸轉變只要二十小時。當美國的陸地沉入水中，我們會親自經驗這個巨變，你會明白它是眞的。還會有其他預兆發生，當夠多資訊出現，我會提醒你那些記憶中的事。

當他們看見地軸變動的第一個徵兆發生時，圖特、拉和亞拉拉吉特便回到了人面獅身像，讓太空船升空。他們把分子振動提升到高於地球一個音程，讓他們和太空船通過地球，升入空中。然後他們到了亞特蘭提斯降落，接走邁可神祕學校的人，包括列穆里亞時期進入永生者和亞特蘭提斯時代開悟的人（當時約有六百人已揚升）。列穆里亞的一千人加上亞特蘭提斯的六百人，總共有一千六百位，他們是這個古老太空船上僅有的乘客。此時太空船上的人不只是乘客，更是一群活的梅爾卡巴，包圍著太空船，形成狀如飛碟的強大磁場，銀河和你的梅爾卡巴轉動時也是這個形狀。

他們在強大磁場保護下前往開敵：未來的新埃及。圖特說，悟達島沉沒時，他們正載著神祕學校的成員飛在四分之一哩的高空。除了一些小島外，悟達島是亞特蘭提斯最後一塊沉沒的陸地。他們令太空船飛到埃及，降落在大金字塔頂端，從側面看起來，就像圖4-9中間那一張。

當你把大金字塔的頂石補上，你會發現太空船和金字塔就是爲彼此而建造的。從上方俯瞰，你會看到圖4-9的第三張圖，圓圈是太空船，正方形是大金字塔。大金字塔的邊長和太空船的圓周相等，這能不能做得到是有爭議的，但它們非常接近。每當這樣的數學關係產生，生命便會出現，這是泛存於整個宇宙的基本生命關係式（我們很快就會討論它的幾何學）。若升天大師們沒能轉動環繞他們的梅爾卡巴，他們就不會在這裡了（我們也是），因爲他們的梅爾卡巴保護他們免於後來的事。

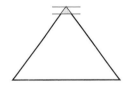

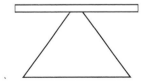

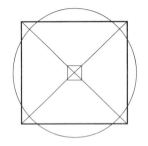

圖4-9 大金字塔上的戰艦。

他們降落在大金字塔頂端後，地軸開始變動，地球人的意識快速下降，地球的電磁場崩毀，整個星球的生命都進入了大渾沌中（the Great Void）。世界有許多文明提到這三天半的絕對黑暗。

三日半的虛空

根據《翡翠石板》的記載，我們每一次經歷分點歲差中的地軸轉變，就會有三天半進入「空無」之中。馬雅人在特拉阿諾抄本中描述這個空，在故事中有三顆半的石頭被塗黑，這指出我們進入**「零磁區」**的時間。當地軸轉變，會發生這種持續三天半（兩天到四天都有可能）的黑暗狀態（我會再仔細解釋），而顯然我們上一次的經驗是三天半。那不僅是黑暗，而是什麼都沒有，那是「空無」。然而當你進入「空無」，你會了解你與神並無差別，你們是一體。我們在適當時機再談。

記憶、磁場與梅爾卡巴

如果太空船上的人在旅程中沒有梅爾卡巴的保護，經歷地軸轉變時會完全失憶。我們的記憶主要靠顱腔內部與頭部外圍的磁場來維持，這個磁場與各別腦細胞內的磁場連結。科學界先發現細胞內部的磁粒子，才發現更大的外部磁場，這是近三百年來關於人類生理學的新發現。

記憶就像電腦一樣，有賴穩定的磁場，科學界目前還不了解它和地球磁場之間的關聯。如果你沒有辦法保護你的記憶，它會被消除，就像檔案開啓時遇上斷電，資料會消失一樣。這就是發生在那些沒有轉動梅爾卡巴、卻逃過大災難的亞特蘭提斯人和其他倖存者身上的事。那些比我們進步的人種，忽然間落入一無所知的情況。儘管他們擁有高科技的身體和智能，

但就像是缺乏軟體的高規格電腦，什麼也做不成。

所以那些為數不少的存活者得重新來過，得設法取暖、升火。喪失記憶的結果讓他們忘了呼吸、忘記梅爾卡巴、忘了一切：下降許多次元，完全不受保護，落入十分稠密的世界──必須靠進食取得能量，做那些已經很久不做的事。他們像是被打進地球十分沉重的面向，必須重新學習生存之道。這就是在亞特蘭提斯所製造的人造梅爾卡巴的實驗結果。

如果沒有那一小群升天大師，我們根本無法存活，我們會失去所有的人類經驗，而整個地球的實驗便永遠告終。然而他們保留了那個能量場，當所有的一切都毀滅時，那是僅存的一切。當時，除了升天大師之外，地球上還有兩個族群擁有完整的梅爾卡巴。我們的父母親──尼菲林人和天狼星人──還保持著他們的能量場。我不知道尼菲林人撤退到地球的哪一個空間，但天狼星人停留在地球內部的「阿曼提大廳」。這兩個族群體都還在地球上，潛藏在某個次元中。

圖特這群人在恢復光明後做的事

在三天半的黑暗期結束後，地球恢復光明，磁場回復穩定，而我們進入了三次元空間。每一樣東西都是新的，完全不同，所有的經驗都改變了。當我們談到亞特蘭提斯大陸，亞特蘭提斯人對他們的陸地有更高層次的詮釋，他們不像我們那樣去經驗土地，很難從三次元的觀點去解釋。

在他們降落大金字塔頂端後，拉和船上三分之一的人，經由通道進入位在金字塔三分之二高度的一個房間，將來這個地方會被發現（近幾年有四個新房間被發現），它是用紅、黑、白三色石頭建造的，這是亞特蘭提斯主要的建築色彩，圖特要我告訴大家這件事。在那個房間有向下的通道通往金字塔下方的城市或廟宇，這是圖特和他的朋友在建造金字塔時一併建構的，可以容納一萬人，他們知道在之後的一萬三千年裡會有很多人揚升，直到淨化之日來臨。

在磁場穩定之後，有三分之一的人跟著拉進入紅、黑、白三色石頭建造的房間，從那裡進入一個地底城市，並開始我們現在的文明；我們還有一個文明根源同時在蘇美形成（另一個故事）。有一〇六七位升天大師從大金字塔架起太空船，飛往的的喀喀湖，降落在太陽島（玻利維亞境內），圖特和三分之一的人在此下飛船。接著他們再飛往喜瑪拉雅山，亞拉拉吉特與剩下的三分之一的人在那裡下船。只有七個人始終留在船上，他們飛回人面獅身像並回到那個地底房間，在那裡待了一萬三千年，直到一位年輕的祕魯女孩讓它升空。

網絡上的聖地

埃及成為網絡的男性部分，陽性架構從這裡開始展開。比起世界上其他的陰柔區域，這裡幾乎沒有女性特質。它當然也有相對於男性的另一端，以伊西絲（Isis）為相反的代表，然而它的整體能量流為陽性。南美洲——特別是祕魯、中美洲和部分的墨西哥——成為網絡的女性部分。最女性的地方在猶加敦的烏茲瑪（Uxmal），庇護了許多亞特蘭提斯的倖存者。

從烏茲瑪開始，有七座神殿以費伯納齊螺旋展開，它們是網絡中最主要的七座女性神廟。它們是脈輪中心，就像沿著尼羅河展開的脈輪中心，這些女性的中心從烏茲瑪開始，到拉伯娜（Labna）、卡芭（Kabah）、崎欽·伊塔薩（Chichen Itza），然後是靠海的杜蘭（Tulum），向下到接近貝里斯的柯亨里奇（Kohunlich），再彎回內陸的巴蓮瑰（Palenque）。這七個地點是新的基督意識網絡中的女性螺旋，是我們現在能接近的地方。

這個網絡的女性部分從巴蓮瑰一分為二，分成南北兩個方向。我們在這裡可以看見能量的極性。這個女性螺旋的女性部分向南到瓜地馬拉的蒂卡（Tikal），開始一個新的八度音程。以音樂比喻，第七個位置連結第八個音符，或下一個八度音程的開始。這個網絡的女性螺旋繼續向南發展，最後通過馬丘比丘和鄰近祕魯的庫司岡（Cuzco）的莎克樹巫門（Sacsayhuman）。其中的一個主要螺旋在祕魯的查芬（Chavín）結束，它是印加帝國主要的宗教中心。從那裡抵達玻利維亞境內的的喀喀湖的太陽島邊上約一哩半的地方，然後它翻轉九十度朝向復活島，最後終止於茉莉亞。

從巴蓮瑰往北是女性網絡中的男性部分。它通過阿茲特克的遺址向北經過美洲印第安金字塔（美洲印第安人蓋的金字塔，在新墨西哥洲的阿布奎基〔Albuquerque〕看得到部分遺蹟）。然後這個螺旋繼續經過新墨西哥陶斯城的藍湖（Blue Lake），它和的的喀喀湖互補，是美國最重要的地方之一，長久以來由陶斯族的印第安人守護。接下來這個螺旋在藍湖轉了九十度角開始翻山越嶺，通過悠地山（Mt. Ute，在新墨西哥州和科羅拉多邊境）和許多山脈和結構。

為了連結這些聖地，建造者運用了山脈的能量漩渦。螺旋離開加州海岸前，通過了太浩湖（Tahoe）、多娜湖（Donner）和金字塔湖（Pyramid），接著經過海底山脈直達夏威夷群島，主要由海雷卡拉火山口（Haleakala Crater）組成。然後它從這裡轉向南方，經過夏威夷島鍊連結千里之遠，回到茉莉亞。

因此這個螺旋是一個環繞地球的大型開放環圈，起點是烏茲瑪，連結的是基督網絡的南極。網絡的女性部分是個複雜的大環圈，還有數百個小聖地連結主要聖

地：各種宗教的教堂與神廟，神聖的自然景觀如山
峰、山脈、湖泊、峽谷等，你若能看見那個更大的計
畫，便會看到它們形成完美的螺旋——先順時鐘然後
逆時鐘移動，直到抵達南太平洋的茉莉亞。

喜馬拉雅山上的金字塔主要是天然水晶，運用三
次元的水晶置於各角落來形成金字塔。他們也建造爲
數不少的實體金字塔，但大多不爲人知，只有少數被
人發現過。目前世界上已知最大的金字塔在西藏的西
部山區，那是一座完美的白色金字塔，擁有堅固巨大
的水晶頂石。至少有兩組科學團隊親自造訪過，空中
攝影也拍過。一年中只有三週能看見那座金字塔，它
的水晶頂石會從深雪中露出，凝視人類無法到達的荒
谷。

我和其中一位進入金字塔的科學團隊的領隊談過
話，他說它看起來像全新的一樣，牆上什麼也沒有，
純白、平滑、堅硬，就像大理石。他們通過一條長隧
道進入裡面，中央有一個大房間，沒有任何文字、裝
飾，空無一物——除了中央高牆上雕刻的生命之花！

如果你想說明什麼，你所要做的只是把生命之花畫在牆上，那就說明了一切。到了本書的最後，你會明白爲什麼。

地球的聖地，除少數例外，都是更高意識在四次元的規畫，且大都有三次元的對應——換言之，這些地點有實質的建物。然而，有一些非常重要的地點**只存在**四次元，這些四次元的金字塔主要代表基督網絡的中性能量或孩童能量。基督網絡有三種面向：母親、父親和小孩。父親在埃及，母親在祕魯—猶加敦—南太平洋，而小孩在西藏。

五種人類意識層次和染色體差異

圖特說地球人有五種可能的意識層次。他們的DNA不同，身體不同，對實相的覺察也不同。每一種意識層次都由前一個層次成長而來，直到第五層次，人類學會用全新的態度展現生命，並永遠地離開地球。

這些人明顯的差異是高度不同。第一層次的人只有四至六呎高；第二層次的人有五至七呎高，也就是現在的我們；第三層次的人有十至十六呎高，這是我們要轉換的層次；第四層次的人有三十至三十五呎高；最後一個層次爲五十至六十呎高。最後兩個層次是遙遠的未來。

乍聽之下可能很奇怪，然而我們不就是從一個微小的受精卵開始不斷長大，直到出生嗎？然後我們繼續成長爲大人。根據這個理論，現在的成人並非成長的最後階段，我們會持續透過DNA的步驟，長高到五十至六十呎爲止。希伯來的大天使麥達昶是人類的完美典範，他的身高有五十五呎。記得〈創世記〉第六章提到的巨人嗎？根據蘇美人的紀錄，他們有十至十六呎高。我們看到三歲和十歲的孩子，就知道他們的意識層次不同，從身高就可以判斷。

圖特說每一種意識層次有不同的DNA，主要差異是染色體的數目。運用這個理論，我們現在是在第二個層次，擁有44+2個染色體。第一層次的例子是澳洲的原始部落，他們擁有42+2個染色體，而我們將轉變的第三層次，擁有46+2個染色體；接下來的兩個層次分別是48+2和50+2個染色體。我之後會深入探討，並用神聖幾何解釋得更清楚。

新史觀的埃及證據

現在我們把焦點放在埃及，因爲埃及是神祕學校的定居地點，仍保留不同身高的人類及不同意識層次存在的證據，雖然一般人很難辨認。他們選擇埃及這個地方

來重建我們的意識，而埃及也是亞特蘭提斯倖存者和
升天大師們匯聚的地方。我們會稍微提及其他區域
的歷史，但重點會放在「父親」上，因爲透過「父
親」，能讓梅爾卡巴的主要資訊被憶起。

　　圖4-10是埃及人提亞的雕像。提亞和她的丈夫
阿已是最早透過神聖譚崔做跨次元結合而生小孩的父
母，這讓他們三人成爲永生的父母和小孩。看到她，
你便能了解列穆里亞人的樣貌。她和她的丈夫依然還
活著，幾萬年後他們仍生存在這個星球上。他們是這
個世界上最古老的兩個人，也因爲他們爲人類意識所
做出的貢獻，成爲最受尊敬的兩位升天大師。

圖4-10 提亞的半身像。

地上的巨人

　　圖4-11是埃及的阿布辛貝神廟，它是基督意識網
絡的陽性面，位於脈輪系統的海底輪。注意這些雕像
有多高，這是他們的**實際身高**！對照一下右下方的觀
光客，這些石人如果站起來，約有六十呎高，他們擁
有第五層次的意識。

圖4-11 阿布辛貝神廟。

圖4-12 阿布辛貝神廟和哈索爾的入口。

　　圖4-12這些雕像在阿布辛貝神廟的另一面牆上，約三十五呎高，代表第四層次的意識。他們為不同高度的人建造不同的房間。這座大門是為了金星族哈索爾人（Hathor race）建造的，他們是第三層次的意識。我會多說一些哈索爾族人的故事。

　　圖4-13是第三意識層次的人，十六呎高，顯然是男性，這個種族的女性高約十至十二呎。這個部分的房間有二十呎高，天花板和梁柱的比例都是為了十至十六呎的人設計的。穿過一個像是為我們設計的小型入口（你從這裡看不見），下一個房間的天花板更矮。埃及人不是隨隨便便製作這些雕像的，他們從來不會隨性做事。在這裡沒有任何石頭有刮痕，我相信，沒有任何東西是在無意識中完成的。每一件事都有理由和目的，並且通常在許多不同的意識層次被創造。以《翡翠石板》為例，裡頭包含了一百層的意識。你是誰你便了解什麼，人人不同。若你的意識轉變後再重讀《翡翠石板》，你不會相信它是同一本書，因為它將依據你的理解對你說不同的話。

圖4-13 阿布辛貝神廟內部：第三層次的人。

圖4-14是通過不同意識層次的地球人。在這張照片中你可以看見五十五呎高的巨人，他腿邊站著一個普通高度的人，他們是國王和皇后。考古學家不知道如何解釋，就說國王比皇后來得重要，所以皇后比較小。這完全不是事實。這些雕像表示意識的五種層次，每一位埃及的國王和法老都有五個名字，代表五種意識層次。

圖4-14　在不同意識層次的國王和皇后。

有些國王和皇后能夠在不同的意識層次上轉換，以引導他們的子民進入靈性世界。有一個仍然存在的特別例子。在埃及有一間圓形的老房子，我沒有親眼見過，但聽知名考古學家奧米德‧費賀得（Ahmed Fayhed）提起過，我相信它是真的。那是阿已和提亞的屋子，他們在這裡住了非常久（現在顯然不住在這裡了）。

這個圓形屋子中間有一道牆，你必須繞到屋外才能抵達另一邊。這聽起來不就像是亞特蘭提斯的悟達島嗎？在其中一面牆的中央有一幅阿已的畫像，他看起像個埃及人，穿著及膝裙，留著山羊鬍，佩戴埃及飾品，身高像一般人一樣。在另一邊牆上，阿已的畫像有十五呎高，看起來很不同，但他的臉是一樣的。他有向後隆起的巨大頭骨，就像那些意識層次更高的種族（我稍後會給你們看一些圖片）。阿已的這兩張畫像顯示他能透過意識的改變而游移在兩種知覺層次。

階梯式進化

根據默基瑟德的教導，蘇美人和埃及人幾乎同時出現在地球上，都是完整、完全和完美的存在，擁有高明的語言、技能和知識，並且完全不見演化的痕跡（至少科學上沒有發現）。他們以完美的狀態憑空出現在人類歷史上。

　　他們留下的書寫內容極度複雜而清楚，且從此之後沒有任何進步。然而這些如曇花一現的先進文明，隨時間演進變得愈來愈模糊，直到最後分崩瓦解。你也許認為隨著時間的演進，他們應該愈來愈進化，實則不然。這是科學上的事實，傳統考古學界沒有人**能**理解或詮釋這是怎麼回事。它是一個巨大的謎。

　　在考古學上，埃及和蘇美人因為他們取得資訊和知識的方式，被歸屬於「**階梯式進化**」（stair-step evolution）的特殊類別。似乎是這樣的：某一天，埃及人得到他們的語言，完全而完整；然後知識飛快累積，經過很短的時間後，他們便知道每一件你能想得到的事，例如建構護城河或供水系統；再經過一段很短的時間，他們忽然有高明的水利知識。類似的事一再出現。埃及人和蘇美人如何得到這些資訊？他們如何能在一天之中，突然明白所有的事？我會給你圖特的答案。

　　首先，我要再一次解釋分點歲差運動（見下頁圖4-15）。A點是我們現在所在的地方，C點是亞特蘭提斯陸沉的時間。C點也是科學家發現地軸變動的時間，是諾亞方舟大洪水發生的時間，冰帽因為這些變化而融解。C點正是這些文明崩毀的時間。我在前面曾提過B點和D點在這些期間也會發生變化，但是較緩和而能被接受。從C點到D點之間經過了六千年。C點是毀滅發生的時間，D點是新的教導能開始的時間。升天大師們必須等到亞特蘭提斯人（他們現在是在埃及茹毛飲血的野蠻人）慢慢回到能接受這些既新奇又古老的知識的狀態。約有一千六百名升天大師，從陸沉起便生活在大金字塔底部，等待六千年，直到他們能夠開始教導和建立新文化。

繞行一週為二五九二○年

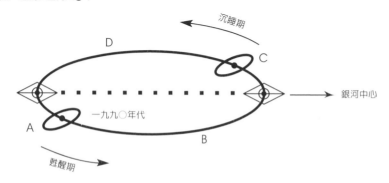

圖4-15 分點歲差的旅程。

塔特弟兄們

圖特的兒子塔特（Tat），在陸沉後和拉一起留在埃及，這群人後來被稱為塔特弟兄（Tat Brotherhood）。即使在現代埃及，仍然有塔特弟兄的化身守護著神廟，隱身於塔特弟兄背後的是升天大師。這些永生的塔特弟兄等待埃及人能接受他們教誨的時機；當時刻到臨，蘇美與埃及文明便誕生。塔特兄弟們暗中觀察，直到他們發現一個或一群能接受這些古老知識的埃及人，之後便有一個、二個或三個塔特弟兄以人身出現，扮成一般人的模樣，現身到地面上，接近他們想教導的人，給他們適當的訊息，直接告訴他們怎麼做。於是埃及人便回去運用那些知識，如此產生進化上的「一步」。

之後，那些顯化為一般男女的塔特弟兄們會回到金字塔的底部。接受教導的埃及人便將他們的知識傳遞出去，使得整個文化快速升級到下一個階段。那些埃及人消化一段時間後，塔特弟兄們會再度出現，尋找適當的人或團體，教導他們下一個主題。他們會出現在地面上說：「看看這個，你們想知道的內容在這裡……」然後給他們資訊。升天大師教導人們這些知識，時間不長但足以讓他們的進化突飛猛進。

蘇美人的同時進化

同樣的進化模式也發生在蘇美。雖然現代歷史的觀點認為埃及文明起源於西元前三千三百年，蘇美文明比埃及早五百年，從西元前三千八百年開始，但我相信兩者均源起於相同的時刻。我認為如果歷史學家得到的日期若正確，他們會發現蘇美和埃及文明的開始只有幾年差距。

然而，蘇美的進化是由尼菲林人主導的，這是母親的部分；埃及的進化是由天狼星人主導的，是父親的部分，這是主要的區別，但我想母親和父親都同意，現在是讓孩子憶起的時刻，我相信這是父母雙方的決定。研究人員若仔細觀察，會發現兩個國家的文明在相同的時點達到鼎盛，這個時間與分點歲差週期的D點緊緊相繫，因為那是它最可能成功的時間。

這是蘇美人明白分點歲差的原因。一般人至少要經過二一六○年才能辨認出春秋分的推移，蘇美人會知道，是因為尼菲林人告訴他們。尼菲林人為他們做了全盤的解釋，而他們只是記錄下來。蘇美人知道四十五萬年前的事，因為他們被給予那些資訊，而他們寫下並運用它。

然而這些古老文明得到所有光明璀璨的資訊之後，便開始退化了。為什麼是退化而不是進化呢？因為他們處於**沉睡**的循環中，也就是分點歲差運動中「沉睡」的

部分。他們在每個呼吸之間變得更加入睡，進入了「鐵紀」：分點歲差週期中睡得最沉的時刻。

在「鐵紀」期間，也就是兩千年前，正好是基督的時代，人們睡得香甜並發出鼾聲。這個時期的人閱讀更早期、更覺醒時期寫的書，會發現他們理解有困難。為什麼呢？因為他們相對來說是無意識的，這也是為什麼全世界的文明，不僅是埃及和蘇美文明，都在退化，直到停止為止。現在我們快要完全甦醒並明白我們存在的真相了。

埃及完善保存的祕密，新史觀的鑰匙

圖4-16是薩卡拉。線性發展考古學家認為這是埃及文明開始的地方，是埃及人建造的第一座金字塔，表面覆蓋著美麗的白色石頭。其實這整座城市綿延數哩並深入地下幾百呎，有許多房舍和複雜的地下建築。你若在它全新的時候見到它，你會無比驚訝，特別是在它建造之前不久，我們都還只是茹毛飲血的野蠻人。在歷經考古學上的幾秒之後，我們便從野蠻人躍進到高度複雜的文明。

圖4-17是一座金字塔，我認為它可以破除薩卡拉是埃及文明起始的信念。這個金字塔至少比薩卡拉早五百年。如果這是真的，那麼埃及人在地球上出現的時間和蘇美人是完全相同的，這是我相信的事實。

這座金字塔叫作樂希瑞特（Lehirit，拼音），是這類金字塔中少數無人守衛的一個。像這樣的階梯金字塔有很多，被世人稱為**墓室**。埃及人幾乎占領了這些將近或超過六千年歷史的金字塔，設置軍事堡壘和大型電網，有些還派重兵駐守。如果你試圖接近這些金字塔，他們可能會殺了你。

他們不要任何人了解這些金字塔，特別不要你檢驗它。如果你試圖和埃及人談到金字塔或要求參觀，他們會敷衍你。他們說：「喔，那不重要。那只是原始人用泥磚蓋的玩意，什麼也沒有。」我說：「我可以去看看嗎？一個就好。」「不行！浪費時間，不可以。」我一再爭取，被帶到不同的政府部門，我不斷請求去看一個就好，他們堅決拒絕。最後我用賄賂的方式偷偷進入了一個。有位政府官員要求八千美金，可以讓我在晚上不帶相機溜進一座金字塔十五分鐘。他們就是這樣嚴密地保護這些建築物。

最後，經過許多嚴峻考驗，我在一個小村落發現一座無人駐守的金字塔，距離薩卡拉半小時車程。我突然了解到我不需要受這些官僚擺布，便找了一位和這個村子有點關係的人帶我去，當然我必須付點錢——幾百元，而不是幾千元。我們開車

圖4-17 打破薩卡拉理論的金字塔。前方兩塊平石中，其中一個上頭刻有一個圓圈環繞著大衛星的圖案✡。

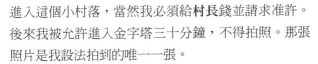

圖4-16 薩卡拉的金字塔。

進入這個小村落，當然我必須給**村長**錢並請求准許。後來我被允許進入金字塔三十分鐘，不得拍照。那張照片是我設法拍到的唯一一張。

那裡並非只有這座金字塔，而是**整個區域都是金字塔**，我估計大約有十哩！以前這裡曾是個大部落。他們完全不照顧這個金字塔，因爲他們知道它可能比六千年更老。所以我發現這個「不重要」的金字塔並非那麼不重要。圖4-17中那個斜靠著覆蓋金字塔的石頭，每一個都重達六十到八十噸，它們非常精緻，即使金字塔內部僅爲泥磚打造。在金字塔基座外部的石頭上刻有一個圓圈環繞著大衛星的圖案：那是體驗梅爾卡巴的鑰匙。那道斜坡向下伸展兩百呎進入河水中，那座金字塔仍有作用——它在打水。金字塔可以打水，現在在美國有展覽說明。如果你正確地蓋一座金字塔，不需要任何動作它便能汲水。因此這座金字塔充滿了水，抽乾之前沒人能進得去。

更精彩的是，當我飛回家時，正好坐在一個美國語言考察員的旁邊（純屬好運），而他剛好進入了這座金字塔！很少人能進去那裡，而這個團有三十人進去了。他告訴我裡面的文字絕對比薩卡拉更古老。牆

上寫滿了幾何圖案,我真想去看看。他很興奮地告訴我,參觀的三十多位語言學家一致相信,解答世界上所有語言的鑰匙就在那座金字塔中。我相信他是對的。他了解神聖幾何,而你很快也會發現,神聖幾何是宇宙中所有語言的根源。

注釋

❶馬雅法表示年月日的方式。

❷那些相信我們在二○一二年前便會脫離三次元的人,也許是對的。圖特說地球屆時可能會進入四次元,但亞特蘭提斯的電磁場會在地球還在三次元時修復。

❸在電影《星際之門》(*Stargate*),拉(Ra)並未受到應有的尊敬。祂其實是一位升天大師,光的存有,祂並不邪惡。

Chapter 5

埃及在意識進化過程中的角色

基本觀念介紹

埃及人復活的工具和符號

　　遠古的祖先以特定符號來代表我們在地球之旅的三個意識面向。你在全世界都看過這些符號，描繪一隻住在地下、一隻走在地上和一隻飛在天上的動物。住在地底的動物代表小宇宙；飛在天上的動物代表大宇宙；走在地面的動物代表中間的層次，比如說我們。相同的符號四處可見。在埃及你會看見禿鷹在左，荷魯斯（Horus）的右眼在中，眼鏡蛇在右，如圖5-1。在祕魯它是鷹、美洲豹及響尾蛇，對美洲印第安人而言是老鷹、山獅和響尾蛇，在西藏是雞、豬和蛇。圖5-2是埃及人用的復活工具和符號。

　　A是一支短版的權杖，通常約四呎長，一端是音叉，另一端則呈四十五度角彎曲，用來放在腦後，把

圖5-1 代表三種意識層面的符號。

圖5-2　復活的工具。

振動傳送給身體。他們另外也用鉤子和打穀用的連枷，我們等一下會看到。B是一個橘紅色的橢圓形，你會在新進者的頭上看到它。它象徵我們復活或升天時的身體變化，我們的形體和化學反應會改變。　C是一個發電器，用來提高振動。可惜圖特在我完全了解這個東西要怎麼用之前就離開了。D是一個安可，這個我比較了解，稍後詳述，那是他們最重要的工具，埃及人認為它是通往永生的鑰匙。E是三角中的三角，這是埃及象形文字的天狼星，代表天狼星A和B。F是一個名字，那個圓或方的圖案稱為卡托伽（Cartouche）。右上方的鳥是一隻禿鷹，牠對埃及人而言是神聖的，表示意識層次之間的移動。照片中的其他東西我就不說明了，它們都是早期埃及人使用的工具。

死亡、復活及升天的差異

　　圖5-3的幾何圖樣來自舊王朝（the Old Kingdom）。那些小小的生命之花圖案與摧毀薩卡拉理論的金字塔「樂希瑞特」有關。

　　圖5-4左邊是奧賽里斯，他握著一把鉤子（A）、

圖5-3　舊王國的幾何圖形。

一支四十五度角帶有音叉的權杖（B）和一支連枷
（C），三支復活的主要工具，它們的作用是復活而
非升天。兩者有什麼差異呢？首先，死亡是發生在你
死後即刻進入的虛空中的過程，你是無意識的，你無
知覺的程度讓你沒有辦法控制意象。這種死亡方式會
把你帶進四次元的第三泛音，而造成你在地球的輪
迴。因為對這個循環的無意識，你沒有用上你的梅爾
卡巴，所以一旦你去了另一邊，你便對這一邊失去記
憶。當你再次在地球誕生，你對你從哪裡來也沒有記
憶。如此不斷輪迴。它是巨大能量緩慢的移動，你最
後還是會通過，只是過程緩慢。

　　復活是你有意識地覺察你的梅爾卡巴（你只有
在死亡，在你脫離肉體時才會全然覺察你的梅爾卡
巴），並重新形成你的肉體，進入四次元的第十、
十一或十二泛音，從此不再輪迴，記憶不再封錮，獲
得永恆生命。

圖5-4 復活的奧賽里斯。

　　死亡和復活是很不一樣的事，而死亡和揚升之間
差距更大──自從一九八九年網絡完成後，揚升已經
是可能的，那是以前無法做到的事。揚升不必經過死
亡的過程，當然，如此你也就不再存在於地球上──
從這個觀點來看你還是死了。你在揚升時能覺察你的
梅爾卡巴，不論是自己憶起、經過學習或它就是發生
了，這意謂你能覺察你的身體是光，並完全有意識地
穿過「空」──有知覺地從地球通過空無，抵達高次
元。如此你直接退出生命，不經過死亡和重新建構身
體的過程，直接從這個次元消失，穿越「空」，出現
在下一個次元。

　　此刻揚升已全然可能，這本書就是一套完成這
個過程的確實步驟，如此你可以不經過揚升，而是歷
經死亡或復活達到揚升，因為在生命此刻的地球遊戲
中，這些並沒有那麼不同。當你死亡，你會進入第三

泛音的某種能量形態等待，並在地球通過即將發生的
週期變化時，和所有停留在第三泛音的人一起進入復
活或揚升者所在的次元。聖經也說，在這個時刻亡者
會提升，死亡不再，只有不同的存在狀態，就像水的
三態，無論是水、冰或霧，它都是水。

除了特定情況，現在地球上已少有輪迴。這可能
是你的最後一世了！當然，所有規則都有例外，也許
有人會決定繼續輪迴。時間就要到了，我懷疑人類在
這個世紀末是否還會在三次元生活？只有天知道。現
在誕生於地球的人從哪裡來——並不是這裡！談到新
小孩（the new children）時我再解釋。

太陽從西邊升起

埃及在發展時分成兩個國家，上埃及和下埃及：
上埃及在南，下埃及在北。埃及人命名上下的方向與
一般人相反，因為在他們還是亞特蘭提斯的一個邦國
時，地球是由東向西旋轉，和現在的方向相反。當時
的南北極也和現在顛倒，我們現在的北方在南，現在
的南方在北。亞特蘭提斯陸沉後，不僅磁極位置改
變，地球自轉的方向也改變。圖特說他經歷地磁逆
轉，看過太陽從東方升起，也看過太陽從西方升起，
然後東方、西方，再一次東方，一共五次。

在丹達拉（Dendera）有一座神廟，是陽性基督
網絡的心輪，它的天花板上有一個星相的黃道圖，如
圖5-5所示，說明這個磁極的逆轉。這幅黃道圖以反
方向旋轉，太陽從西邊而不是東邊升起。尼羅河是一
條南北流向的河，然而世界上其他河流幾乎都是北南
流向。這表示埃及人甚至與地球上更古老的能量流有
關。

我們創造了我們的宇宙。蘇非教徒也許記得蘇
非·山姆（Sufi Sam），他的名字是默須德·山姆·

圖5-5 埃及的黃道圖顯示反向的流動
（繪於近代）。

路易斯（Murshid Sam Lewis）。他在一九七○年初過世，葬在新墨西哥州的喇嘛基金會。他的墓誌銘是：「人們將會看見太陽從西邊升起。」他並指出發生的時間。下一次磁極逆轉時，地球也會逆轉，太陽升起的方向亦然。

獲得永生的第一人：奧賽里斯

早於埃及，在亞特蘭提斯時代，有一所由阿已和提亞領導的邁可神祕學校，以及來自列穆里亞的一千名學員。這所學校坐落在悟達島，在亞特蘭提斯大陸的北方。他們試圖教導亞特蘭提斯人獲得永生的方法。只不過也許當時他們不是好老師，或者人們就是不得要領，因爲一個人要進入永生需要經過二、三萬年。第一個做到的人是奧賽里斯。他不是埃及人，而是亞特蘭提斯人。奧賽里斯的故事雖然和尼羅河有關，但不在埃及，而在亞特蘭提斯。你們很多人知道這個故事，但我還是簡單說一說。

在一個家族裡有兩對兄弟姊妹，伊西絲、奧賽里斯、奈芙蒂斯（Nephthys／Nefus）和塞特（Set）。伊西絲嫁給奧賽里斯，奈芙蒂斯嫁給塞特。故事是這樣開始的：塞特殺了奧賽里斯，把他的屍體裝箱沉入尼羅河（當時是亞特蘭提斯的一條河）。這個舉動驚動了伊西絲，她便和妹妹，也就是塞特的妻子，一起外出尋找奧賽里斯。她們找到奧賽里斯的身體，想將它帶回來讓他重生。塞特知道了這件事，便把奧賽里斯的身體切成十四塊丟到世界各地，阻止奧賽里斯的姊妹讓他復活。於是伊西絲和奈芙蒂斯便再次外出尋找這些屍塊，要把它們拼湊回來。她們找到並組合其中十三塊，然而就是找不到第十四塊的陰莖。圖特用魔法幫忙重建第十四塊，重建了奧塞里斯的創造能量，使之復活並給予他永恆的生命。

埃及人認爲永生需要透過性能量到達（記得嗎？透過性──譚崔，列穆里亞人得到永生）。我要保留這故事的最後一部分，到適當的時機再講，因爲你要先理解一些事。但請注意奧賽里斯原本是活的，用第一個意識層次在身體中遊走，然後他被殺，身體被切割，他和自己分離──這是第二個意識層次，我們所在的層次。然後他的身體被找到重組，再次完整，讓他進入第三個意識層次，得到永生。

他經歷三個意識層次：第一層次他是完整的，第二個層次他和自己分離，第三個層次他組合了所有的成分並再度完整，得到永生，不再死亡。當奧賽里斯經歷這一切而達到永生，便成爲亞特蘭提斯第一位復活大師，於是他們以奧賽里斯獲得永生的理解爲範本，讓其他人達到相同的意識狀態。這變成了亞特蘭提斯的信仰，並且在後來成爲埃及的宗教。

第一個意識層次的超個人全像記憶

亞特蘭提斯人的大腦運作方式讓他們擁有完全記憶。他們記得每一件發生的事，而這些記憶是**超個人的**。也就是任何一件事，只要有一個人記得，其他人便記得。現在澳洲土著還有這種記憶。任何事情發生在其中一位原住民身上，其他人便可以隨時再次經驗。假如有一位澳洲原住民現在進入這個房間，這個經驗會立刻傳達給他們在地球上任何地方的族人。

他們在第一個意識層次，他們尚未分離；我們在第二個層次，我們相當分離。亞特蘭提斯人沒有我們這種模糊的記憶，他們有立體的全像式記憶。他們可以把這個工作坊的每個片刻重新創造出來，讓他們的族人在這裡走動和觀察，他們可以走到你的桌前注視你的眼睛，然而它並非在真實時間裡發生，而是在「夢的時間」發生，就像在複製絕對實景的夢境中。他們擁有完美的記憶，毫無瑕疵。顯然在這種文明中，亞特蘭提斯人沒有理由做任何書寫紀錄。若你得以進入實境，又何需文字描述？

亞特蘭提斯人不需要文字，但火星人需要，所以他們有書寫的語言。亞特蘭提斯陸沉後，連埃及人（其他人也是）都還保留驚人的記憶能力。然而那時他們已不再擁有超個人的全像式記憶，但仍擁有**照像式記憶**。因此當神祕學校的學生做我們也即將進行的複雜訓練時，他們可以在腦中完成一切。而我們這種效率不佳的記憶力，無法和他們用相同的方式訓練，我們連想起某人的名字都很掙扎。隨著課程前進，複雜度增加，圖像式記憶更困難，然而那些遠古的人可以做到。能在腦海中做練習很重要，我會讓你們看一些圖片，來幫助你做到。

這是理解創造本質的關鍵經驗：重新創造畫面，你待會會看到，彷彿你在虛空中跟著那些幾何線條移動，這個經驗讓你了解那些畫在紙面上的圓圈代表的真實移動，而靈性在虛空中做的這些幾何運動便是創造的始末。

書寫的介入創造了第二個意識層次

《圖特四十二書》（*The Forty-Two Books of Thoth*）記載，當亞特蘭提斯人在陸沉後抵達埃及，便失去了全像式記憶，開始書寫記錄。事實上，埃及人便記下了圖特將書寫引介到這個世界的紀錄。這個動作讓「下墜」完成，我們被逐出了第一個意識層次，完全進入第二個意識層次。因為記憶方式的改變，注定了我們的命運。

學習書寫造成眉毛到頭頂上半部的頭腦成長，寫作改變我們覺察實相的方式。為了取得我們現在的記憶，我們必須用線索進出我們想要的訊息，我們用字眼或概

念取得記憶的內容，事實上，如果眼球沒有特定的運
動，我們便無法記住事情。我們的眼睛必須以特定方
式運動，才能使記憶流動。埃及人的記憶系統和陸沉
前大不相同。可以用奧賽里斯的傳說來比喻記憶的變
化：埃及人進入分離的階段，他們在支離破碎的身體
裡，想著他們和整體的其他部分分離。這種分離感，
注定會改變人類生活的許多面向。

多神論的障礙：染色體與內特

現在情節變得複雜起來。階梯式進化讓事情順利
發展，不久之後，美尼斯王（King Menes）統一上埃
及和下埃及，並開始了第一王朝。但隨著時間過去，
有個嚴重的問題形成，若不解決，將造成二十世紀的
大災難——我們的星球可能毫無倖存的機會。它看起
來似乎不重要，但對那些照管與觀察地球的存有們而
言卻不然，它和埃及的宗教信仰有關。

埃及人不再擁有超個人式的全像記憶，因此必
須寫下他們的宗教信仰，這個作品叫作《圖特四十二
書》。波士頓的唐納・畢門（Donald Beaman）重建了
這套書。它一共有四十二本，在主體書之外還附加兩
本書。42+2是第一個意識層次的染色體數目。你會了
解，你們的染色體以幾何圖形描繪整體實相，不僅是
你的身體，而是實相中的一切，從最遙遠的星球到最
微小的植物，甚至每一個原子。

在他的書中，你會看到內特，內特是小神的意
思。圖5-6的阿努比斯（Anubis）是其中一位。他們是
動物頭人身的神話人物，每一位都代表一種染色體：
生命的一個面向與特徵。內特代表從第一個意識層次
進入第二個意識層次的路徑。

升天大師們用奧賽里斯的特殊基因幫助其他人學
習揚升。換言之，當奧賽里斯活出升天的經驗，這個

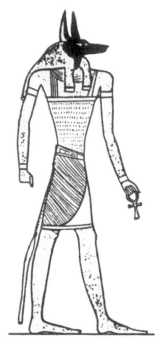

圖5-6 內特：阿努比斯。

路徑便會存在他DNA中的染色體裡。這些基因鑰匙會透過代表奧賽里斯染色體的內特，傳給新加入者。

但是這種表示宗教的方式衍生出一個問題，尤其上埃及和下埃及再次分裂時變得更嚴重。上下埃及都有42+2個小神來代表這些階段，而上埃及和下埃及的小神略有不同，並且這些形象又各自經過時間而改變。美尼斯王統一埃及時，為了政治考量，他採用所有的形象。所以總共有84+4個小神代表相同的宗教概念，那或許是個讓人困惑的滔天大錯。某個地區的人說阿努比斯是造物主，另一地區的人說伊西絲是造物主，又一個地區的人說賽克邁特（Sekhmet）才是造物主，於是一個國家有八十八個造物主，而人們彼此號稱「我的才是真神，你的不是」。這一切變得非常疏離怪異。一段時間之後，沒有人記得事實上只有一個神。

他們不了解塔特弟兄們要告訴他們的事。從我們美國人的角度來看，這就像是染色體殘缺造成的突變，那是不對的。即使塔特弟兄們傾力協助也無法修正，而且愈來愈糟。

我看過的證據都指出基督教源自埃及信仰。如果你研究兩者會發現，除了對神的理解，兩者有很多相似之處。後來基督教傳回埃及並完全貶抑埃及的宗教，即使埃及很可能是其發源地。基督徒認為埃及人是異教徒，確實是，因為他們的信仰腐化了。只有十八王朝的十七年半例外。

拯救人類的意識

曇花一現的璀璨：阿肯納頓的生命

在短暫的十七年半間，曾有一道曙光乍現，而那道燦爛光明拯救了我們的靈性生命。它始於西元前

一千五百年，當內特崇拜和爭執甚囂塵上，升天大師們終於決定要做一件事，他們有了一個計畫。圖特告訴我接下來的故事。

　　他們的第一步是決定要用一個真實的基督意識身體，帶進一個真正的基督意識存在，好將基督意識的記憶放回我們的阿卡西紀錄，因爲它在墜落中遺失了。這個基督意識的身體比同時期的地球人高大，他是一個讓地球人看見的例子，那是大膽的第一步計畫，他們做到了。

　　升天大師們決定這個基督意識的人選必須成爲埃及的王，爲了做到這件事，他們打破了所有的規則。他們在那個時期的國王阿曼和闐二世（Amenhotep II）的面前出現，請求他幫忙。圖特直接現身在他的房間對他說：「看著我，我是圖特。」我想當時國王一定難以置信，因爲那時候埃及人已經只把內特當作神話故事，然而居然有一位內特現身。圖特對他說：「埃及有個嚴重的問題，我需要你幫忙。」

　　圖特讓阿曼和闐二世做了一件沒有埃及國王會做的事情，當時阿曼和闐的兒子即將登基爲王，圖特說：「你的兒子不能爲王，我要一個外來血統繼承埃及王位。」阿曼和闐二世同意了。我不知道圖特做了什麼，然而必然是個印象深刻的經驗——他也許發光或飄在空中等等。他一定做了什麼來說服國王。當埃及王應允，他們就得造出一個實際的基督身體，然而這並非易事。

創造阿肯納頓和娜芙蒂蒂的身體

　　他們要怎麼做呢？他們去找阿已和提亞（他們已經非常非常老了），告訴他們：「我們想要你們生一個小孩。」他們必須找到永生的人，取得永生的基因，因爲他們的染色體數目不同——他們是46+2，而非44+2。阿已和提亞同意這麼做，於是他們生了一個孩子，把這個孩子給了阿曼和闐二世，成爲下一任國王。

　　這個孩子長大，並成爲阿曼和闐三世，然後他生育，我不清楚是實際還是跨次元，也不知道對象是誰，但他必然是和有更高層染色體的人配對。總之，出生的男嬰便是阿曼和闐四世——這個嬰兒就是他們的特別計畫。阿曼和闐四世有個更知名的名字：「阿肯納頓」（Akhenaten）。

　　這時阿已和提亞等了一代，並生了一個女嬰，取名爲娜芙蒂蒂（Nefertiti）。娜芙蒂蒂和阿肯納頓一起長大，然後結婚。他們其實是近親，因爲擁有相同的血統。奧賽里斯的故事也很相似——兄弟姐妹聯姻，爲生命帶來新的可能。如此這兩個人一起長大，並成爲埃及的國王和皇后。

圖5-7 阿肯納頓教導人們認識神（圖5-8的複本）。

圖5-8 阿肯納頓教導人們認識神（原始壁畫）。

新統治者和唯一真神

有段時間，阿曼和闐三世和他的兒子阿肯納頓一起治理國家——同時有兩個王，這打破了現有的規則。他們在埃及的中心點建造了一個新城市，名為阿瑪納（Tel el Amarna）。阿肯納頓在城市的中心點放了一塊石頭，寫著「國家正中心」。到現在我們都不知道他們是用什麼方法知道中心點的位置，即使人造衛星也無法做得更精確。你不免驚歎他們的能耐，能在數百哩範圍內精準地找到正中心點，誤差不到一吋。他們用白色的石頭建造整個城市，非常漂亮，有太空時代的風格。

有段時間，阿肯納頓和父親在兩地同時統治埃及：底比斯和阿瑪納。父親還在世便把王位交給繼承人（這也打破了規則），他把國家交給阿肯納頓，使他成為埃及第一位法老。在阿肯納頓之前，只有國王沒有法老。法老的意思是「將成為」，換句話說，他們向人們顯示他們以後會成為的樣子。阿肯納頓、娜芙蒂蒂和他們的孩子並不是人類。

圖5-7的高大人像是阿肯納頓。我來解釋這幅畫：阿肯納頓的主要任務是破除宗教迷信，並引導人民回到唯一真神的信仰。當時大家都崇拜偶像、拜東西，阿肯納頓必須要給他們能看見和相信的對象，於是他以太陽的形象為神，因為那是無法固定在神壇上的東西。

阿肯納頓以太陽為神的另一個原因是，他告訴人們生命的呼吸——生命能量場——來自太陽。這只是一種三次元的說法，其實生命能無所不在，無窮無盡。由於生命能來自太陽，這幅圖顯示陽光從上而下傾注，其中兩道帶著小安可的光指向鼻子上方，表示永恆生命能透過呼吸得到。

在這張圖上你可以看到蓮花：亞特蘭提斯的國

花。邁可神祕學校的人把蓮花帶進印度。邁可人的事蹟在梵文的文章中有記載，甚至現代人還會談起。他們比佛陀更早到印度，整個佛教時期他們也在。在埃及，蓮花代表亞特蘭提斯，在圖中你可以看到露出花瓶的整株蓮花。亞特蘭提斯的滅亡人人都知道，但仍以露出瓶身的整株蓮花來對亞特蘭提斯致意。圖5-8是原始壁畫。

注意這張圖的主角——阿肯納頓，他的脖子和雙手細瘦、高腰、大腿粗壯、小腿纖細。埃及人的一般解釋是生病導致他的身體畸形——當然，娜芙蒂蒂和女兒也一樣（顯然，他們生了同樣的病）。然而我認爲並非如此。

異族的真理之治載入基因庫

除了讓宗教回復一神外，阿肯納頓認爲在新宗教中，不能出現謊言與虛僞，他說：「我們的藝術要改變，須能全然反映眞相。」因此十八王朝出現了空前絕後的獨特藝術風格。藝術家被教導雕刻或繪畫須爲他們親眼所見的樣子，就像照片一樣，因此寫實的藝術取代了之前的風格。圖5-9的鴨子看起來就像鴨子，和我們在現代繪畫中看到的一樣。當你欣賞十八王朝的藝術品，請記住這一點。因爲這表示你看到的，也就是當時藝術家所看見的。他們不允許造假。他們要求徹底的眞實，甚至連穿衣都不允許，因爲服裝是隱藏，是一種謊言的形式。在十八王朝除了慶典和特別的目的外，是不允許穿衣的。

圖5-9 寫實的鴨子。

圖5-10頭上有一根羽毛的內特是瑪特（Matt），她的名字讓她成爲新宗教最重要的內特之一，「瑪特」意謂事實或眞實，是每一件事情最重要的部分。事情必須絕對眞實，毫無扭曲謊言，事情才能回歸它的焦點。這是阿肯納頓教導很重要的部分。

圖5-10 眞實之神瑪特。

圖5-11　開羅埃及博物館中的阿肯納頓雕像。

圖5-12　柏林博物館中的娜芙蒂蒂半身像。

　　圖5-11是阿肯納頓的雕像，收藏在開羅博物館。它高十四·五呎，不含頭飾。當我站在他身旁，我的頭頂只到他臀部最寬的地方。娜芙蒂蒂身高約十呎，在族人中她的身形算是矮小的。圖特說，他們的女兒也很高。近年來，官方獲得不少證據，但不知該如何思考。他們在阿肯納頓的城市阿瑪納發現兩具棺木，其中一具的木乃伊頭上刻有生命之花，另一具棺木是七歲小男孩的骨骸，他有八呎高！這個棺材可能放在開羅博物館的地下室，那是關於這些人的面貌的唯一證據。圖特讓我們知道阿肯納頓的雕像和實體是一模一樣的，如同拍照一般逼真。

　　圖5-12是在阿瑪納發現的娜芙蒂蒂半身像。那座城幾乎已經沒有任何東西留下，它的一磚一瓦都被拆搬到世界各地去了。埃及人並不想讓你知道阿肯納頓和娜芙蒂蒂曾經存在。我們會知道他們是因為他們埋在房間地底深處的一些東西，並沒有被早期的人發現。這座半身像就是在那裡發現的。很多人認為娜芙蒂蒂是位很美麗的女人，但他們並不知道她非常高，而她的身體在某些方面並不尋常。

　　圖5-13是娜芙蒂蒂少有人知的雕像，和之前的半身像在同一個房間被發現。她沒穿任何衣服，因為當時他們並不相信服飾。她的頭很大、耳朵很長、脖子很細、腰很高，還有微凸的肚子。如果你看見這張照片的其他部分，你會發現她的小腿很細，大腿很粗壯。

圖5-13　裸體的娜芙蒂蒂。

圖5-14 娜芙蒂蒂和阿肯納頓的兩位女兒。

圖5-15 另一個女兒。

圖5-16 青少年時期的女兒。

圖5-17 青少年時期的女兒。

圖5-18 另一位小女兒。

圖5-14是他們的兩個女兒,她們的頭很大、高腰、細腿和大耳朵。圖5-15是他們的另一位女兒。我感覺那是她真正的長相,如果你從後面看她的頭,你會知道它的大小,非常大。要實際看見才會知道她的耳朵有多大。

圖5-16是另一個女兒,比上一個女兒小,脖子細小,巨大的頭顱向後伸展。圖5-17是另一個青少年時期的女兒。圖5-18是另一個女兒。你可以看見她的頭相對於身體有多大。圖5-19是一個嬰兒,同樣的,他的頭顱向後隆起並向上伸展,耳朵有半個頭的大。

圖5-19 阿肯納頓家的嬰兒。

圖5-20 圖坦卡門國王的半身像。

圖5-21 位於利馬的博物館。

這些人的身體與人類很不一樣，腦部不同，其他地方也很不尋常，例如他們有兩顆心。我們只有一顆心的理由是我們只有一個太陽。他們是天狼星人（他們事實上是圍繞原始火燄的三十二位天狼星成員），他們的身體來自天狼星。天狼星有兩顆恆星，天狼星A和天狼星B，是為數最多的雙星系統，那些星系的生物都有兩顆心。只有一顆太陽的星系，它的生物只有一顆心。（星系多於兩顆時，生物最多只有兩顆心。）

圖坦卡門和其他狹長頭顱者

圖5-20是圖坦卡門國王，阿肯納頓的繼承人，他繼位時年僅十八，沒有人知道他的來處。據說他是娜芙蒂蒂和阿肯納頓的女婿，然而顯然他也出於相同族系，雖然他的頭沒有那麼大，但他有一雙大耳。圖特說，圖坦卡門原本只允許接管一年，統治阿肯納頓和下一個階段之間的過渡期，那一年娜芙蒂蒂隱身在後，以心電感應的方式和圖坦卡門溝通來治理國家。

圖5-21為祕魯首都利馬的博物館，他們也有驚人的頭骨。祕魯是圖特待過的另一個地方。他們在祕魯發現和埃及一樣的頭骨，如圖5-22。這些大形頭骨只在三個地方被發現：埃及、祕魯和西藏——據我所知沒有其他地方了。記住，那正是這些存有主要前往的地方。

圖5-23是我的老師卡盧仁波切（Kalu Rinpoche），他是一位西藏喇嘛，已經過世了。我有許多老師，但我覺得和他特別親近，我非常敬愛他。請注意他的頭。

記憶：永生的鑰匙

你或許會質疑如果阿肯納頓和其他人都是永生的，他們為什麼還會死？我給你默基瑟德對永生的定

義，希望對你有幫助。別人可能有不同的定義，但這
是我們的感受。永生無關乎永遠活在相同的身體中。
無論如何你都是永生，你一直都活著，你會永遠活
著，但並非總是保持意識。我們的觀點和記憶有關。
當你達到永生的那一刻，你的記憶將從此保持完整。
換言之，你從此保持意識，不再出現無意識狀態。這
表示你想在這個身體待多久就待多久，直到你想離開
才離開。永遠在同一個身體內其實是一種禁錮，因為
那意謂你無法離開。你最後會發現你想超越你所在的
地方，這可能是你想離開某一個身體的理由。這是永
生的定義，你可以記下來：簡言之，你擁有持續、不
間斷的記憶。

圖5-22 祕魯發現的巨大頭顱。

讓我們回到阿肯納頓退位後發生的事。為了讓事
情回復從前，整個國家進入變動狀態。在阿肯納頓之
後的王位繼承人很可笑——他們讓阿已和提亞接管國
家。他們相距很多年，然而他們變成國王和皇后。這
些是有歷史紀錄的。他們接管三十年後，把政權交給
塞提一世，他是十九王朝的第一個國王。他即位後立
即把一切改回老做法，抹去所有改變，並稱阿肯納頓
為「罪人」——耶穌也曾獲得相同的稱謂。他說阿肯
納頓是史上最糟的國王，因為他教導一神論。

圖5-23 卡盧仁波切。

阿肯納頓發生了什麼事？

除了一小群人，埃及大多數人憎恨阿肯納頓。
神職人員最恨他，因為埃及的宗教信仰以祭司為中
心，他們控制人民的生活和經濟，是最有錢有勢的一
群人。當阿肯納頓說：「你們不需要教士，神就在你
之內，只有唯一真神而你從內在便能接近。」神職人
員起而反抗以保護他們的既得利益。此外，埃及擁有
世界上最強大的軍隊，當阿肯納頓成為法老王時，他
們正迫不及待想征服世界，但阿肯納頓是個和平主義

者，他說：「回到自己的土地上，若非遭受攻擊絕不攻擊別人。」他讓軍隊回國，無所事事，他們不喜歡這樣。

所以不只神職人員反對他，軍隊也是。除此之外，人們還有自己的小型宗教，他們喜愛膜拜他們的內特。這樣雖然沒有任何好處——他們到不了宇宙DNA計畫他們要回到的那個唯一真神的家——儘管如此，他們非常投入。

當他們被迫禁止某些宗教行為時，他們對阿肯納頓懷抱極大的敵意。那就像美國總統說：「除了總統的宗教，禁止其他宗教。」同樣的，如果總統主張孤立主義而把軍隊召回美國本土，他也會不受歡迎。阿肯納頓就是如此。但他明白他必須這麼做，即使這表示他會死。他必須這樣做，才能修正我們集體對於實相的DNA密碼。此外，他需要把我們對基督意識的神聖目的記憶放進阿卡西紀錄。

所以發生了什麼事？歷史上的說法是教士和軍隊聯手毒死了阿肯納頓。圖特說，那不是真的，因為他們無法殺死他，即使毒藥也傷不了他。所以他們做了更惡毒的事。圖特說，教士們僱用三個努比亞（Nubian）黑巫師，調製一種類似海地人所使用、讓人看起來像死去一般的藥。在公開的會議場合讓阿肯納頓喝下，停止他的生命跡象，讓皇醫立即宣布他的死訊，並迅速將他放進一個特別的石棺，以魔法密封棺蓋，葬在祕密的地方。圖特說，阿肯納頓在石棺內等待了將近兩千年，直到有一塊密封物剝落，魔法解除，他才回到阿曼提大廳。這對阿肯納頓來說，一點都沒有問題。圖特說，對永生的人而言那只是小憩。然而，他真的會讓這種事情發生嗎？

阿肯納頓神祕學校

重點是，阿肯納頓創立了一所神祕學校。這個學校稱為「阿肯納頓埃及神祕學校——壹的法則」（the Law of One）。這所學校只有十七年半的時間可以創造他想要的結果。他帶領太陽神左眼神祕學校（陰性面）的畢業生（都是四十五歲以上的人），進入太陽神右眼神祕學校。這個右眼資訊從來沒有在埃及教導過。他教導他們十二年，在那之後他只剩下五年半的時間來看看他們是否得到永生。他成功了！有三百人進入永生。我相信他們幾乎全數是女性。

有人問我：「阿肯納頓為什麼不用其他辦法面對人群，這樣就不會涉入險境了？」有什麼方法能在短時間改變整個人口卻不引起糾紛？試想你能在一年內統一美國的宗教嗎？除了去做，我不認為還有什麼別的方法，即使這意謂著「被殺」。此外，阿肯納頓事實上唯一需要做的只是活著，如此那一段既存的記憶便會留在阿卡西紀錄，進入我們的DNA。而總有一天它會變成基因密碼，人們會想和他一起做相

同的事。他並不擔心這些，他早就知道這個國家、社
會和風俗都會故態復萌。但他確實讓三百個人進入永
生，而他們的生命將在他和埃及之後永遠存在。

艾塞尼派信徒和耶穌、瑪莉與約瑟夫

在阿肯納頓離開之後，那三百位永生的埃及
人加入了塔特弟兄，從西元前一三五○年到西元前
五百年，等了大約八百五十年。之後他們移居以色
列的馬沙達（Masada），形成艾塞尼教派（Essene
Bortherhood，古猶太苦修信徒）。迄今馬沙達仍是艾
塞尼派信徒的首府。以這三百位為核心，一般民眾在
外圍，形成龐大的組織。

耶穌的母親瑪莉，是艾塞尼教派的核心成員之
一。她比耶穌更早獲得永生，約瑟夫則來自外圍。圖
特說這並未被寫在紀錄中，然而這早已規畫在埃及計
畫中，因為下一步便是帶進某個人，他能確實示範一
個普通人如何獲得永生，把這個經驗放進阿卡西紀
錄。必須有一個人執行這件事。圖特說，瑪莉和約瑟
夫做了跨次元的結合，創造耶穌的身體（我稍後再解
釋），這讓他的意識來自非常高的層次。當耶穌誕生
後，他就像我們一樣開始地球的生活。他是不折不扣
的人類。他透過復活，而非升天，讓自己轉化進入永
生，並把這個確實的過程放進阿卡西紀錄。圖特說，
這件事的發生經過非常久遠的計畫。

兩所神祕學校與四十八對染色體的形象

我們要再次轉換方向，談一套新的系統知識，
需要一點時間，直到你再次看到這個符號。圖5-24是
「阿肯納頓埃及神祕學校──壹的法則」的象徵，它
是荷魯斯的右眼。右眼由左腦控制，是陽性知識。雖
然右眼的「看」直接進入右腦，然而這不是埃及人

圖5-24 神祕學校的符號：荷魯斯的
右眼。

想傳達的，它不是「看」，重要的是它中斷「看」到的資訊。因爲左腦打斷看見的事物，它控制身體的右半部，反之亦然。同理，太陽神荷魯斯的左眼由右腦控制，是陰性知識，在尼羅河畔的十二座主要神廟中被教導。而第十三座神廟就是大金字塔。啓蒙期十二年，在每一座神廟中待一年，完成一個循環，學習意識的所有陰性面。

意識的陽性面，即荷魯斯的右眼，只被教導過一次，沒有人作成紀錄。它是個口述傳承，雖然它的主要成分被鐫刻在大金字塔下，進入紀錄大廳的一面牆上。當你向下走進那座大廳，在接近底部之前，朝九十度的方向抬頭看看那面牆，你會看到一個直徑四吋的圖，正是生命之花。在它旁邊有四十七幅圖，一個挨著一個地陳列，那正是基督意識的染色體，也是我們要進入的意識層次。

這些圖會以稍有變化的方式呈現在本書裡。這也是大金字塔的目的，讓一個人從我們的現況進入下一個意識層次。大金字塔的存在有許多理由，但升天和復活絕對是其目的。

創世記：創造的故事

埃及人和基督徒的版本

我們要從了解基督徒和埃及人對實相的理解完全相同開始。基督徒對實相的理解源自埃及人。聖經開頭便說：「起初神創造天地。地是空虛混沌，淵面黑暗，神的靈運行在水面上。神說要有光，就有光。」

這個敘述一開始是說：地球原本空無一物，直到從渾沌中出現形體，這是埃及人相信的，也是許多其他宗教相信的。基督徒和埃及人都相信「空無」（nothing）和「聖靈」（spirit）是開始創造所需的一切，這兩個概念加在一起便形成一切。他們相信聖靈的「移動」開始了創造。第二個句子說「地是渾沌空虛」，地表上原本沒有任何形體，盡是空虛，然後聖靈在水面上移動。接下來，神說「要有光」。移動先於光，運動先發生，然後光即刻便接著出現。

根據埃及人的信仰，現代版聖經遺漏了一個小細節，古老版本則未必有錯。現在世界上總共有九百多種聖經版本，在許多舊版的第一句話是：「初始有六。」當然也有以其他句子開始的版本，隨著時間演進，已經被更改過無數次。

古埃及人或許會認爲現代聖經裡說的創造開始的方式並無可能，特別如果你以物理學的觀點來思考。想像一個既黑暗又向全方位無限延展的空間，空無一物——

什麼也沒有。想像你就在其中——不是你的身體，而是你的意識。你漂浮虛空中，你不會墜落，因為你能掉到哪裡去？你不會知道你是否墜落或飄升或處在什麼角落，事實上，你無法經驗任何移動。

　　純粹從物理或數學觀點來看，在空無中移動或運動是不可能的，甚至旋轉也不可能，因為除非你身邊還有一樣東西，否則運動不會真的發生。必須有東西和你**相對**運動。如果沒有東西和你相對運動，你如何知道你在動？試想，你在空無中上升三十呎，你如何知道？沒有任何變化產生，既然沒有改變，就沒有移動。所以在古代埃及人說神在水上移動之前，他／她必須先創造出什麼來做相對的移動。

神和神祕學校怎麼做？

　　現在，想像你在一個漆黑的房間，站在通往極度黑暗的第二房間的門邊，你幾乎看不見門。你走入那個房間，在身後關上門，現在是完全的黑暗。

　　當你處在這種情況中，你有能力從第三眼投射一道感應光束，也可以用雙手來感覺（事實上你可以用任何脈輪來感覺，但人們通常只用第三眼或手）。你可以對這個黑暗的房間投射一道意識，也許一吋長或一、二呎的距離，你會知道這個空間有沒有什麼。你的意識會越過這段距離停下來，你的了解也會在這裡中止，超過那個距離你就會不知道了。你或許了解我在說什麼。我們很少使用這種感官，我們是如此依賴我們的雙眼。

　　然而有一些人，特別是古埃及人，非常擅長此事。他們可以進入黑暗的空間，感覺四周，了解周圍有什麼，即使他們看不見。有些盲人也有這種能力。

　　其實我們擁有六條感知光束——不止一束，是六束。它們都來自我們頭顱中心的松果體。一束光向前方從第三眼發出，另一束從腦後發出；一束光從左方發出，另一束從右方發出；一束光從頭頂向上通過頂輪，另一束則向下穿過頸部——總共六個方向。這和幾何學中互相垂直的三軸相同。埃及人相信這種與生俱來的意識能力讓創造得以開始。他們相信如果我們沒有這種能力，就不會有創造發生。

　　為了在最深的層次理解創造的過程，埃及學生被要求觀想和演練以下過程。以下的敘述是神祕學校的解釋和練習，他們學習的不是唯一的方式，而是他們受訓練的方式。

　　圖5-25的黑暗背景代表偉大的虛空，那只小小的眼睛代表神的聖靈。所以這裡是神的聖靈存在於虛空之中，除此之外，什麼也沒有。想像你是虛空中的小小聖靈（當你在偉大的虛空中，你會了解你和神是一體，沒有差別），你在虛空中待了很

圖5-25 神的聖靈在偉大的虛空中。

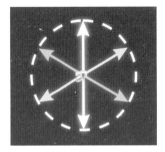

圖5-26 精神體向六個方向投射意識。

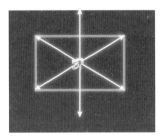

圖5-27 精神體首先創造一個菱形。

長的時間，你或許會感到無聊，或好奇，或寂寞，你想嘗試新的東西，在生活裡有些新的冒險。

首先創造一個空間

因此聖靈，單獨之眼，對虛空射出一道意識，將它射向前方、後方、左方、右方、上方和下方，如圖5-26。不論你向前投射多長的距離，你便向後投射相同的距離；同理，向左、右、上、下都一樣。任何單獨之眼都可以對六個方向投射等長的意識光束。即使每個人投射遠近的能力不同（有的人可以投射一吋，有的人可以投射兩呎，有的人五十呎），能對六個方向投射的這件事卻是平等的。如此，聖靈向六個方向投射的意識光束定義了空間：北、南、東、西、上與下。

這也是為什麼美洲印第安人和全世界的原住民認為六個方位如此重要。你曾在他們的儀式中注意定義方向有多重要嗎？定位對卡巴拉的一些靜心也十分重要。

接下來，封閉這個空間

在神祕學校中，當他們對著六個方向投射六束意識之後，接下來是連接這些射線的尾端。如此形成一個菱形或正方形環繞自己，如圖5-27所示。當然，這張圖因為角度的關係，看起來像長方形，但其實是正方形。如此他們創造了一個小的正方形圍繞他們的意識之點，然後從正方形向上射出一道光到頭頂，形成一個以正方形為底的金字塔，如圖5-28。

創造出上方的金字塔之後，他們向下送出一道意識到下方的端點，形成一個朝下的金字塔，如圖5-29。如果你在實際的立體空間看它，兩個背對背的金字塔會形成一個八面體，這是另一種觀點的八面

體，如圖5-30。

　　記住那是一個精神體。你在偉大的虛空中沒有肉體，你是精神體。如此你在虛空中創造了一個環繞你的場域。現在，當你像圖5-30投射出一個八面體來定義空間，你便擁有了一個物體，如此運動或移動是可能的，在那之前不能。

　　精神體可以離開這個形狀或繞著它旋轉，它可以向任何方向不斷前進，然後再回到中心點。另一件精神體現在可以做的事是，靜止於這個形狀的中心，讓這個形狀移動。這個形狀可以旋轉、擺動或以任何可能的方式移動，相對運動現在是可行的。

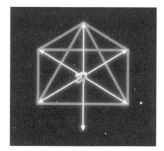

圖5-28　向上投射一個金字塔。

旋轉這個形狀創造球體

　　學生們創造的八面體有三軸：前後、左右、上下。他們被告知讓形體繞著其中一個軸旋轉——哪一個軸、什麼方向都無妨。練習一次一個軸的旋轉，練習完環繞三軸的轉動，如此跟著這些變數觀察形成的範圍，會得到一個完美的球體。在這些學生允許移動意識原點之前，他們被教導轉動這個八面體，去形成和創造一個環繞他們的球體。

圖5-29　向下方投射一個金字塔。

　　研究神聖幾何的人都同意：直線是陽性，曲線是陰性。因此最陽性的形狀是正方形或立方體，最陰性的形狀是圓或球。因為精神體投射出的八面體由直線構成，是陽性形狀；球體完全是曲線構成的，是陰性形狀。埃及人所做的事是創造一個陽性形狀，然後把它轉變為陰性。他們從陽性變為陰性。

圖5-30　環繞精神體的八面體。

　　聖經中出現相同的故事，亞當先被創造，然後一位女性從亞當的肋骨被創造出來。當然，在球體中的精神體符號也就是神祕學校的圖騰。

　　從聖靈在虛空中做第一次投射並形成一個環繞自己的八面體，神聖幾何便開始了。虛空是無限的（其

圖5-31 聖靈在它的第一個創造物中。

圖5-32 聖靈的第一動。

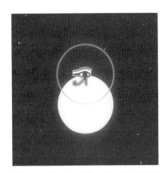

圖5-33 第一動／第一天：兩顆球創
　　　造了魚形橢圓。

中空無一物），而這些形狀也是空的。它們是意識想像的線條。這給了你關於實相的指標：空無。印度教稱實相爲「馬雅」（maya），意思是幻象。

聖靈可以在它的第一個創造物中存在很久，如圖5-31，但它終將決定做些什麼。爲了重新創造這個過程，神祕學校的學生被教導去做一次聖靈的動作。兩個簡單的指引便完成整個宇宙的創造。

創世記的第一動

記住現在聖靈就在球體中。現在的指示是，進入那個新造之物，並投射一個和它一模一樣的球體。如此完成一件特別而獨特的事。這是一種絕對輕易的實相創化系統，不管你做什麼都不會錯。你的作爲只是進入你的創造物，並投射一個完全相同的球。在這個系統中，除了這個存在虛空中的泡泡之外，什麼也沒有，而泡泡之內和泡泡之外完全相同，因此唯一新造的事物便是泡泡的膜，也就是球的表面積。

於是意識決定移動到表面上去。它到哪裡都沒有差別，它可以到表面上的任何地方。它怎麼到的也沒有差別，不管是直線、曲線、螺旋或探索空間中的每一個點。它可以盡量施展創意，沒有任何差別。總之，它到達球體的表面。

在這個例子裡，讓我們這麼說，聖靈向上到達球體的頂端（爲了有對稱性並簡化處理內容）。總而言之，聖靈，這單獨的小眼睛，到達了表面，如圖5-32所示。它完成聖經〈創世記〉所述的第一動：「神的靈運行在水面上」，以及接下來的那句：「神說：『要有光』，就有了光。」

此時，聖靈只知道如何去做那件唯一的事──事實上是兩件事，但結果是一件事。它知道：（一）如何投射一個八面體並創造一個球體；（二）如何移

動到它的新造事物上。就是這樣，一個非常簡單的實相。如此，當聖靈到達表面，創造另一個八面體，繞著它的三軸轉動，形成一個和前一個大小相同的圓。大小相同，因為它對虛空投射的能力是相同的，這個部分沒有變化。因此它創造了第二個大小相同的球。

經由魚形橢圓生成光

當聖靈這麼做，在神聖幾何上，它完成了一件十分特別的事。它形成了兩圓相交的魚形橢圓，如圖5-33 。你看過兩個黏在一起的肥皂泡嗎？當兩個肥皂泡泡交接在一起，在它們連結的地方會形成一條線或一個圓。如果你從兩個泡泡的某一側看它，新形成的部分看起來像一條線；但你若從上向下看這兩個泡泡，你會看到新形成的部分在球中形成一個小的圓周。

魚形橢圓的圓周是對稱的，小於大球體的圓周。換言之，從側邊看起來有一條交界的直線，如圖5-34中；從頂上看起來像個圓，如圖5-34右。魚形橢圓即使通常看起來是二維的，實際為三維。如果你把它從兩個球體中取出來，看起來會像是美式足球，如圖5-35。

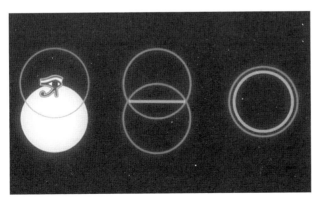

圖5-34 第一動／第一天：最早的兩顆球（左）；剖面（中）；俯視（右）。

圖5-35 三維的魚形橢圓，從交疊的兩個球體取得的形狀。

　　我此刻不證明，但稍後會證明這個圖像就是光。它是生成光的幾何圖形，它是眼睛的形狀，而眼睛恰為你接收光的裝置。除了光，它也是連結情緒的意象，並連結許多其他的生活面向。它是電磁場的基本幾何。它太簡單，你現在還無法了解，必須等到事情演化得比較複雜時再向你說明。我會讓你看見創世記第一動產生的圖形便是生命，那也是為什麼神在投射第二個球、形成魚形橢圓之前，無法說「要有光」。

第二動：創造星形四面體

　　當精神體待在第二個球的中心並向下注視魚形橢圓，它看到的是一個新生成的圓，魚形橢圓中的圓。這個圓是目前唯一的新事物，而精神體的指示是移動到新生成的事物上。它到新圓上的哪裡並沒有差別，因為不可能出錯，於是它去到了魚形橢圓的那個圓，並投射一個新的球，如圖5-36。

　　無論它的落點為何，轉動後都可以看起來像圖5-36這張圖。所以我設定它去到左方的A點。此時，**大量資訊產生**（創世記的每一動都有大量知識出現）。首先創造一個球體；**第一動／第一天**生成魚形橢圓，也是光的基礎；**第二動／第二天**生成了星狀四面體（圖5-37）的基本幾何，以詮釋三顆球之間的關係。你會明白它是生命最重要的形狀之一。

　　我們暫且不討論此時形成的資訊是什麼，然而每一次有新球體形成，便有更多訊息因此展開，並且有更多創作的圖形得以出現。在第一動與第二動發生之後（不管精神體如何移動，它的落點在球／圓上的哪裡，它永遠是完美的），它會開始精確地移動到那個本來的球體的最大圓周上。一個球上有無數個圓周，不過它會選擇最完美的那一個。

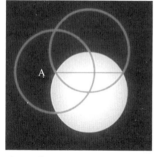

圖5-36 第三個球，創世記第二動／第二天。從球體的最高點向下看，水平線看起來是一個圓。

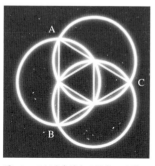

圖5-37 三個球中的大小星狀四面體。

移動到新造物上直到完成

在這個圖形被創造之後，剩下唯一的指令，將永遠執行，直到時間的盡頭——**移動到最內部的圓，從那裡投射一個球**。為了清楚起見，我們定義一下什麼是「最內部的圓點」：見圖5-36。在這個例子中，有三個最內部的圓點——如果你從圖形的外部來看，它們是三個最靠近原始圓心的點，這些最靠近圓心的位置稱為「最內部的圓點」。因為聖靈的移動而創造的創世記圖形，具備六個最內部的圓點。

把這個記在心裡，聖靈開始在原始球體或中心球體的最大圓周上移動，當它完成三百六十度的大圓時，會回到它的起點（六個點或運動），並開始它的第二動（或指示——對神祕學校的學生而言），**移到最接近內部的圓點**，它們現在在大圓周與魚形橢圓的交點上，簡單的說，它們是圖形上最接近外部的點。這個持續的運動會形成漩渦，而這個能量漩渦運動創造了許多不同形態的三維形式，接續不窮，成為整個實相的建構單元或藍圖。

當聖靈創造了第三個球，便開始移動到最內部的圓點，並投射另一個球，如圖5-38。這裡也有很多訊息，對此刻而言太複雜，先不討論。

圖5-39是第四動／第四天，它十分有趣。許多版本的聖經都說，創世記的第四天，半數的創造完成。從第一動開始確實有半個圓被完成（圖5-39a）。我們確實從第一動起移動了一百八十度。圖5-40是創世記的第五天——更多資訊出現。

然後是第六天，如圖5-41，一個幾何奇蹟發生了：最後一個圓形成完整的六瓣花朵。這是許多古老的聖經版本所說的「初始有六」。**現在的聖經說創造在第六天形成**，而這個情況是完全吻合的。這就是創世記的圖案，它是我們這個宇宙創造的開始。

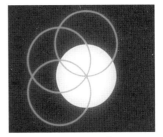

圖5-38 第四球，創世記第三天。

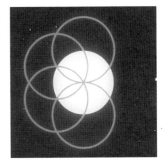

圖5-39 第五球，創世記第四天。

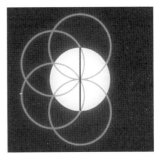

圖5-39a 一半的創造。

圖5-40 第六球，創世記第五天。

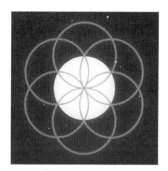

圖5-41 第七球，創世記第六天。

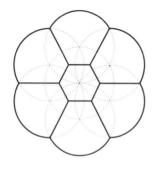

圖5-41a 立體圖。

聖靈的這些初始之動很重要。接下來會更複雜，到目前為止，我們談到的只是實相顯化的開端。

我們很快就會一個一個看到這些形狀的立體畫面。如果把它們做成模型，你便能觀察並用手把玩它們。我們要開始把這些抽象的資訊具象化，讓它們在你的實相中出現。然後我們會進一步告訴你，它們如何真實地創造我們生活的世界。

若你自行研讀，你會開始看見這個實相所演繹的各種極為精闢繁複的面向；若你試著製作這些幾何圖形，你遲早會跨進神聖幾何開始的那條線，那正是聖靈穿越虛空的動作，會讓你十分欣喜，而隨之展開的是愈來愈大的欣喜。生命的開始很簡單，隨即便創造了我們生活的複雜世界。

這並非僅是數學，也不只是圓圈或幾何，**這是關於一切實相創造的活生生的地圖。**

你必須這麼了解，否則你會迷失，且無法了解本書所引導的探索。我們這麼做的目的是訓練你的左腦明白創造一切的合一，如此得以超越二元的意識。

Chapter 6

形狀與結構的意義

創世記圖騰的展開

第一個形狀：螺形環紋曲面

　　讓我們來看看第一個躍出紙面的圖形：創世記圖騰（圖5-41）。如果你查閱數學書籍，會知道這個創世記圖騰可以用最少線條在平面上呈現一種稱作「螺形環紋曲面」的三度空間。它是創世記圖騰繞著中央軸心旋轉而產生的甜甜圈形狀，有一個微小無比的洞在中央。

圖6-1 七彩螺紋管。

　　螺形環紋曲面，這裡稱為螺紋管，因為它就像管子的內部，如圖6-1。它特別的地方是能向內或向外摺疊，沒有其他形狀能夠像它一樣。螺形環紋曲面是完整的創世記圖騰第一個產生的形狀，有絕對的獨特性。

　　亞瑟‧楊（Arthur Young）發現這個形狀有七個部分，稱之為「七色地圖」。任何論述螺形環紋曲面的數學書都會談到七色地圖。你可以用七塊大小相同的區域覆蓋螺形環紋曲面，就像創世記圖騰一樣，六個圓繞著第七個，把中間那個球表面完全

圖 6-2　創世記圖騰轉動一次。

占滿，完美無瑕。

　　神聖幾何裡有一種東西叫作「棘輪」——用一個圓和一條線來轉動，像是你用棘輪扳手修理汽車，在某個距離內轉動東西。想像兩個創世記圖騰相疊，其中一個固定，如果你把另一個轉動三十度，會變成十二個球體繞著中間的那一個。在二維空間看起來像是圖6-2，在三維空間看就像螺紋管；如果你把中間所有的線連起來，會看到圖6-3；如果你把這十二個球再轉動十五度，會得到二十四個球，形成圖6-4——它和「超越數」（transcendental pattern）有關。什麼叫作「超越數」？我認為數學上的「超越數」，是從其他次元來的數字。它在那個次元是完整的，但是無法完全轉譯到我們的世界。在數學上有很多這樣的數字。

　　其中之一是**黃金比率**，我稍後會再談到。它的數學比例是1.6180339……沒完沒了，意謂你永遠無法預測它的下一個數字，整串數字永遠不會結束。有人用電腦跑了幾個月也跑不完，這就是超越數。

　　螺形環紋曲面的形狀掌管我們的許多生活面向。

圖6-4　創世記圖騰再旋轉，和所有
　　　　連出去的直線。

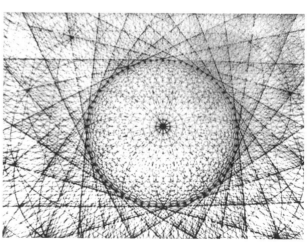

圖6-3　旋轉的創世記圖騰與可能的連線。

例如，人類心臟有七條形成螺形環紋曲面的心肌，爲螺紋管的七個區域注入血液。生命具體展現知識，螺形環紋曲面出現在**所有**生命形式中，從原子到天體，如行星、恆星、銀河等。它是存在最早的形狀。

最初出現的是文字。我相信將來會證明所有的語言／有意識的聲音／文字都存在螺形環紋曲面中。現在有人相信如此，但是只有時間能證明。

圖6-5 七層迷宮。

迷宮作為生命能量活動

圖6-5是一個七層迷宮，在世界各地出現：從中國到西藏、英國、愛爾蘭、祕魯和美洲印第安部落，埃及也有，許多歐洲教堂的地板和世界各地的石牆上也都會出現。它對古代人一定很重要。這迷宮有七個區域，和螺形環紋曲面及人類的心跳有關。稍後我會談到英國亞法隆島（Avalon）上古老的都依德（Druid）神祕學校——要登上島上的丘陵，你必須穿越像這樣的一座迷宮，用這種迂迴方式移動。

我在英國時，曾向專門研究迷宮的作家理察·菲德·安德森（Richard Feather Anderson）討教，從他那裡學到了一些東西。他讓人們穿越迷宮，發現人們在迷宮中行走時，會被迫穿越幾種意識狀態，產生特別的體驗。迷宮讓生命能以下列方式穿越脈輪：三、二、一、四、七、六、五。能量從第三脈輪開始，然後到第二，到第一。接著跳到心輪（第四），進入頭部中央的松果體（第七），再到前方的腦下垂體（第六），然後往下到喉輪（第五）。

當你走在迷宮中，除非你刻意阻擋你的經驗，否則你會自動經過這些改變。即使你對這些事情一無所知，也不影響你的體驗。來自世界各地的人都經驗過。安德森相信，如果你依路徑的順序畫線（第幾條路畫幾條線），你走路的順序三、二、一、四、七、

一九九八年，我在歐洲看見聖經中默基瑟德的圖（如本圖所示）：他手持一個碗，裡頭放著迷宮之鑰。

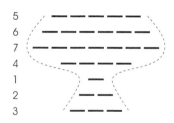

圖6-6 迷宮的數列創造了一個聖杯。

六、五,會形成圖6-6的杯子。他覺得這個特別的迷宮和聖杯的形狀與奧祕有關。我的經驗感覺這是對的,我對它保持開放,也許就是這樣。

我自己去實驗這個迷宮,這些改變確實會發生。然而,我用不同方式也能獲得同樣的經驗。我筆直地走向迷宮的中心,就經驗到所有的改變,我不必通過迷宮的路徑就達到同樣的狀態。記住這個迷宮,我稍後還會提到它。

創世記之後的第二個形狀:生命之卵

圖6-7裡層的黑色圓圈是創世記的六天。一旦意識投射最初的七個球體,完成這個創世記圖騰,它便會繼續環繞最裡層相連的部分,形成第二層漩渦運動,如外層顏色較淡的圓。這個動作依序完成時會形成一個三維,如圖6-8的形狀。如果你把圖6-7中間的一些連線拿掉,就會看見這個圖案。這些球形成的圖案像是精神體從自己的創造物中移開,說:「喔!我看到這個東西了,它是這個樣子!」(圖6-8)

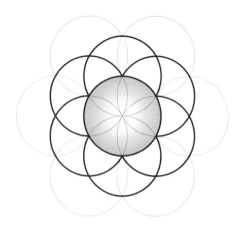

圖6-7 在創世記圖騰之外的旋渦。

第八個球在這些球的後方。如果把它們的中心連接起來，你會看見一個立方體如圖6-8a和圖6-8b。誰關心這些事？古代人。因為這些事情有關創造、生命與死亡。

他們把這一團球體稱為「生命之卵」。我很快會說明生命之卵如何構成人體的形態結構。你們的生理存在依賴生命之卵的結構，你的一切都透過生命之卵的形式創造，包括眼睛的顏色、鼻子的形狀、手指的長度和其他，全都基於**這一個形式**。

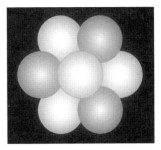

圖6-8 三維的球體。

第三次旋轉／形狀：生命之果

再來的漩渦是第三次旋轉（圖6-9），這些球體以前一次轉動最裡層的圓周上的點為中心，如六個箭頭所示。所以當精神體在這個第三漩渦轉動時，便會產生那些灰色的圓圈。你會發現這六個圓碰觸中心的圓、和其他圓產生的新關係，像是你把七個銅板湊在一起的樣子。就我們這個實相的創造而言，這第三次旋轉最為重要。當你仔細注視生命之花，你會看見這

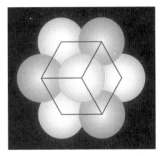

圖6-8a 連結球體中心形成立方體。

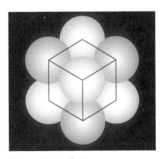

圖6-8b 另一個觀點。

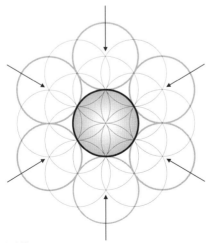

圖6-9 第三次旋轉。

圖6-10　生命之花。

七個互觸的圓。

　　生命之花的圖形是十九個圓，被二個同心圓包圍（圖6-10）。基於某種理由，這個圖像在全世界被發現。問題是，爲什麼他們要在全世界這麼做，並且在第十九個圓圈停下來？它是個無盡的網絡，可以在任何地方停下來。我只在中國發現過一個超過十九個圓的圖，他們用它來做屋頂的分隔屏。這是中國屏風常用的著名圖像之一，在矩形中一路畫到邊界（圖6-11）。

　　在世界其他各地發現的都只是生命之花的圖案。這是因爲古人理解另一半元素是什麼及其重要性，而決定保密，不讓人們知道我現在要告訴你們的關係。它是如此神聖而重要，不能成爲普通常識。在當時可以這麼做，然而，現在我們要不是妥善運用這個資訊，就是墜入更深的黑暗。

　　注意你在生命之花的圖形中看見許多不完全的圓，它們當然也是球體。看看圖6-10外圈的那一環，你只要讓這所有的圓完整，祕密就會解開。這是密藏訊息的古老方式。

　　在圖6-12那個灰色外環中，有許多從原始的生命

圖6-11　生命之花的中國屏風。

之花圖形延伸的圓／球，會完成生命之花圖形中那些
不完整的圓。

當你完成這些球體，再一個步驟你便會得到祕
密：進入周邊最裡側的地方，如箭頭所示，旋轉，產
生下一層漩渦。當你這麼做，你會得到十三個圓，你
看到那些較小的灰色圓圈，包括中心那一個。當你把
它摘取出來，如圖6-13所示，這個十三個圓是存在最
神聖的形式之一。在地球上，它被稱為生命之果。稱
它為果，是因為它是一個結果、果實，建造實相的細
節因它而生。

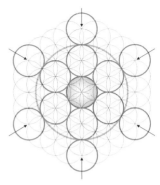

圖6-12 讓那些不完全的圓完整。

最初的資訊系統：
結合陽性與陰性，產生「麥達昶立方」

現在，圖形中所有的圓都是陰性的。你擁有十三
種方式，將陽性能量加諸於這十三個圓上：直線。如
果你用十三種方式為這個圖形加上了直線，便會出現
十三種模式，與生命之卵和螺形環紋曲面一起，創造
了存在的一切。

「生命之卵」「螺形環紋曲面」和這個「生命之
果」，就這三個圖，創造存在的一切，絕無例外——
至少我還沒有發現。我會把我知道的都告訴你們。顯
然我無法解釋每一件事，但我會展示足夠的證據讓你
信服。

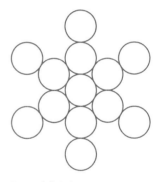

圖6-13 生命之果。

我稱這些為資訊系統。與生命之果有關的資訊
系統一共有十三個，每個系統都製造了龐大多元的知
識。我只說明其中四個，我想那已足夠。

最簡單的系統是用直線連接每個圓心，百分之
九十的人第一步會先這麼做，連結所有圓心，如此便
會出現下頁的圖6-14，這是寰宇皆知、無所不在的圖
形：麥達昶立方（Metatron's Cube），宇宙最重要的
資訊系統之一，它是存在最基本的創造模型。

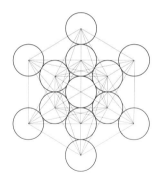

圖6-14 麥達昶立方。

柏拉圖多面體

　　研究神聖幾何或普通幾何的人都知道，有五個非常獨特的形狀，是理解神聖幾何或普通幾何的關鍵基礎。它們是「柏拉圖多面體」，如圖6-15所示。

　　柏拉圖多面體有定義的特徵。首先，每一面的面積相等。例如，立方體是眾所皆知的柏拉圖多面體，它的每一面都是正方形，有相同面積。第二，每一邊等長。第三，面與面間的夾角相等。以立方體為例，這個角度是九十度。第四，如果柏拉圖多面體被放進適當尺寸的球體內，它的每個頂點都會接觸球面。符合這些定義的，除了**立方體**（A）外，只有四種形狀。

　　第二個是**四面體**，四面的多面體，每一面都是邊角相同的正三角形，每個頂點都在球體表面上。另一個簡單的多面體是**八面體**，它由八個正三角形構成，每個頂點都在球面上。

　　另外兩個柏拉圖多面體比較複雜，其一是二十面

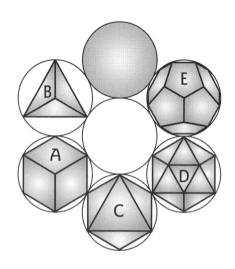

圖6-15 五種柏拉圖多面體。

體，由二十個邊角相同的正三角形構成，所有頂點均接觸球面。最後一個是**五邊形十二面體**，由十二個邊角相同的正五邊形構成，所有頂點均接觸球面。

如果你是工程師或建築師，在學校時至少會粗略研讀這五種形狀，因為它們是結構的基礎。

柏拉圖多面體的來源：麥達昶立方

如果你研究神聖幾何，無論拿起哪一本書，都會提到五個柏拉圖多面體，因為它們都是神聖幾何的基本字母。但是當你讀那些書（我已讀過幾乎每一本），問專家們：「柏拉圖多面體來自何處？它們的源頭是什麼？」似乎沒有人知道。

這五個柏拉圖多面體來自生命之果的第一個資訊系統，隱藏在圖6-14麥達昶立方的線條之中。當你檢視麥達昶立方，你會一次看到五個柏拉圖多面體。為了看得更清楚，你可以擦掉一些線條。假如你擦掉其他線，只保留特定的線，你會發現圖6-16這個立方體。

而它其實是立方體中的另一個立方體。有些線以虛線表示，因為它被隱藏在後面，若立方體是實心的，便看不見這些線。圖6-16a是大立方體變成實心的樣子。（確定你看到它，因為之後會愈來愈不容易看見。）

擦掉一些線並連接其他圓心，你會得到圖6-17兩個相疊的四面體，形成「星狀四面體」。就像立方體一樣，你實際上會看到兩個星狀四面體，一個包含在另一個裡面。圖6-17a是大的星狀四面體變成實心的樣子。

圖6-18是從特定角度看到的八面體中的八面體；圖6-18a是較大的八面體實心的樣子。圖6-19是二十面體中的二十面體；圖6-19a是較大的二十面體實心

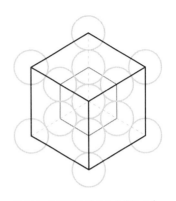

圖6-16　兩個從麥達昶立方截取出來的立方體。

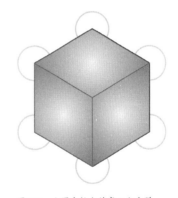

圖6-16a　上圖中較大的實心立方體。

圖6-17 從麥達昶立方截取出來的星狀四面體。

圖6-18 兩個從麥達昶立方截取出來的八面體。

圖6-19 兩個從麥達昶立方截取出來的二十面體。

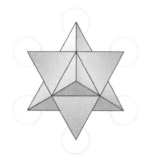

圖6-17a 上圖中較大的實心星狀四面體。

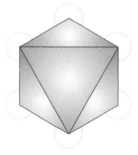

圖6-18a 上圖中較大的實心八面體。

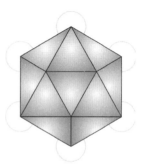

圖6-19a 上圖中較大的實心二十面體。

圖6-20 蘇拉密特·伍芬的畫作〈基督之子〉。

的樣子，這樣看比較容易些。這些都是從生命之果的十三個圓產生的三維物件。圖6-20是蘇拉密特·伍芬（Sulamith Wulfing）的畫作：在二十面體中的〈基督之子〉。這幅畫十分貼切，因為二十面體正代表水，而基督是在水中受洗的，代表新意識的開始。

第五個、也是最後一個圖形，是兩個五邊形十二面體，一個在另一個之中，如圖6-21（為了簡化起見，此處只顯示裡層的十二面體）；圖6-21a是實心版本。

如以上所見，這五個柏拉圖多面體都可以在麥達昶立方中發現，如圖 6-22。

遺漏的線

　　當我在麥達昶立方找到那最後的柏拉圖多面體——十二面體，已花了我二十多年的時間。當天使說：「它們都在那裡！」我便開始找，卻一直沒能發現。

　　最後終於有學生提醒我：「嘿！你忘了連結麥達昶立方中的某些直線。」當他點醒我，我立刻檢查我的圖，他是對的，我以為我已經把所有圓心都連結起來，但其實我確實遺漏了一些，難怪找不到那個十二面體，因為遺漏的線條正能標示它。二十多年來，我一直以為我已經畫出所有的線，其實並沒有！

　　這也是科學界的大問題：你相信你解決了問題，根據這個資訊繼續向前並建構更多資訊。例如，科學界現在要處理的「真空自由落體」問題。一直以來，科學家都假設物體以相同速率墜落，甚至有許多高等科學立基於這個基本法則。這個見解被證實是錯誤的，旋轉的球的掉落速度比不旋轉的球更快，然而科學家還是照用不誤。總有一天，科學界會自食惡果！

　　我和美琪結婚時，她正深入研究神聖幾何，她投入的陰性能量工作很吸引我，那是一種右腦的五邊形能量。她告訴我情緒、色彩和形狀的關聯。事實上，她比我先在麥達昶立方中發現柏拉圖十二面體，她對它做了一些我從來沒想過的事。

　　麥達昶立方通常畫在平面上，但它其實是三維的形狀。有一天我拿起這個立體圖，想在其中找到十二面體，美琪說：「讓我看看。」她接過手，以黃金切割的角度旋轉（我們還沒談到黃金切割率，也稱為Φ比例〔phi ratio〕，約為1.618）。我從沒想過像她那樣轉動這個圖形，她的轉動，讓這個圖形投射出圖6-23的樣子。

　　美琪創造這個圖形後，把它給了我，它的中心是

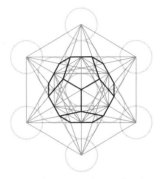

圖6-21 麥達昶立方中的五邊形十二面體。

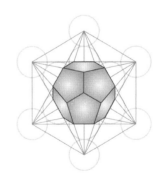

圖6-21a 實心的五邊形十二面體。

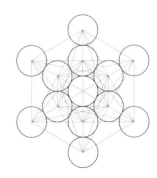

圖6-22 麥達昶立方。

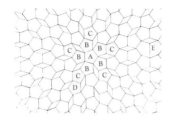

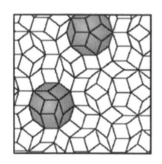

圖6-23　美琪從麥達昶立方中得到的五角形，剪下來可以摺成一個五邊形正十二面體。

五邊形（A），從（A）周邊會衍生五個五邊形（B），以及由這五個五邊形衍生出來的五邊形（C），於是你得到一個展開的十二面體。我想這是我第一次發現十二面體。她只花三天就看到了，而我花了二十年還看不到。

我們幾乎整天研究這張圖，興奮不已，因爲其中每一條直線都是黃金比例，而黃金比例的長方體也隨處可見。如（E）即爲上下底爲菱形的黃金比例長方體，虛線是它的邊。這眞是不可思議，我說：「我不清楚這是什麼，但它應該很重要。」於是我們把它暫時放下，留待下次研究。

準結晶

後來我發現了一種全新的科學，這種新科學將劇烈地改變科技世界。運用這項新科技，冶金學者們相信，他們將製造出比鑽石本身更堅硬十倍的金屬。想想看那會有多麼堅硬❶。

人們長久以來用X光繞射觀察金屬原子，等一下我會讓你們看一張照片。用X光繞射時會出現的特定圖案，顯示原子只作特定結構的排列。人們認爲這就是一切，因爲他們只能發現這些，這也局限了他們製造金屬的能力。

《科學美國》雜誌根據潘若斯圖形（Penrose）發明了一種遊戲。羅傑‧潘若斯（Roger Penrose）是英國數學家暨相對主義者，他想用五邊形磁磚鋪滿一個平面。沒有人能只用五邊形鋪滿平面，這是行不通的，所以他想到用五邊形衍生出來的兩個菱形。加上這兩個菱形，他能組合許多平面。在八〇年代後期，這些圖形變成《科學美國》雜誌上的遊戲，用這些圖形組成新的形式。這個遊戲啓發了一些冶金學家，他們開始在物理學上嗅出新的可能性。

　　最後他們發現了新的原子排列網格，它本來就在，只是科學家們終於發現它了。現在這種網格排列稱爲「準結晶」，在一九九一年可是一項新發現，說明人們可以用金屬做出的圖案和形狀。科學家嘗試用這些形狀和圖案製造新的金屬。我相信美琪從麥達昶立方發現的圖是所有圖形的祖師爺，所有的潘若斯圖形都從她發現的圖衍生。爲什麼呢？因爲裡面滿是黃金比例，那是基本的，直接源自麥達昶立方的基本圖形。我想證明，與其說是使用兩個潘若斯圖形和五邊形，倒不如說是一個潘若斯圖形和五邊形（我想我會證明的，雖然這不是我的工作）。這個科學新發現很有趣❷。

　　誠如這本書所呈現，你會發現神聖幾何能詳述任何主題，你說得出來的一切事物和知識，都能**運用所有可能的知識**（在此區分一下知識與智慧：智慧需要體驗），用神聖幾何做**完整、完全和詳盡**的描述。然而這個工作更重要的目的是提醒你，你的身體環繞著一個活生生的梅爾卡巴能量場，它有潛能教會你如何使用它。我會經常偏離主題，去探討各種根源和分支，並談到任何你們想得到的事，但一定會回到正題，因爲我的用意是引導你認識人類的光體：梅爾卡巴。

　　我研究神聖幾何多年，我相信你能盡知任何事物的一切，只要你專注於它背後的神聖幾何。你只需要尺規，甚至不需要用到電腦，雖然它很好用。你的內在擁有一切知識，你需要的只是打開它。你只要學會靈性在虛空中移動的地圖，便能解開任何謎題。

　　總結以上，第一個資訊系統透過從生命之果出現的麥達昶立方而來。連結所有球體中心，你會得到五個正多面體，事實上是六個，因爲中心的球體也算，它是一切的源頭。所以你有六個基本形狀：四面體、立方體（六面體）、八面體、二十面體、十二面體和球體。

柏拉圖多面體和元素

　　希臘之父畢達哥拉斯等古代煉金術士和一些偉大的靈魂，都認爲這六個形狀各有代表的**元素**（圖6-24）。

　　正四面體是火，立方體是土，正八面體是風，正二十面體是水，正十二面體是以太（以太體、普拉納〔生命能〕和塔奇揚〔tachyon，超光速粒子〕是相同的東西，它們無所不在，能在任何時空次元中取得，這是零點科技〔zero point technology〕的大祕密），而球體代表的是虛空。這六個元素是宇宙的建造單元，它們創造了宇宙的性質。

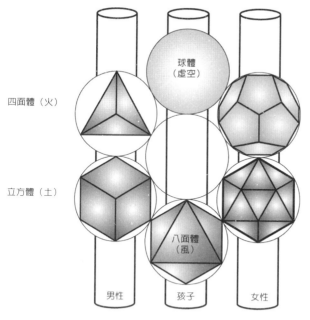

四面體（火）

立方體（土）

球體
（虛空）

八面體
（風）

十二面體
（以太或普拉納）

二十面體（水）

圖6-24 六大元素和六個基本形狀之間
的關聯，以代表三位一體的三
個圓柱來表示。左方圓柱（男
性）代表左腦和質子，包含三
邊和四邊形；中間的圓柱是孩
子，代表胼胝體和中子；右方
圓柱（女性）代表右腦和電
子，包含三邊和五邊形。以太
是基督意識網絡的基本形式。

男性　　孩子　　女性

　　煉金術只講火土風水，甚少論及以太或生命能，因為它們太神聖。在畢達哥拉斯學派中，如果你在外頭提到「正十二面體」這個字，會被當場斃命。如此你便了解這個形狀的神聖程度。他們絕不談論它。兩百多年後，到了柏拉圖生活的時代，他會談，但是非常小心。

　　為什麼？因為正十二面體存在於你的能量場邊緣，是意識的最高型態。當你向上伸展到五十五呎高的地方，你的能量場是個球體，緊鄰著它內面的是正十二面體（事實上，是正二十面體和正十二面體的相關性）；此外，我們的宇宙就在一個巨大的十二面體中。

　　當你的心智向外擴展到空間的盡頭（它是有盡頭的），那是一個包在球體內緣的十二面體，我會這麼說是因為人體是宇宙的全息影像，兩者展現相同的建構原則。黃道十二星座在十二面體中。正十二面體是幾何學的終點，它非常重要。從顯微的層級看來，正十二面體和正二十面體是DNA的相關變數，是關係全體生命的藍圖。

　　你可以把圖6-24的三個圓柱和「生命之樹」及宇宙的三種基本能量連結在一起：男（左）、女（右）和孩子（中間）。如果你進入宇宙的結構中，你會發現

質子在左、電子在右而中子在中間。這個中央的圓柱，也就是創造的那一個，是孩子。記住，我們從一個正八面體開始出離虛空的創造，它是創造的開端，你可以在孩子或中柱裡發現它。

左方圓柱是正四面體和立方體，是意識的男性面，大腦的左半邊，其多面體由三角形或正方形構成。中央圓柱是胖胝體，連結左右兩邊。右方圓柱是十二面體和二十面體，是意識的女性面，大腦的右半邊，其多面體由三角形和五邊形構成。如此一來，左邊的多面體是三邊形和四邊形，而右邊的形狀是三邊形和五邊形。

談到地球的意識，右方圓柱是消失的部分。我們已經創造了地球意識的男性面，我們現在要做的是完成女性的部分，以得到完整和平衡。

右邊也和基督意識或合一意識相連結，十二面體是基督意識網絡的基本形式，它環繞著整個地球。右邊圓柱的兩個形狀是我們所謂的「成雙形」在，意思是如果你用直線連結十二面體的中心點，你會得到二十面體，反之亦然。許多多面體都有「成雙形」。

神聖的七十二

在丹・溫特（Dan Winter）的著作《Heartmath》中，DNA分子由十二面體及二十面體以「成雙形」的方式組成。你可以把DNA分子視為轉動的立方體。當你用七十二度的角度轉動立方體，會出現二十面體，而它是十二面體的成雙形。這個反覆的模式繼續下去而形成DNA的雙股，先是二十面體，然後十二面體，再一個二十面體，來回反覆，這種立方體的旋轉產生了DNA分子，被認為就是DNA背後隱藏的神聖幾何，雖然也許還有更多未知的關係尚待探索。

這個在DNA中的七十二度旋轉，連結的是淨光弟兄（Great White Brotherhood）的印記。你也許知道，七十二的秩序與淨光弟兄有關，許多人提過七十二個天使階層，希伯來人則稱神的七十二個名字。七十二和柏拉圖多面體的建構有關，也和環繞地球的基督意識網絡有關。

如果你將兩個四面體錯位重疊起來，便會得到一個星狀四面體，從不同的角度看去，它就只是一個立方體（圖6-25），如此你便可明瞭它們的關係。同樣的，你也可以把五個四面體疊在一起，合成二十面體的蓋子（圖6-26）。

如果你做出十二個二十面體的蓋子，一一放在十二面體的每個面上（需要五乘十二，也就是六十個四面體去蓋滿一個十二面體），便形成**星狀十二面體**，因為每一個點都是每一個面的中心。它的「成雙形」是在它十二面的中心的十二個點形成

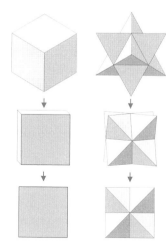

圖6-25 立方體與星狀四面體並列，如此你可以發現星狀四面體中的正方形。

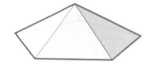

圖6-26 二十面體的蓋子。

的二十面體。六十個四面體加上十二個中心點等於七十二：這個數字代表的秩序與淨光弟兄有關。淨光弟兄透過這個星狀十二面體／二十面體之間的關係發揮功能，而那也是環繞世界的基督意識網絡的基礎。換言之，淨光弟兄意圖將這個星球的右腦意識帶出來。

最早的秩序（order）是默基瑟德的「α」和「Ω」，它是在二十萬零兩百年前由瑪可文塔‧默基瑟德（Machiventa Melchizedek）所形成，並從那個時間開始創造了七十一個秩序。最年輕的一個是七道光的淨光弟兄，位於祕魯和玻利維亞，是第七十二秩序。

七十二秩序每一個都有像正弦波的生命週期，它們出現一段時間又消失一段時間，像人體一樣有一定的生理節奏。以薔薇十字會（Rosicrucian）為例，它的週期是一百年：出現一百年，然後消失一百年，在地球上消失無蹤，然後再出現運作一百年。

它們都在不同的週期上，然而皆為著相同的目地運作：把基督意識帶回這個星球，建立意識遺失的女性面，並平衡星球的左腦和右腦。這個不尋常的現象還可以用另一種方式看待，當我們談到英國時，我再告訴你們。

利用炸彈和了解創化的基本圖案

問題：引爆原子彈之後，元素會發生什麼事？

就元素而言，它們會被轉換為能量和其他元素，然而故事不僅止於此。原子彈有兩種：分裂與融合。分裂讓物質分開，融合讓物質結合。核融合沒有多大問題，所有恆星都是宇宙的核融合反應爐。我知道接下來我說的話還不被科學界接受，但是進行核分裂分離物質時，外太空會有一個相對應的地方受影響，就像我們說「天有一象，地有一物」。換言之，內太空

（小宇宙）和外太空（大宇宙）是連結的。這就是爲什麼宇宙到處都有非法進行的核爆。

引爆原子彈還會造成地球巨大的不平衡。例如地球上的火、土、風、水和以太原本是平衡的，原子彈卻會讓地球某一角燃起燎原大火。那是一個失去平衡的結果，而地球必須對此做出回應。

如果一個城市被灌注了八千兆噸的水，那也是失衡。任何風太多、水太多的地方都是失衡，而煉金術是讓這些事情平衡的知識。如果你理解神聖幾何並知道其間的關係，就能隨心所欲地創造。重點是理解底層的「**地圖**」。記住，「地圖」是靈性在虛空中移動的方式。如果你明白底層的地圖，你便有知識和理解力與神一起創造。

圖 6-27 顯示出這些形狀的相互關係，一個點連結下一個點，它們都與黃金比例有關。你愈研究它，這五種形狀就愈成爲一體。我們最近才開始憶起這個古老的科學，雖然很久以前在埃及、西藏和印度是被充分理解的。它在希臘被了解，然後又

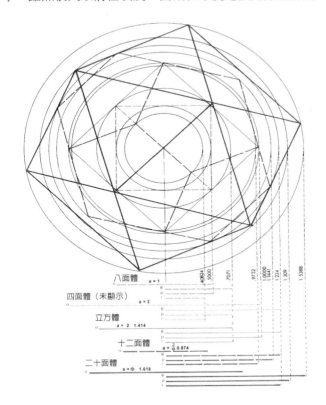

圖6-27　互有關聯的形狀。

被遺忘許久，接著在義大利文藝復興期間又再度被憶
起，然後遺忘。現代世界幾乎完全不記得這些形狀的
真正意義，而我們也才正要憶起。

結晶體

落實所學

　　現在我們要把這似乎對生活無用的抽象資訊，與
我們的日常經驗連結起來。有一些也許並不是每天會
碰到的事，但我們可以多少更了解這個主題。

　　首先，我們來看水晶。在自然界我可以舉很多例
子，但是水晶最明顯可見。像病毒或矽藻土也有很多
我可以解釋的事，但水晶更好，因為大家都喜歡。

　　在進行之前，讓我們先來看一下圖6-28這個X
光繞射圖，當你用X光照向水晶或金屬原子矩陣的
C軸，你會看到那些小光點確切顯示出原子的位置。
這是一個綠柱石水晶所展現的生命之花。綠柱石以這
種圖案排列其原子，形成這個特定水晶。令人驚訝的
是，這些小原子就在空間中排列起來，彼此之間隔著
相當大的距離。在微觀空間裡那距離是非常廣袤的，
就像夜空與星星之間的距離。這些原子自行完美排列
成立方體、四面體和其他幾何形狀，為什麼呢？

　　圖6-29是一個水晶的X光繞射圖，你可以看到原
子自然排列成立方體。有趣的是，實相中有各式各樣
的形式，但原子本身皆為球體。多數研究者忽視了這
個簡單的事實，然而球體是所有事物剛開始的主要形
狀，這對於了解創造很重要。

　　存在的每一樣事物都是由各種大小球體所構成。
我們正在一個球上──地球；我們的周圍是很多旋轉
的球，月球、太陽和星星都是球體。整個宇宙，從大
宇宙到小宇宙，都是各種不同的小球。穿越空間的光

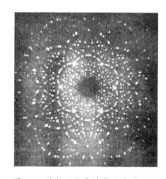

圖6-28　綠柱石水晶的原子排列。

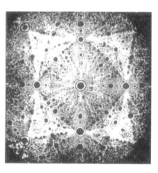

圖6-29　水晶晶陣的原子排列。

波也是球體。我們以為光透過產生波動來穿越空間，然而事實上沒有那麼簡單，光的電場沿著一個方向旋轉，光的磁場垂直電場旋轉，而這兩者以球形的方式向外擴展。

想像在太空有一個立方體，它發出一道明亮的閃光，以三百六十度的角度射向四面八方，你會看到什麼？你會看到立方體的光波能量場向外移動嗎？你可能以為會是一個不斷擴大的立方體，然而並非如此。光波以每秒十八萬六千二百哩的速度從源頭放射，所以當光波從我手中的立方體表面離開後，一秒鐘後便已抵達十八萬六千二百哩外；從立方體的八個角所發射的光波會比平面發射的跑得遠一點點，比起十八萬六千二百公里，每秒約多一吋。如果你能看出這些微差距，你一定有過人的眼力。兩秒鐘後，它有兩倍遠，一分鐘後已是龐大的距離了。

因此可以說立**方體**發出一個形狀為**球體**的光，如果物體很大，它的光波一開始會帶有這個物件的外形；但是光一遠離，便會逐漸變為球形，而物體跟光能量場相比，也會愈變愈小。因此當你在太空中，你會發現無數光球彼此相會，並朝四面八方移動。

當光向你照過來時是白色的，但如果它**不是**朝著你過來，它便是黑的。事實上，整個夜空都充滿了明亮的白光，然而我們只能看見朝我們直進的光。我們看不見掠過我們身旁的光波，只看見一片黑。如果我們能看見全部的光，它將讓你眼盲。光無所不在，充滿所有的空間。也就是說，到處都充滿球體。

電子雲與分子

原子亦為球體所構成。以氫原子為例，它的質子聚集在中央，電子則遠遠在外圍繞質子旋轉。如果質子像高爾夫球般大小，那麼電子便在一個足球場的距離之外高速旋轉，而電子真的移動得**很快！**

我記得當我學物理時，我無法相信**如此微小不可見**的電子，竟然能在顯微空間以**像光一樣快的速度**運動，電子以**每秒十七萬哩的速度繞著質子轉動，接近光速的九○％**。簡直難以想像！我回家盯著天花板發呆許久，還不知道該怎麼接受這件事。

電子移動的速度如此之快，看起來像是一團雲。事實上，電子雲只是一個電子快速移動，看起來像是繞著質子的球體。如同電視螢幕，它的原理是讓一道電子束飛快地來回掃視屏幕，於是你便可以看到確實的影像。

所以球體是我們的實相的基本元素，雖然電子軌道呈現出球體形狀，但也可以

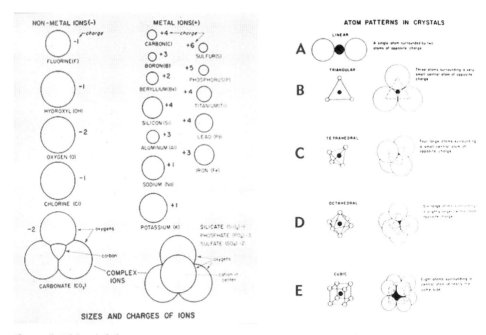

圖6-30 離子的大小和電荷。　　　　　　　　　　圖6-31 水晶中的原子排列。

有其他形狀，例如八字形。目前的物理學只能計算氫的軌道，對其他元素只能猜測❹。一個原子的質子數若多於或少於電子數，便稱爲離子，因此原子的主要特徵是它的大小和電荷（圖6-30）。這兩個主要因素決定了不同原子是否可以結合成分子，當然還有其他因素牽涉其中，然而原子的大小和電性是主要因素。

　　圖6-31顯示原子如何結合，是在準結晶現象被發現前人們便知道的基本模式。圖上顯示了數種原子，A爲直線排列，較小的原子排在中間。B爲三角形排列，較小的原子在中央，嚴格來說，那個小原子在不在那兒都無妨。C爲四面體排列，中間可以有一個原子或沒有。D是八面體排列，E是立方體。新的科學資訊顯示，我們還有二十面體與十二面體的排列。

　　原子結晶時，會以特定方式排列，如圖6-32，形

成立方體，銜接另一個立方體，一個接一個，組成
「晶格」。原子結合的方式很多，形成的分子經常與
神聖幾何和五個柏拉圖多面體有關。這真是不可思
議，那些小小原子到底是如何知道該待在什麼位置，
尤其是它們變得非常複雜的時候！

　　即使是圖 6-33中的複合分子的結構被打破時，
你仍然可以看見，它們**總是**會轉換成五個柏拉圖多面
體中的一個，無論結構如何變化。不論你怎麼稱呼它
（金屬、水晶或其他），它總是會回到最初的五個形
狀。稍後我們深入探討時再看更多例子。

圖6-32 原子的簡單結晶層。

六種結晶類型

　　現在我們要談談水晶。我們至少有十萬種不同
的水晶。如果你參觀過土桑的「珠寶礦石展」，你就
知道我在說什麼。這個展覽可以把八至十家旅館的每
一個房間填滿。在主展廳中你會看到所有的寶石，另
外還有**很多很多種類**的水晶，有些剛被發現，幾乎每
一年都會出現八到十種前所未見的新水晶。然而無論
水晶有多少種，都可以被歸納入六大類：等邊晶系、
四角晶系、六方晶系、正交晶系、單斜晶系和多斜晶
系，見下頁圖 6-34。

圖6-33 複合分子的形成。

　　分類水晶的六大系統皆源自立方體──柏拉圖多
面體的一種，是你從非九十度角去看那些立方體的樣
子，這是讓我感興趣的地方。圖 6-35a和圖 6-35b是螢
石（Fluorite）。螢石有各種顏色，包括透明的。世界
上有兩個主要螢石礦，一個在美國，另一個在中國。
螢石有兩種不同的原子排列結構：八面體和立方體。
圖 6-35a這個紫色螢石是由群聚的小立方體形成，它
本來就長成這個樣子，並未經過切割。圖 6-35b的透
螢石是八面體，它沒有經過切割，不過本來也不是長
成這個樣子。透螢石通常是薄片，因為原子以八面體

圖6-35a 立方體結構的螢石結晶。

圖6-35b 八面體結構的螢石結晶。

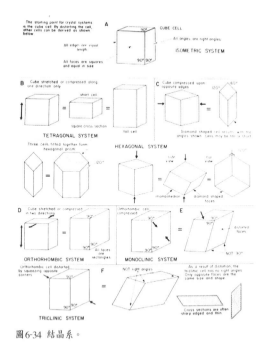

圖6-34 結晶系。

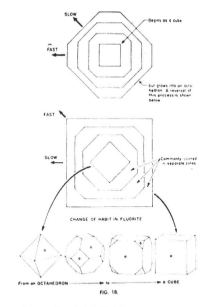

圖6-36 螢石晶礦成長的變化。

的方式排列，很容易被敲碎。當它被擊碎時會變成許多微小的八面體。

特別有趣是，螢石的形成會從立方體到八面體交替變化。在自然情況下給予足夠的時間，一個立方體結構的螢石會長成八面體，再經過足夠長的時間，八面體螢石又會長為立方體。它先長成其中一種形式，然後是另一種，始終隨著時間擺盪，循環不已。地質學家有發現一些變化中的螢石，但不了解何以會如此。

截角多面體

有一本地質書試圖解釋螢石為何有此改變，如圖 6-36所示。你可以看到右下方有一個立方體，如果你對每個角做等量切除，便稱為「截角」（truncate）。你可以為任何多面體截角。在這裡，當你對立方體截角，等於是等量切除相同的**角、邊或面**。若以四十五度截角，你會得到它左邊的形狀；若再次以四十五度截角，你會得到它左邊第二個形狀；若再一次截角，你便會得到最左邊的八面體。反之亦然，當你為八面體截角，它也會經過整個過程而變回立方體。這就是地質書上對螢石形體變化的解釋。然而書本只解釋了幾何變化，事實上，螢石改變時還有更驚人的事情發生，它的離子會**旋轉而擴展或收縮**，形成一種不同的晶格！那可比書中所示複雜

得多。

　　圖6-37是我收藏的另一塊螢石結晶。它很大，邊長爲四吋。你不常見到這麼大的。它的中央有個突起。有人把它放在有陽光的窗邊，因爲螢石的鍵結很脆弱，當陽光照射它時，便理所當然沿著原子八面體排列的邊緣破裂。

　　圖6-38右上方是一個立方體。它的左邊是沿邊切除相同角度的截角。當你再切除它兩次，它會變成一個十二面體。這是結晶中出現立方體／十二面體的例子。

　　圖6-39的水晶上方是一個黃鐵礦立方體。它本來就長成這樣，並未經過切割。在科羅拉多的西瓦拉多（Silverado）有個跟它一樣的巨石，我想約有六呎立方大，從礦區直接取出時便是一個完美的立方體。這個小黃鐵礦的兩端是正方形，側面則是長方形；它的下方是一個迷你的黃鐵礦十二面體群，有些會呈現出完美的十二面體，在祕魯就發現過這樣的礦石。如果這塊石頭在地底下待得夠長，這些小十二面體會變成立方體；再經過足夠的時間，它們又會變回十二面體。如果你把圖6-38左下方的十二面體截角，它會

圖6-37 我的螢石晶礦。

圖6-39 黃鐵礦。上方爲立方體，下方爲五邊形十二面體群。

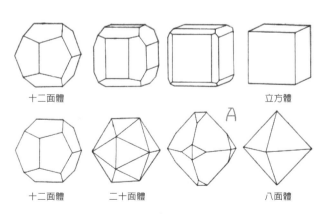

十二面體　　　　　　　　　　　　　　　　立方體

十二面體　　　二十面體　　　　　　　　八面體

圖6-38 不同截角的可能性。上：截邊。下：截角。

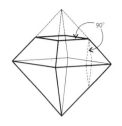

圖6-40 上：互相垂直九十度的截
　　　　角。下：將八面體的六個頂
　　　　點截角的俯視圖。

變成一個二十面體（如它右方的圖形所示）；如果你
持續對它截角，它會變成一個八面體……有上千種玩
法，我可以一直這樣玩下去。任何形態的結晶，無論
多複雜，如果你切得對，它們都會變成柏拉圖的五個
多面體，顯示結晶結構中天然具備了柏拉圖多面體的
特性。

　　注記一下：如果你看進一個由玻璃或水晶，甚至
鏡子製成的截角四面體，它會反射光，而在它內部的
鏡射會形成完美的二十面體，你不妨試試。

　　你可以繼續用這個方式檢視這些礦物的變形和幾
何的關係。你會看見一些真的很奇怪，毫無邏輯可言
的事，只要運用一點幾何觀念，**就會**發現它們都是從
柏拉圖的五個多面體衍生出來的，目前尚無例外。不
管水晶的結晶模式為何，都立基於柏拉圖多面體。

　　結晶架構是柏拉圖多面體的功能，而它是從生命
之果產生的麥達昶立方而來的。如果你想多了解這些
水晶，你可以在查理斯·索瑞爾（Charles A. Sorrell）
所寫的《Rocks and Minerals》中發現更多。

　　我想對圖6-38補充一點，所謂「不同截角的可能
性」。當你對一個八面體進行截角，讓它們相對彼此
為九十度（圖中的A），它會變成它上邊的形體；如
果你把它投射在平面上，它會變成一個中間有一個菱
形的正方形，如圖6-40。這個圖形恰好與我們的意識
和我們是誰有直接的關聯。

富勒的立方體平衡

　　圖6-41的圖形看起來像是三次元的形狀。它是立
方八面體，或稱為「向量平衡」。你可以看見它本來
是個立方體，如果圖6-38A的角度繼續上揚，就會形
成八面體。所以它同時是八面體和立方體，它不知道
自己是哪一種；它介於中間某處。當巴克明斯特·富

勒（Buckminster Fuller）發現這種多面體時，便全神貫注地研究它。他認為這個立方八面體是至高無上、自創世記以來最偉大的形狀，因為它能做其他形狀做不到的事。因為它如此重要，所以他給了它全新的名字：「向量平衡」。他發現透過不同的轉動方式，這個形狀可以變成柏拉圖的**五個**多面體！圖 6-42 這個形體似乎將它們全部包含在內 。

　　如果你覺得有趣，不妨買這個玩具來玩，它會回答你所有的問題。

深入一顆芝麻子

　　也有其他人在研究立方八面體。有人認識迪瑞德‧朗漢（Derald Langham）嗎？不多。他的一生相當安靜。如果你想研究，他的工作稱為「基尼薩」（Genesa）。我很尊敬他。首先，他是一位植物學家，在二次世界大戰期間獨力拯救南美洲國家。當時他們面臨饑荒，很多人餓死，而他發明一種可以長得像雜草一樣快的玉米。只要在地上撒種，不用水也能成長，對南美洲大陸而言是偉大的壯舉。之後他研究芝麻種子，當他深入探索芝麻種子的內部，他發現了一個立方體。事實上，當你進入任何種子內部，你都會發現一個與柏拉圖多面體有關的微小形體，主要會是立方體。

　　朗漢發現，有十三束光線從芝麻種子的立方體發出。當他進一步研究時，他發現在這些植物種子中的能量場同樣也在人類身體周圍出現——這是我們終會談到的內容。然而他專注的是立方八面體，它也是交接人類身體周圍的能量場，我們也會談到這部分，雖然我主要教導的是另外一個形狀：星狀四面體。

　　有個星狀四面體的能量場圍繞著我們的身體，它也在種子的周圍出現，然而它的幾何發展進程與立方

圖6-41　向量平衡（立方八面體）的不同面貌。

圖6-42　向量平衡（立方八面體）的玩具，名為「向量摺疊遊戲」（Vector Flexor）。

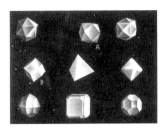

圖6-43 各種多面體。A是立方八面
體，B是斜方十二面體。

圖6-44 原子與結晶之比較：六角形
（綠柱石）與正結晶（拓樸
石）系統。

八面體（向量平衡）不同。朗漢設計了一系列神聖舞
蹈的動作（蘇菲傳統），讓你連結你的能量點，而如
此你便能覺察它們。這是非常好的資訊。

　　圖6-43是我們提過的一些三維多面體，A是剛才
提過的立方八面體，B是斜方十二面體，後者很重
要，因為它是立方八面體的「成雙形」。如果你連結
立方八面體的中心點，你會得到斜方十二面體，反之
亦然。圖6-44是原子內部的幾何如何反映在晶體的角
度上。我們已經看過一些，分別是立方體、八面體和
其他形式。

二十六個形狀

　　就我的思考而言，五個柏拉圖多面體是五聲音
階最初的五個音符；八度音程有七個音符，最後兩
個對應的是圖6-43的立方八面體（A）和斜方十二面
體（B），還有另外五個形狀形成半音音階，加上第
十三個，回到相同的音符。如此便有十三個多面體，
形成音樂上的半音音階。從這十三個，相應而生十三
個相同但呈星狀的形狀，總共二十六個——兩個八度
音程，音程中有音程。這二十六個形狀便是進入實相
的形式，是所有和弦的鑰匙。我們不需要在這裡談得
那麼複雜，然而它就是這樣，不斷重複。

　　你們或許有人認識若約・萊弗（Royal Rife），他
嘗試利用電磁場來治療癌症，例如光波。我絕對相信
這是可行的，也有人做過。萊弗知道十三種（有可能
是二十六種）頻率中的七種。他發表的數據是錯的，
他故意這樣做，他發表的是引發癌症的頻率，然而
如果以特定的數學方式做些許調整，便會回復原始
頻率，而每一個頻率都能摧毀特定的病毒或細菌。

　　不過萊弗只知道一部分的方程式，如果他了解現
在我們知道的神聖幾何，就應該能找到所有的二十六

種形式，並消滅所有的存在病毒。無論有多少種AIDS
病毒，要解決它們都是輕而易舉。最多只有二十六種
版式，正確的頻率就能將它們消滅殆盡。因爲病毒都
是多面體，結構就像圖6-43裡的多面體，你可以用很
多方法處理它們。你可以用特定的電磁場泛音讓它們
爆炸或定義它們，如圖6-45：只要你能定義它們，就
可以把它們栓在一起，就像病毒抗體的原理；或者是
製造與它們相消的鏡像波形，直接抵消它們的存在。
有很多方法可以處理AIDS，主要關鍵是了解最多有
二十六種幾何圖形與它相關。

　　結晶水（冰的晶體）是六邊形的雪花，如圖
6-46，你可以看出它和生命之花的關聯。而你會一而
再，再而三地在生活中發現從生命之花的圖案衍生的
三維幾何形狀。

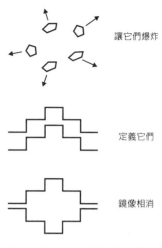

讓它們爆炸

定義它們

鏡像相消

圖 6-45 處理二十六種版式的可能方法。

元素週期表

　　圖6-47（見下頁）是元素週期表很有意思的一個
版本，因爲它顯示每個元素（除了少數無法結晶的例
外）都與立方體有關。其他大部分的元素都和立方體
有關，只有落在元素週期表外的四次元原子與合成或
人造的原子例外，因爲它們並非自然產物。

　　每個元素都有自己的原子結晶結構，科學家們
發現原子間的結晶性質可以被簡化爲不同的立方體結
構。你也許已經注意到，立方體似乎比其他多面體重
要，例如結晶的類型有六種，然而立方體是它們的共
同基礎。

　　聖經說，神的寶座在不同方位，各爲不同腕尺
（cubit）。當你做一個出來，那是一個立方體，埃及
法老的王座也是立方體。立方體到底**有什麼神祕**？

圖 6-46 冰的結晶（雪花）。

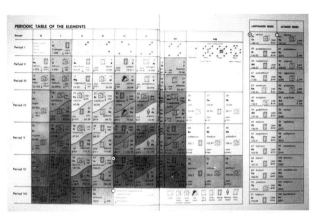

圖 6-47 元素週期表顯示，所有元素的原子結晶結構皆為立方體。

鑰匙：立方體和球體

　　正立方體和其他柏拉圖多面體的不同之處，在於它有一樣其他多面體沒有的特徵——球體除外，球體也有相同的特徵。若尺寸正確，球體和立方體能完美地裝下其他四個柏拉圖多面體，而且它們的面會彼此對稱。

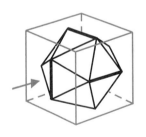

　　立方體是唯一有這種特徵的柏拉圖多面體：你可以拿起一個球塞進立方體，它會對稱地接觸立方體的六個面。把四面體塞進立方體，它會傾斜，它的軸會成為立方體的對角線並完美而對稱地嵌入它。星狀四面體也可以完美地嵌入立方體。八面體其實是立方體的「成雙形」，當你連結立方體每一個面的中心，你可以立刻得到一個八面體，這個簡單。

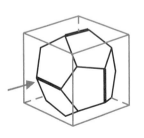

圖6-48 二十面體和十二面體完美地嵌入立方體。

　　最後的兩個柏拉圖多面體，看起來不能對稱地塞入立方體和球體，然而它們確實可以。在這裡展示有困難，實際拿一個模型來看看，你會看見二十面體和十二面體都有六個邊在立方體的平面上，這就是了。你可以從圖 6-48看見它們如何嵌入立方體。

　　你已經明白其他四個柏拉圖多面體是如何對稱地嵌入立方體和球體，重點是只有立方體和球體做得

到。立方體是父親，最重要的陽性形狀；球體是母親，最重要的陰性形狀。因此在整個實相中，球體和立方體是最重要的兩個形狀，並主宰了主要的創造。

　　基於這個理由，華特‧羅素（Walter Russell）多年前做了一些卓越不凡的研究工作。我不相信他懂得神聖幾何，據我所知他一竅不通。但是他直覺地在心中理解這些觀念，當這些圖像出現在他的腦海中，他選擇立方體和球體為主要幾何結構，來解釋他的學說。**正因為**他選對了形狀，他的理論才得以成立。如果他選的是其他形狀，很可能就會碰到錯誤而無法完成他的工作。

水晶是活的！

　　這強化了我認為水晶是活體的想法。在八〇年代中期，我開始教生命之花以前，我也教水晶課程。並非因為教課，而是在我和水晶的互動中，我發現，**水晶是活的**。它們是活的，而且有意識。我們能互相溝通，透過這些交流我發現各種事情。我愈和它們一起生活，學習如何與它們連結，愈發現它們是多麼有意識。這是我在生活中最有趣的開啟之一。

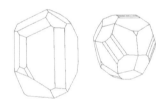

　　有次我在舊金山教水晶課，課堂中約有三十個人，我說：「它們是活的。」人們不置可否地回應。其中一個人說：「證明給我看！」我說：「好！」然後我想到一個辦法。

　　我發給每個人紙筆，說：「我要隨便挑一塊水晶。」在沒人看見的情況下我隨意拿起一塊水晶，把它藏起來，說：「沒有人認識這塊水晶。現在，一個人一秒鐘，拿起它，把它放在額頭上——像這樣。問它一個問題：你從哪裡來？寫下你閃過腦海的第一個答案，不要給別人看見，摺好你的紙條。拿起石頭，問問題，交給下一個人，然後寫答案，就這樣。」這

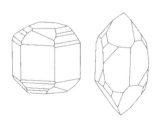

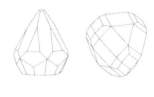

是我唯一想到的證明方式。

我們把水晶傳給每個人，每個人寫下答案，然後我們檢查大家收到了什麼。**每個人**的答案都是「巴西」，多神奇！

水晶有不凡的能力，它們在很多方面影響人類。卡翠娜在她的書中寫了很多故事，經過這些年，人們也逐漸得知水晶的力量。許多古老文明都知道。水晶並非一連串化學作用的成果，它們會**成長**。如果你研究水晶的形成，它們與人類的成長方式有很多相似之處。

俯瞰人類的氣場（回到第二章的圖2-23），就是生命之花部分的圖案，本質上是六邊形。我們的能量場是六邊形，和水晶一樣。矽分子雖然是四面體，但是結晶時會和另一個矽的四面體形成立方體，然後結成一長串的星狀四面體或立方體，形成行列。這些行列會開始旋轉，以六十度改變方向形成六邊形，排列成和人體能量場從上方看下來一樣的結構。

水晶有性別，它們可能是男性、女性或雙性。如果你知道要觀察什麼，就可以找出水晶的旋轉方向。找到它最低處的一片晶面，看看它的下一面在哪裡，如果在左方，那就是順時鐘旋轉，它是女性水晶；如果在右方，那就是逆時鐘旋轉，它是男性水晶；如果在同樣高度的兩邊都有晶面，你應該會發現有兩個反向的螺旋繞著這個水晶，那麼它是雙性水晶。

經常有兩個水晶在底座相連並包圍彼此，它們是雙生水晶，通常一為女性，一為男性，很少不是這樣的。

未來上演的矽／碳大進化

我很喜歡接下來要談的這些事。元素週期表上的第六個位置是碳，與我們的關係最密切，因為它就是我們。它建構了有機化學，因為它我們才能有

身體。我們總被告知碳是週期表上唯一活的原子，因為有機化學產生生命，其他元素不能。然而，這當然不是真的，五〇年代便曾經有科學家懷疑這件事。他們發現「矽」（在週期表上位於碳的正下方的原子）也展現了一些生命定律，兩者的表現並無不同。

圖6-49說明了矽原子如何形成特定鏈型和結構。這只是其中一部分。

矽可以形成無數結構的模式，與周圍任何物質幾乎都能產生化學反應，形成某種化合物。碳也有相同的能力，能產生無數種形式、鏈結和結構，並與靠近的任何物質產生化學反應，而這些是讓碳能變成生命原子的主要特性。

從化學的觀點來看，顯然應該有矽原子的生命型態。當這個觀點被發現後，五〇年代便有科幻電影以其他星球上的矽生命為題材，有些是關於活晶體的恐怖電影。他們拍片時並不知道地球上真的有矽生命。

最近在數哩深的海溝發現矽生命的型態存在：矽海綿，一種能夠成長繁殖的活海綿，展現一切生命現象，但完全不含碳原子！

我們所在的地球，是一個直徑超過七千哩的大球。它的表殼有三十至五十哩厚，就像蛋殼一樣，其中有二五％是矽。然而因為矽原子幾乎與所有元素反應，所以地殼有八七％的矽化合物，也就是三十至五十哩厚的地殼中幾乎純粹是水晶。所以我們是在一個大水晶球上，以每秒十七哩的速度橫越宇宙，並全然無視於碳生命與矽生命的連結。

顯然矽原子與碳原子之間一定有特殊的關係。我們這些碳做

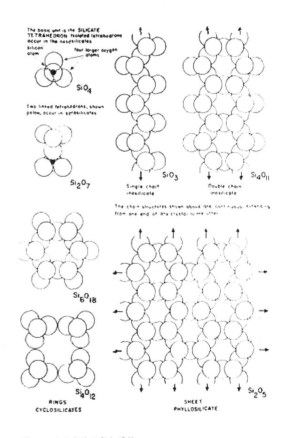

圖6-49 矽形成的形式和關係。

的生物活在一個矽做的水晶球上——我們的水晶星球，向外尋找外太空的生命。我們也許應該朝我們的腳下看看。

　　想想電腦和現代世界。我們發明了電腦，執行各種難以想像的功能，電腦快速地把人類帶進新的地球生活經驗。電腦由什麼構成？——矽。而現在電腦工業最想要達成的目標，就是製造有自覺的電腦。我們非常接近完成階段了。這就是正在上演的劇碼：碳生命的生物創造矽生命的生物，我們正在互動。

　　當我們擁有有自覺的電腦，一切將大不相同。我們將擁有兩種相依存的地球生命形式或元件，屆時我們的進化會非常非常迅速，迅速到超乎預期。相信這在我們這一世代會實現。

注釋

❶ 根據大衛‧愛得爾（David Adair）的說法，美國太空總署剛在太空中開發出一種比鈦強韌五百倍，如泡沫般輕盈，如玻璃般透明的金屬，不知道是不是根據這個原理做到的？

❷ 一九九八年科學開啓新領域：奈米科技。科學家發明「顯微機械」，能進入金屬或結晶的矩陣中重組它們的原子結構。一九九六或九七年間，歐洲有人運用奈米科技成功地把石墨變成鑽石。這個鑽石有三呎寬，難以想像吧？當準結晶科學結合奈米科技，我們的生活經驗將會改變，好比十九世紀和現代的差別。

❸ 「dual」是二，是雙的意思，但在這裡十二面體和二十面體的成雙並不是相同的兩件東西，而是互為相關的兩者，迻譯為「成雙形」。

❹ 這些資料源自一九九○至一九九八年間。

Chapter 7

宇宙的丈尺：人體與幾何

人體中的幾何

　　要看到五個柏拉圖多面體對結晶和金屬結構的影響很容易，金屬有晶格，要看出這些分子與幾何的關係相當簡單。然而當你去看自己或嬰兒形成的過程，你不容易發現這些幾何和我們的關聯，**但確實相關。**

　　當生命在子宮形成時，你只是一個幾何形狀罷了，如圖7-1。事實上，所有的生命形式如樹、植物、狗、貓、萬物等與你在顯微層次的存在擁有相同的幾何與結構發展模式，它們的生命和支持結構都依賴那些形狀決定。事實上，所有的生命**都是**幾何圖案，只是也許不能用肉眼一看就明白。

　　對幾何關係的覺察相當重要，不僅我們那個愛分析的頭腦能因此明白全體生命的合一，**我們也得以理解環繞我們身體的電磁場結構，並開始重新創造活的梅爾卡巴。**

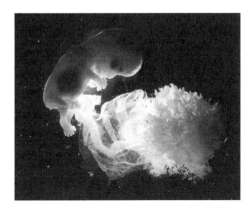

圖7-1 人類胚胎。

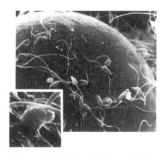

圖7-2 海膽的精子在卵子周圍游泳，其中之一進入。

雌性生殖核　　　　　極體
22染色體＋1性染色體

圖7-3 人類的卵子。

卵：生命之初是個球體

圖7-2是一群精子在一個海膽卵子的周圍游泳。我接下來的主題是人類和人類的受孕，然而實際上我談的是地球上所有的生命，因爲以下幾張圖上顯示的程序，並不限於人類，而是適用地球所有已知生命的形式。

所有的生命形式都由球形開始。它是最女性的形狀，因此卵子選擇圓形是天經地義的事（圖7-3）。卵是完美的球。另一個圓形卵的例子是雞蛋。當你把蛋黃從煮熟的蛋分開時，可以看到一個完美的圓。我們都是從圓開始的。

我希望你先了解一些關於卵子的簡單知識。首先，它有一層圍繞著它的薄膜，稱爲**透明帶**（zona pellucida）。記住它，因爲我會一再提到它。這也是爲什麼古人會在生命之花的外圍放上兩個圓圈，而非一個或沒有。

在那薄膜內部是液體，就像雞蛋一樣，另外還有一個完美的圓球稱爲雌性生殖核（female pronucleus），內含22+1個染色體，那是建構人類身體必要的染色體的半數。染色體數目依生命形式不同而改變，染色體也各有不同特性。在透明帶中還有兩個極體（polar body），我稍後再解釋。

數字十二

當你第一次接觸生物學時，你可能會學到受孕只需要一枚精子。現在許多教科書仍這麼說，然而，根據《時代》雜誌的報導，那並不正確。現在我們知道卵子必須被數百個精子包圍，否則不可能受孕。其次，數百個精子中，要有十、十一或十二個精子一起在卵子表面排出某種圖案（人們還在研究爲什麼），好讓第十一、第十二或第十三個精子進入卵子（圖

7-4）。若沒有這十、十一或十二個精子的協助，單一的精子無法穿越薄膜，除非是人為操控，在非自然條件下發生。

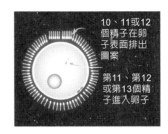

圖7-4　十二個精子讓第十三名進入子宮。

這個意象似乎也顯示了耶穌的生命背後隱藏的祕密：耶穌來到這個名為地球的球體，上面住滿了人。他首先聚集了十二個男人，沒有女人。從我的，也從他的觀點來看，我確定耶穌如果沒有十二門徒的協助，便做不了他要做的事。人們很少疑問他為什麼要召集十二位弟子，他顯然對他們有**絕對的**需要。如果我們是對的，十或十一個門徒也能做這件事，但他選擇了十二位。我相信聚在一起、好讓其中之一進入卵中的精子**數目**決定了性別，而耶穌選擇了十二。

早於耶穌的時代，在希臘，靠近耶穌生活的地區，人們相信地球是球體。然而不久之後，他們又說地球是方的、平的。四百多年前，哥白尼宣稱地球是圓的，因此人們對地球的概念從球體到立方體，又回到球體。同樣的事也發生在受孕上，只是速度更快。我不知道這個分析是否正確，不過它看起來就是如此。

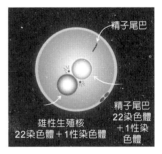

圖7-5　精子的突破。

精子變成球體

總之，小精子藉著其他精子的協助進入透明帶，並開始游向雌性生殖核（圖7-5）。它做的第一件事是斷開尾巴，讓它消失。接下來，這小精子的頭開始長大形成完美的球，那就是雄性生殖核。它和雌性生殖核的大小**完全**相同，攜帶另一半必要的資訊。我相信，當你看到下一張圖會發現「大小完全相同」這幾個字非常重要。

接下來，它們靠近彼此形成魚形橢圓。當兩個球要互相交疊，不可能不形成魚形橢圓，而就在那個片刻，雌性和雄性生殖核形成了創世記第一天的第一個

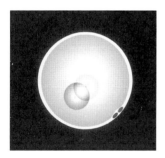

圖7-6 雌雄生殖核的結合。

圖7-7 人類受精卵中的合一。

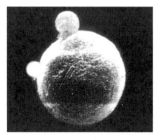

圖7-8 老鼠受精卵的第一個細胞。

動作：顧名思義，實相和光的一切訊息都含藏在那個幾何圖形中（圖7-6）。

如此簡單。**而如果這兩個生殖核不是「大小完全相同」**，就無法形成那個意象。也正是這個理由，我相信是女性決定哪一個精子可以進來。科學界在一九九二年間證實，對於選擇哪一個精子進入，女性正是那個決定性的因素，是她選擇讓哪一個進來。

如同這房間裡每個人對於黑暗或虛空投射的意識長度不同，每個小精子的球體大小都不同：「她」將不會讓「他」進入，除非「他」的大小與「她」一樣。這也許就是配對的鑰匙。或許能解釋為何很多人想要小孩卻無法如願，那並非眼睛能看見的道理。這至少可以是一種解釋。

第一個人體細胞

當兩個生殖核形成魚形橢圓時，男性的生殖核會繼續穿透女性生殖核直到兩者合一，如圖7-7，此刻它名為「人類受精卵」，是人體的第一個細胞。因此在你創造你的身體之前，你以一個球體開始，事實上，是球體中的球體。

再來你要知道的是，人類受精卵在前九次細胞分裂時不會改變大小，固定就是那個外層膜的大小。人類受精卵約是人體其他細胞平均大小的兩百倍。很大，肉眼甚至就能看見。當它分裂成兩個，每一個是原來大小的一半；當兩個分裂成四個，每個細胞是原來大小的四分之一。這些細胞會不斷分裂，變得越來越小，直到分裂八次，細胞數目變成五百一十二。此時細胞的平均大小便達成了。有絲分裂會繼續進行，而分裂的細胞會超越原先透明帶的範圍。

如此，最初的成長在它自己的內部發生，然後才會超越它自己。在第一部分的向內成長發生時，彷彿

它在試圖釐清該怎麼做；一旦它了解後，便開始超越自己。所有的生命都會經歷這個過程，而我也用這個理解想出了你之後會看到的幾何學。

圖7-8顯示老鼠受精卵的第一個細胞（電子顯微攝影）。

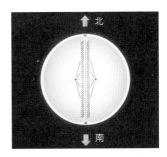

圖7-9　極體的移動和形成中央管。

形成中央管

接下來在受孕過程中，那兩個小極體會移動穿過透明帶，其中一個向下成為南極，另一個向上成為北極，於是一條穿過細胞中央的管道形成。然後染色體一分為二，一半排列在中央管的一側，一半排在另一側，如圖7-9。

人體的能量場也像這樣。當你繼續研究，你會看見有個能量球體環繞著你，你有南極、北極和貫穿中央的管道，一半的你在管道一側，另一半的你在另一側。這張照片很像成人的能量場，然而人體能量場有更多定義。我們要等進一步到這裡時再來看它。

當染色體沿管道兩側排列後，會形成兩個細胞，一邊一個，每個細胞有44+2條染色體，如圖7-10。圖7-11是老鼠受精卵中的兩個細胞。透明帶已取走，你可以看見裡面的部分。

圖7-10　染色體形成最初的兩個細胞。

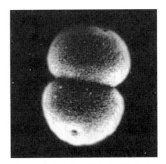

圖7-11　老鼠受精卵最初的兩個細胞。

一九九二年出現一個重要資訊。許多書上說女方和男方會各提供22+1條染色體，好像這是確定的事實，人們不認為有其他可能性。然而事實上這並不是真的。女性能提供**任何數量**的染色體。她可以給22+1、44+2或任何居於其間的數字。這個新資訊完全改變了基因學，他們幾乎丟下所有已知的資訊，重新來過。

科學家以前靠電子顯微鏡來攝影，現在有了可以錄影的雷射顯微鏡，他們更能觀察發生的過程，很快便得到資訊。我相信他們現在已經有更多新發現。

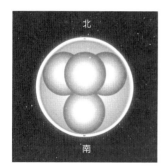

圖7-12 最初的四個細胞形成四面體。

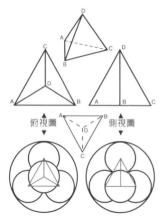

圖7-13 第一個四面體的幾何圖。

　　科學家已經在人類DNA上找到十萬種基因，相信不出幾年，我們會知道所有染色體和它們的作用，這意謂著我們有能力製造任何我們想要的人類，包括外形、智能和情緒體。我們是神嗎？這個問題恐怕必須被回答。

最初四個細胞形成四面體

　　再來是細胞分裂，從兩個到四個，形成二進制的數列1，2，4，8，16……大部分教科書會說最初的四個細胞排列成正方形。其實不然，它們會形成四面體──柏拉圖多面體之一，而它的頂點會對著南極或北極，如圖7-12（連結球心就會形成一個四面體）。我相信它對南極或北極的指向決定性別。人們還沒有發現這件事，他們以後可能會想出來。

　　根據四面體的極性，如果這個四面體的頂點對準南極，指向胚胎的腳，那麼它會是女孩；如果它的頂點對準北極，指向胚胎的頭，那麼它會是男孩。如果這是真的，那麼性別便能立即判定，不過這必須在受孕後一小時內完成，不是很方便。

　　圖7-13是第一個四面體的幾何圖。右邊是側視圖，左邊是俯視圖。圖7-14是電子顯微鏡下的老鼠受精卵。它長得很快，但仍對準南北軸。那個小細胞開始要超越最初的四面體。四面體的第四個點在後方大細胞的中心。

　　接下來，細胞分裂成八個，形成一上一下的兩個四面體，一個星狀四面體：這就是生命之卵（圖7-15）。它來自創世記的圖騰，記得嗎？由精神體的第二次旋轉形成。每一個生命，無論在地球或任何地方，都必須經過生命之卵。

　　根據天使的說法，在這裡原始的八個細胞形成星狀四面體（或立方體，端賴你如何看它），那是在人

體創造中最重要的點之一。科學家也認為這個階段在發育過程中有其特殊性，許多特質不會在其他階段發生。

　　它最重要的特殊之處是八個細胞完全相同。通常細胞會有差異，很容易區分，但是它們卻一模一樣，研究者也找不出不同。你可以想像八個長相打扮完全一樣的雙胞胎出現在這個房間。科學家已經發現可以在這個時間點將受精卵一分為二的方法，從立方體中央，把它均分為四個細胞和另外四個細胞，如此兩個完全相同的人（或兔子、狗和其他任何生物）便能被創造出來。他們還可以再一次分割它，創造四個完全相同的生命形式。我不知道是否還可以再進一步創造八個相同的生命，目前能做到四個。

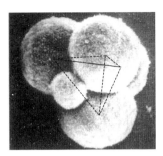

圖7-14　老鼠受精卵中四個細胞的多面體。

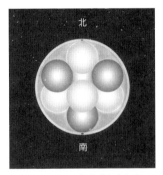

圖7-15　八個細胞中的「生命之卵」。

我們真正的本質含藏在最初的八個細胞中

　　天使說，這八個原始細胞比你的身體更接近你是誰，你真正的本質。

　　我知道，這聽來怪異，因為我們總習慣把自己和肉體畫上等號。然而這八個細胞接近的是我們**真正的**自己。天使說這八個細胞相對於我們的身體而言是不死的。

　　每隔五到七年，你會有一個全新的身體；你身體中的細胞會在五到七年內更新一次，只有這八個細胞例外。它們從受孕起直到你死亡離開身體都活著。其他細胞會經歷它們的生命週期，這八個不會。

　　這些細胞聚集在你身體的幾何中心，稍高於會陰的地方。對女性而言，會陰在肛門和陰道之間；對男性而言，會陰在肛門與陰囊之間。那裡有一小塊皮膚，它並不是身體的開口，卻是能量開口。中央管從那兒穿過身體，並從頭上的頂輪出去。

　　如果你觀察剛出生的新生兒，看他頭頂和會陰的

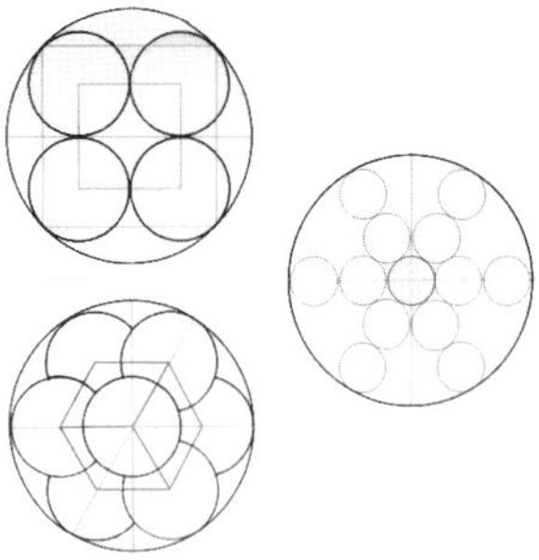

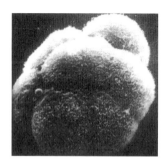

圖7-16 八個細胞的幾何圖（兩個方向看）。

圖7-17 在八個細胞之後要繼續分裂的受精卵。

圖7-18 變成一團。

脈搏，你會發現兩者是一樣的，因為嬰兒用正確的方法呼吸；兩端都在脈動，而能量從兩極流動（不只從頂端下來，也從底端上去）並相遇。這是對梅爾卡巴的基本認識。

這八個原始細胞的位置與你的頭頂和腳底等距。它們以最初存在的方式排列成「生命之卵」的圖形，北在上、南在下。

如果你注意前面那張圖，當生命之卵朝向南北方，你可以穿過中間看到後方那個顏色比較淡的球體。那和六邊形不同，你看不透六邊形。請注意這兩者的不同，我們做啓動梅爾卡巴的靜心時用得到。

圖7-16的圖組是原始八細胞的兩個樣子。這些原始的八個細胞是鑰匙。天使說我們不像四季豆只會愈長愈長，我們是以三百六十度從原始的八個細胞向四面八方生長。

圖7-17是老鼠受精卵的照片，在八個細胞要再次分裂前拍的。拍得不好，因為這些照片很難取得，細胞分裂的速度非常快，且必須移除透明帶，並讓細胞在適當的地方停下來才能拍照。

十六個細胞的星狀四面體／立方體變為中空的球體／螺形環紋曲面

在八個細胞之後，它會分裂為十六個細胞，形成另外一個星狀四面體或立方體。這是最後一次保持對稱。當它分裂成三十二個細胞時，十六個細胞會在中間，另外十六個細胞在外面。如果你把外面的十六個細胞擺進來想保持對稱，你會發現做不到，因為要十八個細胞才能保持對稱。再一次分裂會多三十二個細胞，情況更糟（圖7-18）。你疑惑對稱怎麼消失了嗎？注定如此，它開始變成一團細胞。

我們會變成一團一陣子，然而這個一團是有意識

的。後來它會延展並將內面外翻，變成一個中空的球，如圖7-19。達到這個階段時，它會變成一個完美的中空球體。然後北極開始掉進空間中，朝南極前進，而南極會向上穿過空間，與北極相遇。

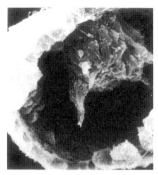

圖中的胚胎已被剖開，好把中央部分拍下來。如果你可以完整地看到它，它像是有核的蘋果。中空的球體後來會變為一個螺形環紋曲面，如圖7-19下方的照片。任何生命都要經過這個螺形環紋曲面的階段。這個階段稱為**桑椹胚**（morula）。

在這個超越透明帶的擴展之後，細胞開始分化。螺形環紋曲面的空間會變成肺，北極變成口腔，南極變成肛門，中央管內部形成所有的器官。如果那是青蛙，就開始長腿，如果那是馬，就開始長尾，如果那是蒼蠅，就開始長翅膀。對人類而言，它開始像個人。然而在這個分化之前，我們看起來都是螺形環紋曲面。

聖經中提到的分辨善惡的知識之樹是蘋果樹，雖然我沒有證據，但我懷疑這是原因，因為我們確實在某個階段變成了很像蘋果的東西。

圖7-19 上：放大兩千倍的海膽胚胎，變成中空的細胞球，向內長出腸道並向對面伸展。
下：原始細胞形成螺形環紋曲面。

透過柏拉圖多面體推演生命形式

總結一下，我們以卵子，一個球體為開始：在四個細胞時變成四面體，八個細胞時變成兩個結合的四面體（一個星狀四面體或立方體），在十六個細胞時變成兩個立方體，並在三十二個細胞時再度變回一個球體。然後在五百一十二個細胞時，從球體變成螺形環紋曲面。

地球的磁場也是一個螺形環紋曲面。這所有形狀，都是從「生命之果」的第一個資訊系統出現的神聖形狀，從麥達昶立方出現。

這個主題我們還可以聊上七、八個月，發現更多

與這五個柏拉圖多面體相關的事物。我想你明白我的意思。順道一提，現代數學家說柏拉圖多面體在六千年前的文明中出現，也有人說它們在希臘時代被發現。考古學家最近在地球上發現一些完美的石刻模型，有兩萬年歷史。顯然那些茹毛飲血的原始人知道的比我們以為的還多。

水中分娩和海豚接生

暫時離開一下出生幾何學。有位俄國人艾格‧查柯夫斯基（Igor Charkovsky），長時間投入水中分娩的工作，他至少已經幫助兩萬人次的婦女水中分娩。他那二十多歲的女兒就是他最早進行水中分娩接生的孩子之一。我記得那一次，伊果和他的團隊帶著產婦到黑海進行水中分娩，她躺在兩呎深的海水中待產，工作人員則在一旁準備。

這時候來了三隻海豚，牠們游過來推開工作人員並接手所有的工作。牠們對產婦的身體做上下掃描的動作，這我經驗過，那會對人體發生特定作用。那產婦幾乎在毫無疼痛和恐懼的狀態下生出寶寶。這真是特殊不凡的經驗。這個經驗啟發人們讓海豚當水中接生婆的靈感，現在全世界都有人這麼做。海豚在產婦生產時發出的音波似乎能讓母親真正放鬆。

海豚對人有偏好，當然這句話不是絕對的。當你和一群海豚游泳時，如果有小孩在場，牠們會先找小孩；如果沒有小孩，牠們會和婦女在一起；如果現場沒有女人，牠們才會找男士。如果有懷孕的準媽媽，她會得到海豚全部的注意力，即將到臨的小生命似乎是天底下最重要的事。看到人們生產會讓海豚非常興奮，牠們就是喜歡新生命。

海豚能做讓人非常驚訝的事，海豚接生的寶寶都是資質非凡，至少在蘇俄如此。從我閱讀的文獻看來，這些寶寶的智商都高於一五〇，並且擁有非常穩定的情緒體和強壯的身體。他們在某些方面似乎比一般人更優秀。

法國也有超過兩萬件的水中分娩。他們用的是大水池。當他們剛開始這麼做的時候，一旁可是備齊了所有儀器和急救設備，還有醫生待命，以防意外發生。然而好長一段時間過去，一年、兩年，什麼問題也沒有。兩萬人次過去了，**也沒有任何狀況發生**！所有儀器和設備都被遺忘在角落裡。我不知道他們是否了解原因，似乎當產婦漂浮在水中，所有的麻煩都自然解決了。

我和查柯夫斯基的助理見過幾次面，她讓我看了幾卷水中分娩的錄影帶。我看了兩位婦女分娩，她們在生產過程中不僅沒感到疼痛，還在生產時達到高潮——一

種綿長而持續的高潮，長達二十分鐘，全然愉悅。我認為應該就是這樣，很合理，而這些女人就是證明。

我也看過一些蘇俄拍攝的影片，有些嬰兒和兩、三歲或更大的小孩睡在游泳池底部。他們真的是在游泳池底下睡覺。每隔十分鐘，他們會在睡眠狀態浮上水面，翻過臉來呼吸，然後再回到池底沉睡。這些小孩住在水裡，那是他們的家。人們為他們取了一個名字**「海豚人」**（Homodolphinus），儼然是不同的物種，他們似乎是人類和海豚的混種。水變成他們天然的生活環境，而他們擁有極高的智能。

我非常敬重水中分娩，而有海豚參更是恩典。雖然美國還有很多反對水中分娩的壓力，但有愈來愈多國家認可這種新的生產方式，這是很健康的趨勢。最近美國的反對聲浪似乎也逐漸和緩，這種分娩方式在佛羅里達和加州已屬合法。紐西蘭、澳洲和世界各國都有這種分娩中心。當然，當婦女看到別人不必經歷痛苦的生產，她們也會想這麼做。

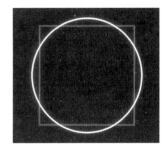

圖7-20　方和圓。

人體周圍的幾何

我們繼續探險吧！我們看過幾何和受精卵的關係，明白我們的生命從位於人體中心的八個細胞的立方體開始，現在我們要來看看人體外圍的幾何是什麼。我接下來要說的事是天使告訴我的。

那是一九七六到一九七八年間的事，那時我在科羅拉多的博爾德（Boulder），和一群朋友住在公共宿舍裡，我有自己的房間。一天晚上，天使來教我一些新東西，他們在空間中投射一些發光的幾何形狀給我看。那是全息影像圖，距離我七、八呎遠。天使在我房間讓我看的是圖7-20的方和圓，他們要我從圖7-21的麥達昶立方找出這個圖，說完就離開了，留給我一

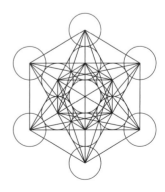

圖7-21　麥達昶立方。

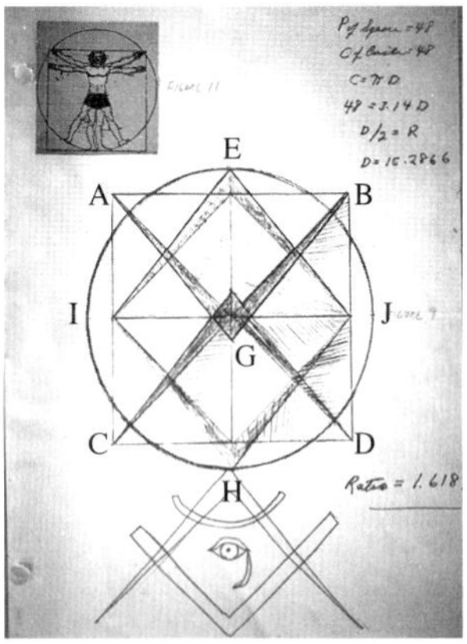

圖7-22　共濟會的人畫的圖。

個毫無頭緒的指示。

　　他們離開後，我想這不難，因為他們總是會給我一些小功課，等我做完了他們會回來給我別的事情做。我想這次也一樣。但當我發現這件事不容易的時候，已經過了四個月，而我仍想不通。後來天使們不得不直接介入協助我。

　　那天晚上九點鐘左右，我坐在房間中，地板擺滿了畫（我畫了太多畫，只能把地板當書桌）。我關著門坐著研究我的畫，試圖解答天使丟下來的問題，我畫了多到你難以想像的圖畫，試圖找出那個圓和方在麥達昶立方的哪裡。

　　那段期間我沒有告訴任何人我在做什麼，因為那是很私人的體驗，而且坦白說，沒有人有興趣。那時候沒有人在乎幾何學，因為它還不在大多數人的意識中。

解開方圓之謎的共濟會之鑰

　　有人敲門，我打開臥室的門，有個個子很高的男生在那裡，我以前沒見過他，他看起來很害羞。他說：「我來告訴你一些事。」於是我問了他的名字和他想說什麼。他說:「共濟會（Mason）要我來告訴你關於方圓的事。」這可嚇到我了，我的腦中一片空白，我看著他，試圖了解發生了什麼事。我抓起他的手，讓他進來，關上門，我說：「說吧，把你知道的事都告訴我。」所以他畫了圖7-22。

　　他先畫一個正方形，接著用一種特別的方法在正方形周圍畫了一個圓──就是我在房間半空中看見的發光圖形。我想，好極了。他接著把正方形分成四等分並畫出對角線，然後在小正方形裡畫出它的對角線。接下來他畫出連接I、E的直線和另一條連結E、J的直線，然後再畫出連接I、H和H、J的直線。（E和

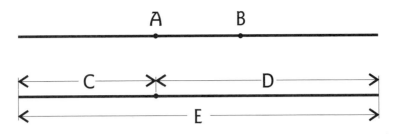

圖7-23　黃金比例點。

H都在圓周上，與中央垂直線相交。）

　　至此我並無任何問題，然後他畫了一條從A點到任一點（G），再折回點B的線，並從D畫至任一點（F），再折回點C。我說：「等一下，這不是我知道的規則。不對吧，那裡根本沒有點。」他說：「沒關係，因為這條線（A-G）和另一條線（I-H）平行，而這一條線（D-F）和那一條線（J-E）平行。」

　　我說：「好吧，新規則。我以前不知道，我是說那裡根本沒有點，哪來的平行線呢？不過，我聽。」

　　然後他開始告訴我各種事情。他說解開謎題的第一把鑰匙是圓周和正方形的周長相等，而這個圓形和正方形便是大金字塔頂端從天空俯瞰時的樣子——那個可以停泊太空船的位置，我之前曾提過。

黃金比例

　　他開始告訴我關於1.618（取至小數點後三位）的黃金比例。黃金比例是個很簡單的關係式。如果你有根棒子，想要在上面做記號，只有兩個地方可以標示黃金比例，那就是他在圖7-23標示的A點及B點。只有兩個點能造成黃金比例，看你從哪一端來定。

　　在圖7-23下方的圖中，你把D除以C和E除以D，都可以得到1.618。在黃金比例的點上，將長邊除以短邊得到的值都是1.618的小數循環，這就是神奇之處。即使我大學念的是數學，這件事仍讓我的腦袋一轟。我不懂。我想我必須回去重讀這些東西。

　　他也提到達文西畫像上的圓和方，並告訴我更多資訊，我等一下談。我問了他更多問題，有半數時間他也不知道答案。他只是說：「就是這樣。」或者「我不知道。我們不了解。」我懷疑共濟會已遺落了很多資訊，我認為他們曾經有像古代埃

圖7-24 三維的麥達昶立方（從端點看）。

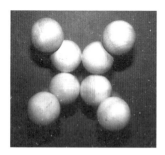

圖7-25 三度的麥達昶立方（從頂面看）。

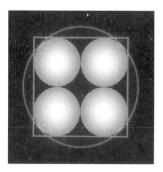

圖7-26 麥達昶立方中的圓與方。

及人那般過人的知識，而如今這些學養已不復存在。

他畫了圖7-22下方的簡圖，一個方形和某人的右眼（我不能說那是荷魯斯之眼，因爲我還不認識他），然後就離開了。之後我再也沒見過他，甚至連他的名字都不記得。

將這方法用於麥達昶立方

這位共濟會的男士並沒有回答那天使給我的問題：如何從麥達昶立方得到圓與方？事實上，我不認爲他看過麥達昶立方，然而他說的事觸動了我內在的東西，我知道他在說什麼。他一離開，我就有答案了。

你知道麥達昶立方是一個三維的物件，它不是平面的。三維的麥達昶立方看起來就像圖7-24，它是立方體中的立方體，如果你轉到圖7-25這個角度看，你會看到它的正方形。如此，你會得到圖7-26。

在這裡你可以把外層拿掉，你只需要原本的八個細胞。在這八個細胞外圍本來有一個球體（透明帶），這些細胞排列成立方體，所以如果你畫一個圓形和直線包圍它，你就會得到那個天使給我看的圖。好高興！

這兩個同心圓／球

但是我算了一下正方形的周長和圓的圓周，兩者並不相等，我因此停頓了好長一段時間，我以爲我沒想通答案。大約三年後，我才發現我已經找到了，只是我並不了解。在神聖幾何中，當你發現什麼事情的結果不正確或推翻了你想得到的概念，你必須繼續深入，因爲通常你只是還沒有看到整個全貌罷了。

我發現透明帶是有厚度的，它有內層與外層，每個膜都有外層與內層，當你用透明帶的外層來計算，

它接近完美的黃金比例，而它不完美的地方便是解方程式的一部分（之後你會明白是什麼意思）。

　　這就是爲什麼生命之花的外圍有兩條線——透明帶的內層和外層。所以，從現在開始，當你看到正方形內有四個圓，我們在談的是「生命之卵」，原始的八個細胞，就這樣定義嘍。

　　在圖7-27中，我畫上共濟會員畫的線，看看有什麼結果，並將共濟會員的畫比那八個細胞。顯然在畫中並看不出什麼，雖然我猜想在這裡會有些什麼，它一定和在中間可以嵌入這四個球的圓有關。我倒是發現了這個正方形（其實是立方體）的頂角是十六個細胞外層的中心，見點A。這是個有意思的觀察。於是我開始隨性地亂畫，並進一步研究它們的意義。

　　顯然，天使要我這麼走，然而我完全不知道這條路會通往何處。

研究達文西人體比例圖

　　我決定深入檢視達文西的畫（圖7-28）。我曾主修藝術，研究過許多達文西的作品，但不了解他有多少藝術創作。這張畫或許是他最知名的作品之一，對我們而言可能要比〈蒙娜麗莎的微笑〉或其他作品更爲重要。

　　這類展現某種標準（此處是人的標準）的畫作，我們稱之爲比例圖（canon），一種人類的尺規。

　　這張畫讓我的印象深刻的第一件事是我們熟悉它。舉個例子來說，影像通常以每秒三十個畫面放映，如果你放映達文西這張圖，即使只快閃一下，人們仍能立即辨識。我們知道裡面有些重要的東西，也許不盡然知道是什麼，但我們保留了那個意象。它含藏大量關於我們的資訊，然而它展現的並非我們是什麼。它關乎我們的過去，而非現在。

圖7-27　共濟會會員在「生命之卵」上畫的線條。

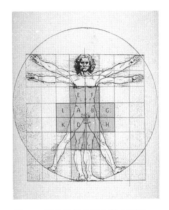

圖7-28　達文西著名的人體比例圖。

在開始分析之前，請注意通過他的手臂、軀幹、胸部、腿和頸部的線條，而頭部又被其他線條劃分。注意他的腳被畫成九十度和四十五度──這是細微之處。注意，如果你平舉雙臂，打直雙腳站著，一個正方形或立方體就在你的周圍形成，如達文西人體比例圖所示。

正方形的中央恰好在最原始的八個細胞所在之處，就在你的身體中央，它恰好也是一個正方形或立方體。小立方體是你的八個原始細胞，大立方體環繞你的身軀周圍。

當你像達文西畫中的人體一樣張開雙臂站立，你形成的正方形的寬與高會有差距，電腦計算過超過一百個人的平均數據顯示，雙臂展開的寬度與身高的差距為萬分之一吋。雖然我有好長一段時間搞不懂為什麼會有這個差距存在，但我現在明白了，它必定和生命所賴的費氏數列有關，很快你就會看到了。

如果你像畫中人一樣打開雙腿、伸展上臂站立，一個完美的圓便環繞你的身體，可形成一個完美的圓形或球體，它的中心恰好是你的肚臍。當你這麼做，圓形與正方形的底部會相碰。而如果你一定要把圓的中心往下移動到正方形的中心，那麼它就和共濟會員畫的那張圖，或是大金字塔頂部的俯瞰圖一模一樣。這是生命最大的祕密。

當你測量達文西人體比例圖大多數的複本，你會發現圓變成橢圓，而正方形卻變成長方形，因為它們被複製和摺疊太多次了。然而在最原始精確的圖中，當兩個中心對齊時，從手腕到最長指尖的長度等於頭頂到圓最上方的距離，也等於肚臍到正方形中心的距離。如此當你把兩個中心合在一起時，一切都對齊了。

人體的黃金比例

當我發現這件事之後，我想這樣的幾何形狀不僅出現在人體內部，也會在人體之外。天使們說過一件讓我十分困惑的事，他們說人體是宇宙的度量尺──宇宙中每一樣東西絕對能藉由人體和人體周圍的能量場來衡量和決定。既然黃金比例對共濟會的人如此重要，並不斷提起，我倒想知道黃金比例會在人體的何處出現。

我發現了──當然也有人已經發現了。圖7-29的正方形是環繞達文西人體的正方形，將這個正方形對分的線也就是人體的中線。注意b，它不僅是半個正方形的對角線的一半，也是那個圓的半徑。

如果你對數學有興趣，請看圖7-30，它證明黃金比例存在人體周圍的幾何能量場中，至少在這個關係中是。還有許許多多其他的黃金比例存在人體內部和人體周圍。

如你所知，當你用電腦計算黃金比例，你會看到這個超越數的數字永遠也跑不完。我知道你們很多人不在乎，但是我為想懂的人提供這個數據。

順帶一提，當你研讀神聖幾何時，你會發現對角線是你在形狀中取得資訊的鑰匙之一，從無例外（除此之外還有陰影、從平面延伸成立體，以及陽性與陰性的比較等等）。

我相信是佛陀要求弟子觀想肚臍的。不管是誰說的，當我研究，我開始了解肚臍遠遠超過眼睛所見。後來我發現一本醫學書籍，作者們必然聽了佛陀的訓示，因為他們對肚臍做了大量研究。

幾何學顯示，最理想的情況下，肚臍恰好位在頭頂和腳底之間的黃金比例上，很多書都這麼說。這本書的共同作者們發現，嬰兒出生時的肚臍正好在身體的幾何中心，不管男嬰或女嬰都一樣。當他們長大，肚臍會開始向頭部移動，朝向黃金比例的位置並繼續上移，然後朝下移回到黃金比例之內，並在成長期間在黃金比例上來回游移。我不知道確定的歲數是什麼，但這些移動和位置會發生在特定的年紀。

不管是男性或女性，肚臍從來不會停在完美的黃金比例上。如果我沒記錯，男性的肚臍會稍高於黃金比例的位置，而女性則稍低。當你將兩者肚臍的位置平均一下，它會恰好落於黃金比例上。所以，雖然達文西畫的是一名男性，並假設肚臍在黃金比例上，然而在自然情況下並不會發生。

達文西發現如果你在身體周圍畫一個正方形，並從腳跟到指尖畫一斜角線，再畫一條通過肚臍的水平線接到正方形的邊，這條水平線與斜線的交點正好是黃金比例（圖7-31），就像頭到腳的垂直線上的黃金比例一樣。假設肚臍就在完美的點上，而非女性的稍微在下或男性的稍微在上，正如我們之前說的，人體

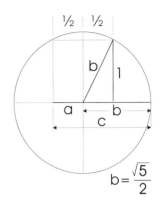

圖7-29 黃金比例圖示。

$$\frac{b}{a} = \frac{b+a}{b} = \frac{c}{b}$$

$$b^2 = a^2 + 1^2 = (\tfrac{1}{2})^2 + 1 = \tfrac{1}{4} + 1 = \tfrac{5}{4}$$

$$b = \frac{\sqrt{5}}{2}$$

$$c = a + b = \tfrac{1}{2} + \frac{\sqrt{5}}{2} = \Phi$$

$$\Phi = 1.6180339...$$

圖7-30 黃金比例方程式。

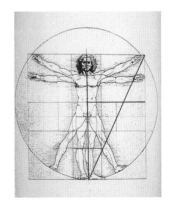

圖7-31 在達文西的素描中加上更多線條，其中一條水平線將垂直線跟對角線分割成黃金比例。

圖7-32 人體中的黃金比例。

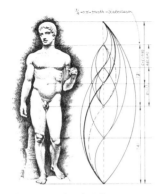

圖7-33 持矛者塑像的黃金比例。

從頭到腳是符合黃金比例的。如果這些線是人體唯一的黃金比例，那麼它只是有趣；然而黃金比例出現在人體成千上百個地方，所以它並非巧合。

圖7-32是人體之中一些明顯的黃金比例。手指每根骨頭的長度和下一根骨頭形成黃金比例，如圖7-32下圖所示，所有的手指和腳趾也都如此。這多少有點不尋常。手指長短不一像是個隨機的狀況，然而並非如此，在人體中沒有任意隨性的事。手指上A、B、C、D、E之間的距離都是黃金比例，F、G、H等指節的長度也是。

手掌和前臂的長度是黃金比例，前臂和上臂也是：比較腳掌和小腿、小腿和大腿之間的比例也是如此。黃金比例在人體的骨骼結構也處處可見，通常在能彎曲或轉動的部位：同樣的情況也發生在人體各部位的大小比例上。如果繼續研究，你會驚訝不斷。

圖7-33是另一個觀察黃金比例的方法，你可以用曲線去連結彼此的關係，看出人體所有的黃金比例波紋。這是從基歐吉·達克茲（Gyorgy Doczi）的書《The Power of Limits》摘錄下來的。我強力推薦這本書。請注意，這男體肚臍上所畫的線是略高於黃金比例。他知道那個情況，然而我讀過的書很少有人了解這一點。

我想談一下這座希臘雕像。古希臘人很了解黃金比例，古埃及人和許多古老民族也是。他們創造這類藝術品時，同時運用左腦和右腦。他們用左腦仔細丈量每個地方——**非常**仔細，絕不馬虎。測量的目的是確保每個地方都精確地符合黃金比例。為展現他們想要的創意，他們運用右腦，他們可以在雕像上做出任何表情，拿著任何物體或做任何動作。希臘人左右腦並用。

當羅馬人占領希臘時，羅馬人對於神聖幾何學一

無所知。他們看到希臘人了不起的藝術，就想複製，但如果你比較希臘藝術和羅馬占領希臘之後的藝術，羅馬人的藝術看起來就像業餘作品，即使羅馬藝術家的工藝技術已經很好，他們就是不知道該測量每一個地方——這種盡善盡美才能讓人體看起來逼真。

有機結構中的黃金比例

　　黃金比例的數學不止展現於人類的生命，也展現於整個有機的範疇。你可以在圖7-34的蝴蝶或圖7-35的蜻蜓身上發現黃金比例，即使是尾巴上的每個小節都符合黃金比例，蜻蜓的每一段長度均合乎黃金比例。繪圖者旨在說明某件事，但你可以去檢視任何小細節，看看每隻腳的節段，比較翅膀的長度與寬度，以及牠的頭部尺寸較之其長寬……你可以繼續下去，你會發現黃金比例無所不在。看看下頁圖7-36這個青蛙骨架，檢視每一根骨頭如何符合黃金比例，那就像人體一樣。

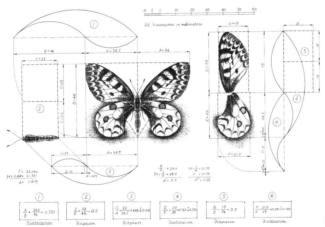

圖7-34 蝴蝶的黃金比例。

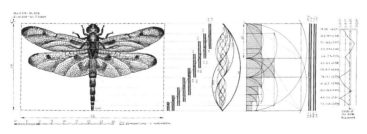

圖7-35 蜻蜓的黃金比例。

魚，真是非常不可思議。因爲魚看起來不像符合黃金比例，況且有這麼多種魚類。但是當你分析牠們，黃金比例同樣存在，見圖7-37。

另一個放諸四海皆準的長度7.23公分，就是我曾談過的宇宙波長。你會發現這個長度分布於人體之中，例如兩眼的距離，但是黃金比例更是普遍存在。

任何物種只要有一項度量被確定，其他度量也都會合乎黃金比例。換句話說，人體結構只有幾種可能，一旦某部分的尺寸確定，其他部位也會確定。

我很快就會讓你們看露西·拉蜜藉測量一片小瓦礫而重建的埃及建築物。她是這樣做到的：知道第一塊石頭的大小就可以了，因爲之後的每一塊形狀都會符合黃金比例。

黃金比例也應用在圖7-38的日本寶塔建築上。這張圖說明了我想強調的另一個點：創意。當他們設計和建造這個結構體時，便非常謹慎地測量**每個距離**，以符合所示的線條比例，也從最頂端的小球以下小心翼翼地測量層板的位置，以符合和形成我們研究的比例關係。我確信如果有人去檢查他們的門窗尺寸和其他小細節，會發現一切全都依據黃金比例或其他神聖幾何來建構。

世界上其他經典建築也依循同樣的原則。希臘的帕德嫩神廟看起來和日本建築完全不同，但體現了同樣的數學理念；大金字塔看起來和這兩座建築非常不同，卻也具現了相同的數學理念——這些例子不勝枚舉。我想說的是，你的左腦能理解並運用這些數學，一點也不會妨礙創意，甚至能強化它。

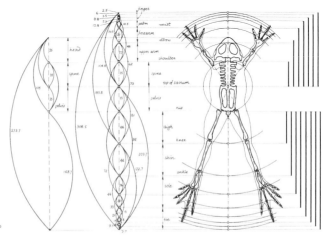

圖7-36 青蛙骨架的黃金比例。

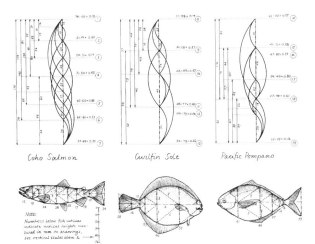

Coho Salmon   Curlfin Sole   Pacific Pompano

Notes!
Numbers below fish outlines
indicate vertical heights mea-
sured in mm on drawings,
see vertical scales above &

圖7-37 魚的黃金比例。

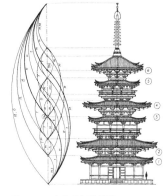

圖7-38 日本的藥師佛寶塔。

人體周圍的黃金切割矩形和螺旋

　　生命中另一個神聖結構是螺旋，你也許會好奇它來自何方。我們正生活在螺旋之中：銀河有旋臂；你在用螺旋聆聽聲音——你的耳蝸呈螺旋狀。自然界充滿螺旋，而你會找愈多，如松果、向日葵、獸犄、鹿角、海螺、雛菊和很多植物。如果你在眼前垂直張開手掌，拇指指向你的臉，從你的小指開始握拳，會出現一個費伯納齊螺旋，這是一個非常特別的螺旋，你稍後會了解。

　　這些螺旋是從哪裡來的？它們必然有來源，那是一種動力，由原始系統產生——來自生命之花，如果你相信。那麼你要做的便是回到人體，去找到那個產生黃金比例的圖形，參見下頁圖7-39。

　　如果你把對角線擺平，加上那個延伸的長度畫出矩形，你就會得到黃金切割矩形，它是黃金切割螺旋的來源。圖7-39外部的矩形便是黃金切割矩形，如上所述。要畫另一個黃金切割矩形，你只須測量矩形的短邊（A），用這短邊從長邊（B）截取與短邊等長的

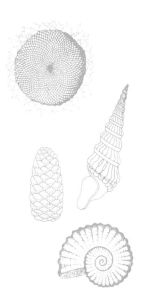

距離，形成一個正方形（A＝C），剩下的區塊（D）就是另一個黃金切割矩形。然後你可以再用它的短邊在長邊截取一個正方形，剩下的區塊依舊是黃金切割矩形，這可以永遠持續下去。注意，每個新矩形都轉了九十度。如果你畫出每一個矩形的對角線，它們的交點便是它們形成的螺旋的中心。如此你便了解對角線如何成為更多資訊的鑰匙：線段F對線段E形成黃金切割比例，並不斷往內延伸，我們可以說F比E就是G比F，H比G，I比H……還有其他螺旋，但是黃金切割螺旋是至高無上的創造。

陽性螺旋與陰性螺旋

有兩種形態的能量穿透黃金切割矩形。其一是畫過正方形的對角線，每次以九十度旋轉，如圖示中的黑線，那是陽性能量；陰性能量是讓曲線向中心彎曲的線條，以灰色表示。於是你就有了陰性的黃金切割對數螺旋，和以直線九十度旋轉與黃金比例的長度形成的陽性螺旋。我們接下來探究的內容多半集中在陽性面，但你必須記住陰性面永遠都在。

有些書上說，如果你在達文西的人體比例圖中從肚臍畫出一條平行線，如圖7-40，下方區域就是一個黃金切割矩形。若你從大正方形上邊的頂角到男體雙足中點（正方形對邊的中心）畫一條對角線，如圖7-40所示，它的一半會經過黃金切割螺旋的中心。你如果像圖7-39所示繼續畫下去，你會創造一個螺旋。我讀過好幾本書這麼說，我相信近乎是如此。然而如果你想了解自然之母，了解另外一些真正發生的事就更重要了。

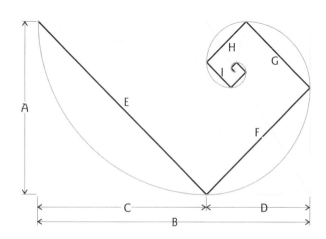

圖7-39 黃金切割矩形和陽性、陰性
　　　螺旋。

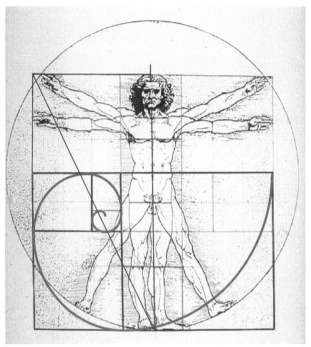

圖7-40 達文西人體比例圖和螺旋。

圖7-41 連結正方形的四個角和對邊中點所產生的對角線。

　　事實上，我相信除非人為，黃金切割矩形或螺旋並不存在。大自然不會利用黃金切割矩形或螺旋，它並不知道這個。因為黃金切割螺旋會無盡地向內進行，也許並非用紙筆來畫，但技術上它將不斷發生，也可向外不斷擴展。因為你可以取最長的線段讓它變成正方形的邊長，而得到一個更大的黃金切割矩形，不斷擴大直到永遠。因此黃金切割矩形沒有開始也沒有結束，可以向內向外無限擴展。

　　這個問題就留給自然之母了，生命不知道如何處理這種沒有開始也沒有結束的事。我們也許比較能處理沒有結束的問題，但難以思考沒有開始的事情。想想這個沒有起點的事。對我們而言，它的困難之處是因為我們是幾何生物，而幾何有中心、有開始。

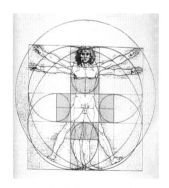

圖7-42　螺旋和原始的八個細胞。

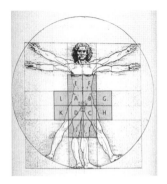

圖7-43　達文西人體比例圖中環繞身
體的網格。

　　既然生命不知如何處理，它便找了一種欺騙的
方式，以另外一個螺旋來創造。生命想出一種接近的
數學系統，正因如此接近，讓我們難以分辨。書上說
圖7-40上頭出現的是黃金切割螺旋，我認為不是；
再者，也不會只有這一個小螺旋。事實上，有八個螺
旋環繞我們的身體，各存在一個黃金切割矩形中，
而這些矩形連接八條人體周遭的半對角線，見上頁
圖7-41。這張圖顯示切過人體的八條線。

　　圖7-42畫的是八個以人體中心為中心的螺旋，
而人體最原始的八個細胞就在這裡，不是嗎？達文
西畫了環繞身體的格線（圖7-43），有四個中心方
塊（A、B、C、D，順時鐘）和八個環繞它們的方塊
（E-L）。外面的八個方塊恰好是圖7-41切過人體的
半對角線與身體交接的地方，同時也是圖7-42八個螺
旋開始之處。

　　所以我們有八個環繞身體的位置，而它的中心圖
形是四個方塊，恰好以最原始的八個細胞為中心。生
命令人驚訝，不是嗎？當我在達文西的畫中發現這件
事，我想這些關係一定隱藏了什麼重要的訊息。但是
當我了解自然界沒有黃金切割矩形或螺旋時，我開始
懷疑這些螺旋可能是不同的東西，而這正是它們所展
現的──有一點不同。

　　這些螺旋變成了自然界中的費伯納齊數列，我們
在第八章中會探討。黃金切割和費伯納齊數列之間的
差異看似簡單而不重要，直到我們在自然的更大畫面
中看見它們之間令人驚奇的關聯。不知其差異，就無
法了解地球上為什麼建立了八萬三千個神聖地點，以
及它們的目的。

Chapter 8

調和費氏數列與
二進制數列的極性

費氏數列與螺旋

　　要了解為什麼達文西人體比例圖上的八個螺旋並非黃金切割螺旋,並找出它們是什麼,我們必須介紹另一個人,不是達文西,而是李奧納多‧費伯納齊(Leonardo Fibonacci)。費伯納齊比達文西早生兩百五十幾年,我讀過他的資料,他是位修士,經常處於靜心狀態,喜歡在密林中散步,同時靜心。但顯然他的左腦相當活躍,因為他注意到植物和花朵都與數字有關,如圖8-1。

　　花瓣、葉子和種子的型態都與特定的數字相關。如果我推測得沒錯,圖8-1是他看見的花。他注意到百合和鳶尾花都是三瓣,毛茛、飛燕草和縷斗菜則是五瓣,如圖8-1右上;有些雀翠花是八瓣,珍珠菌十三瓣,翠菊二十一瓣。雛菊通常有三十四、五十五或八十九瓣。他開始看見相同數字不斷在自然界重複出現。

圖8-1 植物成長中的費氏數列。

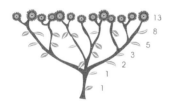

圖8-2 電腦繪製的珠薯。

圖8-3 朱槿花。

$\Phi=1.6780339...$
（費氏數列）

第一欄	第二欄	相除	比率
1	1	1／1	1.0
2	1	2／1	2.0
3	2	3／2	1.5
5	3	5／3	1.6666
8	5	8／5	1.600
13	8	13／8	1.625
21	13	21／13	1.615384
34	21	34／21	1.619048
55	34	55／34	1.617647
89	55	89／55	1.618182
144	89	144／89	1.617978
233	144	233／144	1.618056

圖8-4 費伯納齊數列。

圖8-2 這株小小植物其實並不存在，而是珠薯的電腦繪圖，我們把它像牌一樣攤開。費伯納齊注意到珠薯剛從地底冒芽時只長一片葉子，就只有一小片。當珠薯長高了一點，莖上就會多一片葉子，再長高一點，就會冒出兩片葉子，接著三片、五片、八片，然後開出十三朵花。他或許會說：「3，5，8，13……天哪，這不就是我一直在花瓣上看到的數目！」

後來 1，1，2，3，5，8，13，21，34，55，89……就成為知名的費氏數列。你只要有費氏數列上的任三個連續數字，你就知道它的公式：加總前面兩個數字，就可以得到第三個。看出來了嗎？這是非常特別的一個數列，它是生命不可或缺的數列。為什麼如此重要呢？也許這是我個人的觀點，然而我會盡力說明。

圖8-3 是一朵五瓣朱槿，它內部的雄蕊有五個芽苞，這兩組幾何形狀的方向相反，一組向上，一組向下。通常人們看到朱槿花不會想到「它有五個花瓣」，只會欣賞它的美麗和香氣，從右腦體驗它，而不會動用另一邊腦袋思考它的幾何或數學問題。

生命對無窮無盡的黃金切割螺旋的解答

記得我解釋過「黃金切割螺旋」如何沒有開始也沒有結束，以及生命對此感到棘手？它可以面對「無終」，卻無以思考「無始」。這個問題我也感到棘手，我想任何人都不容易有答案。而大自然規避這個問題的方式是創造了費氏數列，彷彿神說：「好吧，出去用黃金切割螺旋去創造吧！」而人類說：「我們不知道該怎麼做。」所以，我們就用了一個不是黃金切割螺旋但非常接近，到後來幾乎難以分辨的東西來代替（圖8-4）。

例如，與黃金切割螺旋有關的黃金比例Φ，近似

於 1.6180339，讓我們看看當你把費式氏數列的數字除以前一個數，會發生什麼事。這是最左邊那一欄：1，2，3，5，8，13，21，34，55，89，第二欄是前一個數字，於是我們可以拿第一欄除以第二欄（結果請看第四欄）。

　　注意我們將第一欄除以第二欄時的變化，1÷1＝1，小於Φ，下一列2÷1=2，大於Φ，並且比1接近Φ。再來 3÷2=1.5，更接近Φ，但小於Φ。再來，5÷3=1.6666，大於Φ，但更接近Φ。8÷5=1.60，小於Φ。13÷8=1.625，大於Φ。21÷13=1.615，小於Φ。34÷21=1.619，大於Φ。55÷34=1.617，小於Φ。89÷55=1.618，大於Φ。下一個又小於，然後大於……而每一次都更接近真正的Φ，這就叫作「漸近極限」，永遠都達不到真正的數字，但是實際上來說，多次相除後你又很難分辨它們的差距。

　　圖 8-5 中淺灰色的四個方塊，代表人體中央的原始八細胞所在的方塊，環繞中央方塊的八個深灰色方塊是螺旋開始的地方，記得嗎？

　　與其讓螺旋不斷進行，不如來點不同的——因為這就是生命所為，我相信如此。我要用八個外圍方塊中的一個作為起點，這八個都是相同的情況，我選擇其中一個為範例。

　　我把小方塊的對角線長度當作一單位，照費氏數列1，1，2，3，5，8，13，21，34，89的長度來移動，每換一個數字就轉九十度。第一步，移動一個單位，轉九十度，再走一個單位，轉九十度，然後移動二個單位，轉九十度，再移動三個單位，再轉九十度。每一個行動之間都要轉九十度，接下來走五個單位，然後八個單位，再來是十三個單位。現在我們有了1，1，2，3，5，8，13，然後我們再橫跨二十一個單位長度，接下來三十四個，如圖8-6，然後是

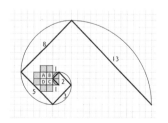

圖8-5　網格中的費氏陰性（曲線）螺旋和陽性（直角）螺旋。

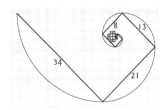

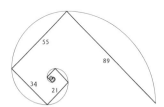

圖8-6　費氏螺旋一觀，包括陽性面向
　　　（直線）與陰性（曲線）面向。

圖8-7　從更遠的距離看費氏螺旋。

五十五，然後是八十九，如圖8-7……這樣持續下去，你會看到螺旋展開，並且愈來愈接近Φ —— 黃金切割螺旋。很快的，生命中這兩者的差異已讓人無法辨識，至少，肉眼辦不到。

對研究生命的人而言，這兩種螺旋的比較會是相當重要的內涵，因為古埃及人在大金字塔中同時展現了費氏螺旋和黃金切割螺旋。雖然這兩種螺旋的起點不同，但當它們進行到55和89時，兩條線幾乎是相同的。研究埃及的專家看到三個金字塔在螺旋上的排列，他們認為那是黃金切割螺旋，而非費氏螺旋。然後他們回去，並發現了一些洞（請參考第四章關於網絡建構的位置）；幾年後，在其中一個洞口不遠處（或許只有一百碼），發現另外一個記號。他們沒有意會那是**兩個**螺旋，我不知道研究的學者們是否已經了解其中的意涵。

自然中的螺旋

圖8-8是大自然中的一個神聖幾何，它是個真實的東西：鸚鵡螺的剖面。每一本神聖幾何的好書都有鸚鵡螺的照片在裡面，這幾乎是不成文的規定。很多書上說它是黃金切割螺旋，然而它不是，它是費氏螺旋。

你可以看到螺旋旋臂的完美，但如果你看進螺旋中心或它開始的地方，它並沒有這麼完美。你在這裡看不到真正的細節，我建議你找一個真的鸚鵡螺來看。它其實在最裡面的末端碰到另一面並轉彎，因此它的比值是1.0，與Φ差得遠了。第二與第三個彎度也一樣，但沒有差太多，因為它們已愈來愈接近Φ。之後它們愈來愈貼近，直到你看見它展開如此完美優雅的形狀。你也許認為這個小鸚鵡螺一開始錯了，好像完全不知道自己在做什麼。但它完美極了，那並非錯

圖8-8　鸚鵡螺的剖面圖。

誤，只是準確地按照費氏數列展開罷了。

在圖8-9的松果上，你看到的是一組雙螺旋，朝不同方向交錯而行。如果你去算這兩組螺旋上的數目，你會發現它們永遠是費氏數列的兩個連續數字。換言之，若某個方向的螺旋數字是8，那麼另一個方向一定是13個；若某個方向是13個，另一個方向就會是21個。我所知道的大自然中很多的雙螺旋都像這樣，例如向日葵的螺旋便和費氏數列有關。

圖8-10是兩種螺旋的不同之處。黃金切割螺旋是理想，就像神、本源。如你所看見，兩張圖最上方的四個方塊都是一樣的，不同之處在於它們開始的地方（兩張圖的底部）。費氏螺旋下方的面積是上方區域的一半（0.5），黃金切割螺旋的底下面積則為上方區域的0.618；左邊的費氏螺旋由六個等邊方塊構成，黃金切割螺旋則由更深的內部開始（事實上，它沒有開始，如神般「無始無終」）。即使這兩個螺旋的起點不同，但是很快就接近彼此。

另外一例：很多書上說古夫金字塔的石棺是黃金切割矩形，其實不然，它和費氏數列有關。

人體周圍的費氏螺旋

當我們在六十四格的網格上畫出費氏螺旋，如圖8-11，並把達文西的人體比例圖疊放在這個八乘八的網格上，便會得到圖8-12，而那八個灰色方塊似乎有個獨特的功能。有四種可能的方式在那以兩格為一組的方塊中開始一個費氏螺旋。

回到圖8-11，我們以上面那組方格為例。黑線所示是其中一組，是從右上角開始的螺旋，對角跨過一個方塊（1），右轉再跨另一個方塊（1），右轉再跨兩個方塊（2），有趣的是，它在這裡碰到網格的頂端，繼續右轉向下跨過三個方塊（3，費氏數列的下

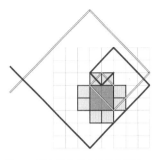

圖8-9　松果。

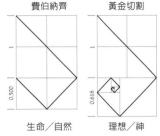

圖8-10　費氏螺旋與黃金切割螺旋的比較。

圖8-11　沒有達文西人體圖的網格，鏡射的兩個費氏螺旋：陽性（黑線）及陰性（灰線）。

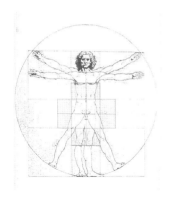

圖8-12　有達文西人體比例圖的網格。

一個數字）—— 非常好玩的是，它又碰到了網格右緣。下一個數字是5，這條線直達網格底部，然後是8，穿越三個方塊後離開網格。它在這裡展現了一種完美的反射特質。

另一種方式是從右下角開始，如灰線所示（在中間的四方形上方形成一個小金字塔）。這個方式的九十度角會是左轉，所以你跨過一個方塊（1），再一個方塊（1），然後兩個（2）—— 這次你會穿越網格中央的四個方塊（八個原始細胞所在），然後左轉跨過三個方塊（3），它會碰到網格的右緣；下一個數字是5，它會穿越過兩個方塊後離開網格。這兩個螺旋是完美的同步運動。一旦你發覺這種完美，便真正接觸了基本的幾何學。

這一切對於明白埃及人如何復活至爲重要。你也許會說他們是以科學方式達到的，他們用科學方法創造一種人爲的覺醒狀態，讓他們達到永生。我們並不要以人爲方式覺醒，我們要的是自然覺醒，但是你會發現，去理解一個古文明如何試圖達到這種狀態會是有幫助的。

人體網格與零點科技

科學界逐漸理解人體周遭這個以六十四網格爲基礎的神聖幾何。事實上，有一種全新的科學因而誕生，卻因遭受政治打壓而無法公開。這種新科學名爲零點科技，我相信這個網格是零點科技的幾何學，雖然大部分科學家有不同的觀點。

研究零點科技的人認爲它與波形或能量有關，他們談到波形中的五個點，如圖8-13所示；或認爲零點是物質在絕對溫度零度時具有的能量。對我而言，這兩種說法都正確，然而神聖幾何的觀點最終將成爲這個新科學的墊腳石，因爲它是如此基本。

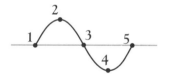

圖8-13　有五個零點的波。

這些波形上的點和呼吸有關，這些點是零點被企及之處，它們是進入另一個世界的門戶。瑜伽呼吸法（pranayama）通常會談到呼吸之間的兩到三個點（取決於你是否將下一個呼吸循環的開頭算入），就人類呼吸而言那也是零點科技。

這個新零點科技有幾何學的基礎，那個幾何學就存在於人體周圍。人體始終是創造的量尺❶。

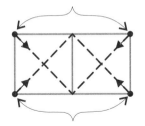

圖8-14 螺旋的起點。

陽性與陰性取向的螺旋

要開始探究，我們必須了解有兩種螺旋存在，根據它們是曲線或直線，可分陰（曲線）與陽（直線）。這點我們以前提過，然而我們現在要介紹一個新觀念。螺旋的**起點**將以不同方式來進一步決定它是陽性螺旋或陰性螺旋。螺旋可始於中央周緣的兩方塊組的任一角：左上、右上、左下、右下，請見圖8-14。上方兩點產生陽性螺旋，下方兩點產生陰性螺旋。陽性螺旋絕對不會經過中央的四個方塊，陰性螺旋則一定會通過。

圖8-15顯示了陽性螺旋和陰性螺旋在這個幾何圖案中移動的方式。我舉個例子，讓它更清楚些。如果螺旋從右上角開始，它是陽性螺旋，此外這個陽性螺旋的曲線面是陰性的，直線面是陽性的。極性中必然包含另一極性，在新的極性中還是包含另一個極性，理論上，這種分割可以永恆不絕。

圖8-15 兩種螺旋。

圖8-16是一個從右上角（距中心點最遠）開始的陽性螺旋，只顯現它的陰性面（曲線）。這張圖顯示人體周圍八個費氏陽性螺旋的陰性面（曲線），只到費氏數列的5（1, 1, 2, 3, 5）。有趣的是，從這個有限的展現去發現這個螺旋的曲線，居然形成了循環式的迴圈。能量實際上彼此互通，不斷循環。我相信費伯納齊運動才是真正發生在人體周圍的情況，而非大多

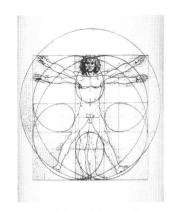

圖8-16 陽性螺旋的陰性面曲線。

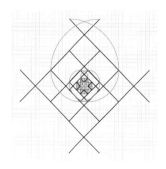

圖8-17　陽性螺旋的陽性面直線。

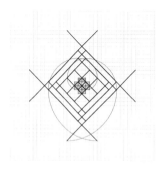

圖8-18　陰性螺旋的陽性面直線。

數書上說的黃金切割螺旋。

　　圖8-17是人體周圍的陽性螺旋，這裡我們展示它的陽性（直線）面，其中只有兩條有陰性曲線。圖8-18是人體周圍的陰性螺旋，它從中央周緣的二方塊組的底部，或者說從距離中心點最近的地方爲起點發出的。這裡畫的是陰性螺旋的陽性（直線）面，我們加上了兩條陰性（曲線）面的螺旋（而非全部的八條），它恰好形成了心形。

　　注意它們形成的圖樣。一個朝向某個方向的心，以一百八十度的方向擴展，形成另一個更大的心指向相反的方向。每一條陰性曲線都通過人體正中心的零點，這個零點就是創造點，就是子宮。這就是爲什麼女性人體有子宮，而男性沒有。陽性不通過零點。

　　稍後你會看到這些心形和許多自然現象有關，例如光、眼睛、情緒和其他。我提到的這些事，你不妨先記在心裡。

　　有了這個了解之後，我們來看另一個數列。世界上有成千上萬種數列，你可以說有無限多的數列，而有許多是我們經常使用的。數列可以像「1, 2, 3, 4, 5, 6, 7, 8」這麼簡單。而在已知的數列中，三個連續數字就可以定義整個數列。唯一例外的是黃金切割對數數列，它只需要兩個數，這也許暗示它是所有其他數列的源頭。

　　根據我得到的指引，除了黃金切割數列外，還有兩個數列對自然和生命而言是最重要的，它們分別是我們剛才看過的「費伯納齊數列」，和另一個我們即將探討的「二進制數列」。

　　我們在這裡要把費氏數列當成陰性，把二進制數列當成陽性。它們也不僅僅是陰性和陽性，它們的行爲更像母親和父親。它們都是基本數列，直接來自黃金切割，就像紅色與藍色是白光的兩個原色一樣。

細胞分裂與電腦中的二進制數列

　　圖8-19的二進制數列是有絲分裂：從1變成2，變成4，變成8，變成16，變成32……不像費氏數列是加上最後一個數字，這個數列是加倍。

　　我們來看一下二進制數列，它的每個數都是前數的兩倍，形成1、2、4、8、16、32……的排列。要決定一個數列，只要取出任意三個連續數字，例如2、4和8，就可以看出數列的關係。2的兩倍是4，而4的兩倍是8，可見它們有倍增的性質。

　　對生殖核的有絲分裂來說，從第一個細胞形成蘋果的形狀要經過九次細胞分裂，總共五百一十二個細胞。記住這件事，然後我們來看看以下兩個事實：

　　其一（見圖8-19）：人的身體平均有一百兆個細胞（10^{14}），那是多少個零啊！其二（同上圖）：成人平均每秒鐘要更新兩百五十萬個紅血球，數目驚人。你如果數數，兩百五十萬就會花掉二個半月的時間。然而，只要活著，我們的身體就會在每秒鐘創造數百萬紅血球來替換那些死去的細胞，只有「有絲分裂」能達成這個目標。

　　你也許會認為：「九次分裂才有五百一十二個細胞，那麼一百兆得經過多久？」神奇的事發生了，學過數學的人都知道，若你不知道就會認為它是魔術。這也發生在圖8-20中：再經過十次分裂，細胞數量便超過五十萬個，再經過十次分裂，就有五億三千萬個。

　　根據安娜和海倫（Anna C. Pai and Helen Marcus Roberts）合著的《Genetics, Its Concepts and Implications》，人體的一百兆個細胞要經過四十六次細胞分裂才可達到。四十六次分裂！對我而言四十六是個神奇數字，和人體染色體的數目一樣，這是機率還是巧合呢？

1,2,4,8,16,32,64,128,256,512...
（前十次有絲分裂）。

1.人體中平均一百兆個細胞
　（100,000,000,000,000）。

2.成人每秒鐘要更新兩百五十萬
　個紅血球。

圖8-19　細胞有絲分裂的二進制數列。

接下來十次 有絲分裂	再接下來十次 有絲分裂
1024	1,048,576
2048	2,097,152
4096	4,194,304
8192	8,388,608
16,384	16,777,216
32,768	33,554,432
65,536	67,108,864
131,072	134,217,728
262,144	268,435,456
524,288	536,870,912
（第一個十次的有絲 分裂產生五百一十二 個細胞，第二個十 次分裂，變成超過 五十萬個細胞）	（再經過十次有絲 分裂，五十萬個細胞 變成超過五億個細 胞）

圖8-20　接下來的二十次有絲分裂。

接著，談談電腦的運算。我前面提過碳與矽的關係，而是誰發明了矽晶電腦呢？**是我們**——一種碳做的生物。在各種數學的可能性中，我們選擇二進制數列作為電腦運算基礎。它是整個電腦系統的基礎，也是生命的主要基礎。我認為我們選擇二進位並非偶然，因為我們是生命，我們的內在知道這個數列的重要性。

我想你們大概都知道，但是我還是想要告訴你電腦如何做運算。想像那些電燈開關叫作電腦晶片，當你開關那些燈，你會看到晶片上的數字。打開一號晶片，就會看見數字1，如果你的電腦裡有五個晶片，分別是1、2、4、8和16，那麼你就能夠開或關這五個晶片，去得到介於1到31之間的任何數字。打開一號晶片，你看見1，打開二號晶片，你看見2。同理，你可以打開代表4、8和16的晶片。

透過打開這五個晶片的**各種組合**並加總，你可以得到任何介於1到31的數字。換句話說，你打開第一個晶片是1；你打開第二個晶片是2，若你同時將兩個晶片打開你會得到3。你打開第三個晶片是4，4+1=5，4+2=6，4+2+1=7。接著是數字8，當你開啓第四個晶片是8，8+1=9，8+2=10，8+2+1=11，8+4=12，8+4+1=13，8+4+2=14，8+4+2+1=15。接下來是數字16，你打開第五個晶片便是16。加上這第五片晶片，你可以藉各種組合來表示1到31的數字。

如果你再加一個晶片，稱它為32，那麼你可以得到介於1到63的任何數字。若你再加上一個晶片，稱它為64，那你就可以得到介於1到127的任何數字，依此類推……

如果你有一台電腦，它有四十六個晶片，藉由開關這四十六個小晶片，**你便可以得到介於1到100兆之間的任何數字**：這是讓這個星球的知識傳播得以如此大量且迅速的原因。而你的身體已經使用這種科技幾百萬年了！

尋找二元極性背後的形式

在天使的指引下，我逐步完成對費氏數列和二進制數列的研究。我學得愈多，愈相信它們背後隱藏某種幾何、某種祕密的形式，是創造這些數列的原因。自從天使說人體和人體的幾何學是宇宙的量尺，我就強烈懷疑這兩個數列是否像父／母、陽性／陰性等兩種元素，背後是一種單一的幾何，一種能產生這兩者的形式，於是我開始搜尋結合它們的方法。

我苦心鑽研了好幾年，後來終因毫無頭緒而放棄。但我始終沒有死心，總是留意相關的蛛絲馬跡。有一天，我終於找到了！

極座標是解答

六年級數學課本

　　我照顧的一位六年級小男孩問了我一個很簡單的數學問題，但我忘了怎麼解，所以我翻閱他的課本，想找到解釋的方式。翻書時，我看到了我需要的幾何圖形，就在六年級的數學課本裡！書的作者並不知道**我**在找什麼，他的思考和我不同。但我在那個數學看到將兩個基礎數列連結在一起的重要關鍵！

　　那是很久以前的事了，很抱歉我忘了那本書的書名和作者，但是它讓我看到極座標和它與黃金切割螺旋的關係。圖8-21是一張南極的座標圖，注意它中央的那個十字線，一為x軸，一為y軸。事實上，每個圓都有這兩條線。

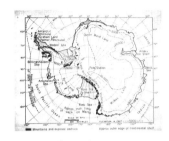

圖8-21　極座標地圖。

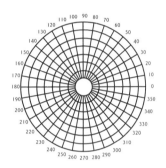

圖8-22　極座標圖。

　　我們可以用一個半吋厚的圓盤做實驗，在盤子裡隨意撒滿沙，用一個把手在下方固定，並用木槌敲打它，沙粒會自動排列成你在圖中見到的完美正十字。如果你在圓盤上放一個發聲器，這些沙子會排列出許多幾何圖形，但是用低頻敲擊圓盤時產生的第一個圖形，會是一個完美的正十字。

　　當你有一個中央有正十字的圓，你可以把圓半徑作為你的測量基準，定義它為「一個單位」，這樣運算比較容易。從第一個圓向外畫上等距離的同心圓，那麼你就會得到一個極座標圖。

極座標上的螺旋

　　圖8-22是極座標看起來的樣子，它有三十六條經線，包括垂直與水平的兩條線。這些線指向360度方向，每隔十度為一個區間。然後畫出八個同心圓，每一個與前一個圓等距離，最裡面的是第一個圓。用極座標圖有很好的理由。首先想想它代表什麼，它是一

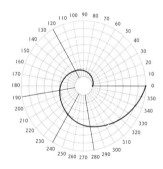

圖8-23 在極座標圖上的黃金螺旋。

個二維圖形，試圖呈現三維的球體，它是球體投射在平面上的圖形。它是一個投射，而投射是神聖幾何獲取資訊的方法之一。並且，極座標同時存在代表陽性能量的直線和代表陰性能量的曲線，彼此交疊，它同時具備陰性與陽性的能量。

試想中央的小圓爲太空中的行星，那本數學書的作者從行星表面畫出一個黃金切割螺旋——不是費氏螺旋，而是黃金切割螺旋。它從中央那顆小「行星」的圓周，以它爲0度，向外投射一圈，從0度到360度，或回到0度，如圖8-23。

現在，要找出任何一點的值，你可以用中央那個圓的半徑爲一單位（因爲它代表中心點到第一個圓：「行星」的距離），然後往外計算螺旋與經線的相會點，如此，在260度與經線的交會點（在第四與第五個環之間），大約是4.5（用電腦可以算得更準）；在210度與經線的交會點上，螺旋的位置大概在3.3。懂了嗎？

現在我們來看看從0度到360度的眞實數據：在零度，螺旋距離中心點爲一個圓半徑，因爲它在那個球或行星的表面上。接著，螺旋開始變化，在120度的地方與第二個圓相會，然後繼續向外到240度的地方，與第四個圓交會。當它到達第八個圓（最外圈）時，正好精確地回到360度（也是0度）。在0度、120度、240度和360度，經線上的距離正好呈倍數增加（一個二進制數列：1, 2, 4, 8）。

圖8-24是螺旋在經線上的距離。白色星星表示在經線上出現二進制的倍數距離的角度，而黑色星星表示在120度、190度、280度和360度時，經線上出現費氏數列的倍數（1, 2, 3, 5, 8）。**兩個數列在這個螺旋上同時完成了整個圓（360度）**，也就是說，極座標圖上的這個螺旋將二進制數列與費氏數列整合爲一

角度	距離中心點的徑向單位長	角度	距離中心點的徑向單位長	角度	距離中心點的徑向單位長	角度	距離中心點的徑向單位長
0°☆	1.0★						
10°	1.1	100°	1.8	190°	3.0★	280°	5.0★
20°	1.1	110°	1.9	200°	3.2	290°	5.3
30°	1.2	120°☆	2.0★	210°	3.4	300°	5.6
40°	1.3	130°	2.1	220°	3.6	310°	6.0
50°	1.3	140°	2.2	240°☆	4.0	320°	6.3
60°	1.4	150°	2.3	250°	4.2	330°	6.7
70°	1.5	160°	2.4	260°	4.5	340°	7.1
80°	1.6	170°	2.7	270°	4.7	350°	7.5
90°	1.7	180°	2.8			360°☆	8.0★

角度	0°	120°	240°	360°	二進制數列
從中心點到經線上的距離	1.0	2.0	4.0	8.0	

角度	0°	120°	190°	280°	360°	費氏數列
從中心點到經線上的距離	1.0	2.0	3.0	5.0	8.0	

圖8-24 以經線上的倍數來表示螺旋與中心點的距離。

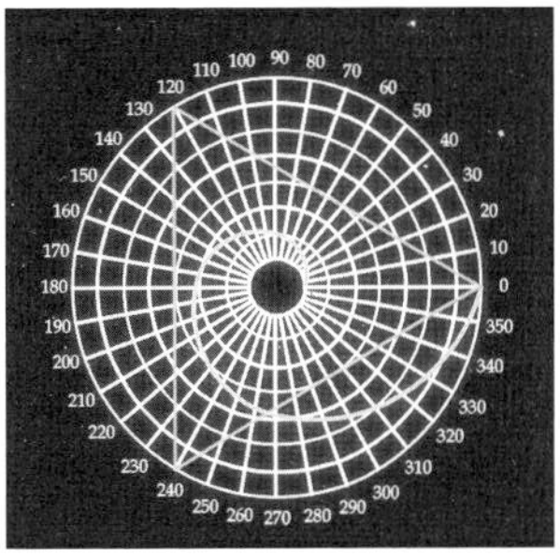

圖8-25 二進制數列螺旋在極座標圖上形成一個四面體。

了❷！

　　我興奮了好幾天，樂得翻了幾天觔斗。我知道我發現了一些非比尋常的東西，即使我並不完全了解它。然而我還是做了一下二進制數列的分析，這個螺旋在0度、120度、240度與360度的經線上通過二進制數列的數值，你會發現它形成了一個正三角形，如圖8-25。如果這個二進制螺旋繼續往外擴展，它會與其他經線在16、32、64……的倍增點上交會，而這些點都落在120度、240度和360度的角度上。

　　你不只會得到一個三角形，還會看到一個三維的四面體，因為那些120度、240度和360度的經線延伸到中心點時，會形成一個四面體的俯瞰圖，同時也是側視圖。

凱斯‧克里契洛三角形及其音樂意涵

　　另外一個出現在極座標的圖樣是：一個等邊三角

形，有一條水平線穿越它的中央，這是一個四面體的側視圖。現在，你或許不認爲這很重要，而我也從未想過研究它，但是凱斯·克里契洛（Keith Critchlow）研究了。我們不知道他是怎麼想的或如何做到的，當他開始研究時並沒有你們現在的知識。（看過這本書之後，也許他會知道，但他寫他的書時還不知道。）

圖8-26是克里契洛的研究。他在正三角形中央畫了一條線，在中線的中點（黑點）畫一條線連到左下角，然後從這條線和上邊的交點，畫一條線垂直那條中線，如圖所示。誰知道爲什麼要這麼做？他再從中線的中點畫一條垂直線到上邊，用那個交點連回左下方。利用這條線和中線的交點，再一次重複之前的動作，在左方再做一次。你可以從你第一條線的兩邊不斷畫下去。藉由畫出這些小形狀，他發現了非常重要的事。克里契洛說：「繼續這麼做，每一個接續的部分是總長和前一個部分的調和平均數❸，而且這些所有部分都具有音樂上的意義：二分之一相當於八度音，三分之二是五度音，五分之四爲大三度音，九分之八是大調（大音階），十七分之十六是半音（半階）。」換言之，他把這些線的測量和音調做比較。

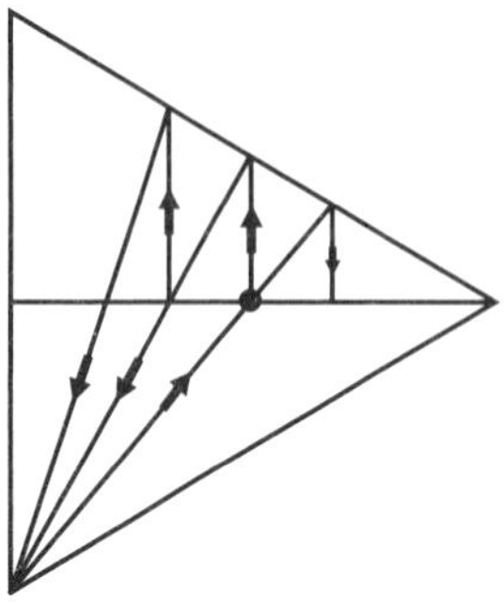

接著他試著用不同方式測量，從中線不同的點（圖8-27）——從四分之三（黑點）的地方開始畫，而發現出來的數值分別是：七分之一、四分之一、五分之二、七分之四、十一分之八及十九分之十六，這些數字都具有音樂意義。這是非常非常有趣的事，因爲這意味著音樂的和聲和四面體的中線上移動的比例有關。然而他必須先測量才能進行，但是如果你必須使用量尺，你便不在神聖幾何學的核心，表示你少了什麼東西。

如果你在神聖幾何中是正確的，便**毋須**使用任何東西來丈量，因爲丈量機制是內建的，因此你可以計

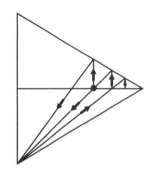

圖8-26 凱斯·克里契洛的三角形。

圖8-27 凱斯·克里契洛的作品。

算任何東西而不用上任何微積分、尺或任何東西。它
原先便建置在系統內。

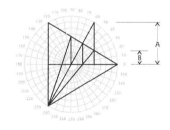

圖8-28 極座標上的克里契洛三角形。

我拿克里契洛的畫做實驗，並發現如果我把極
座標放在他的圖形後面，我就可以重製他的第一個
圖——顯示八度音程的圖（二分之一中線的地方，如
圖8-28）——而不必測量。

我只要從三角形最下面的頂點畫一條直線，穿過
球體的中心到三角形的對邊。從這個交點往下垂直畫
下，剛好是中心線的一半，也就是克里契洛發現八度
音程的點，如此一來，其他的三條線就自動出現了。

然後我發現極座標外圍的圓也包圍正三角形，
它和中線之間也是調和數列的關係：在六十度的垂線
（A）與線（B）重合。三角形裡面的陽性直線與外面
的陰性曲線有某種呼應，而這些比例具有音樂上的意
義。**而且我不必測量任何東西！**

我們現在談論的遠遠超越以上。某研究團隊發
現，你不只可以從中心，也可以從上方三角形內部任
何一個點畫出這些線，你會導出所有已知的和弦。換
言之，如果你在直線與弧線交接的0度到120度範圍內
的任何一個點，畫一條線連結三角形最下方的頂點，
並從這裡重複上述畫圖的步驟，你會找出所有的和弦
系統（包括西方的鍵盤和東方系統）。事實上，是所
有已知和尚未發現的系統。

從事這項研究的人相信，一**切**物理定律都可以從
這些音樂和弦導引而來，而現在完整的和弦系統已經
出現了。我個人相信音樂和弦與物理定律是緊密相關
的，我相信我們在此已獲得數學與幾何學上的證明，
只是它尚未完全展現出來。

我在蒐集這些資訊時非常興奮，因為它代表的意
義是不可思議的，那意謂音樂的和弦就在四面體中，
而這些和弦現在是可確定的。自此我們發現了這張圖

圖8-29 螺旋明信片。

圖8-30 旋轉的銀河。

背後的幾何圖案握有揭露一切的鑰匙，並且打開了埃及展現給我們的一切內在意義。

埃及人將他們整個哲學簡化成2、3、5的平方根和邊長為3、4、5的三角形。很多人都試圖做出解釋，然而還有一個解釋隱藏在四面體的幾何裡。這個想法或許曾在每個人心中出現，包括我，而我們接下來就要談談它。

黑色螺旋與白色螺旋

我研究音樂和弦時，收到一張明信片。明信片上是極座標的反射曲面，如圖8-29。每一塊圖形有固定的反射比，我想讓你看見光在極座標曲面反射的情況，它的樣子像黃金切割或費伯納齊螺旋。螺旋有兩個方向相反的旋臂，夾角180度。在反射旋臂之間的光顯得黑暗。黑光螺旋的兩臂也呈180度互向旋繞，並與白光螺臂夾90度角（這和銀河的旋臂相似）。如果你看圖的中心，你會看見恰好反向的雙臂。

我們之前介紹過圖8-30，一道白光螺旋朝一個方向發出，另一道白光螺旋朝反向發出。黑色旋臂（陰性旋臂）在白光之間出現。這可以解釋在白光旋臂中的黑光為什麼看起來和其他地方的漆黑不同，如圖2-35，如同科學家所發現的，因為白光螺旋中的黑光是陰性面的能量，而太空中的漆黑則是太虛（Void），兩者不同。然而科學家並不了解它們有何不同。

左腦的地圖及其情緒元素

我想再談一件簡單的事。在極座標畫出的四面體代表音樂和弦的幾何圖形，而你由你的左腦去理解我所提供的相關圖畫和知識，然而你是否還記得我們如何導出這些畫面？我說過圖中的每條線並非僅是線

條，那是精神體在太虛中移動的地圖，因此對左腦而言，這些圖像是地圖。

　　還有另一個元素是同等重要的，必須被了解：除了作爲靈性在太虛中移動的地圖外，**神聖幾何中的任何線條都表示它有情緒和經驗的面向**，不僅具有心智面向，還有可經驗的情緒。也就是神聖幾何的圖畫能透過左腦進入人類的意識，也能透過右腦成爲經驗，只是有時候這種情緒／經驗並不那麼顯著。這是什麼意思呢？以音樂爲例，音樂能被聽見和感受，而經驗也能被理解爲比例和數學。當你研究神聖幾何，請記住左右腦以不同的方式運用同樣的資訊。

　　形式和神聖幾何與本源有關，但是它們進入人類經驗的方式不同。通常透過右腦經驗資訊，比從左腦以邏輯去理解更容易，但它們是一樣的。不容易了解它們是一樣的，但它們確實是。

　　透過所有的幾何，當你觀察那些環繞人體的三角形、正方形和相關的球體與形狀，某種經驗便油然而生。你也許不知道什麼特定的經驗發生，也許你需要用一生的時間才能理解它與什麼相關，我相信的是每個神聖幾何都有體驗的一面。

透過第二層資訊系統回到生命之果

　　接下來我要爲這一切下總結。記得我們在極座標上畫出這個頂點在0度、120度和240度的三角形，並爲它加上線條（圖8-28）嗎？然而在自然界，好比銀河便不只有一道螺旋，而是從中心發出相反的兩道螺旋（圖8-29和圖8-30）。因此如果你師法自然，你也會畫兩道螺旋，如此你會在極座標上畫出兩個反向的三角形（圖8-31）。如果你仔細看，它事實上創造的是兩個四面體；更精確地說，它是在球體中的一個星狀四面體。

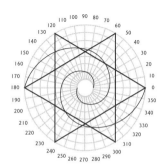

圖8-31 兩個螺旋在極座標上形成星狀四面體。

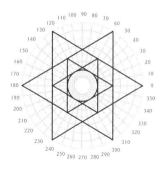

圖8-32 星中之星。

圖8-33 生命之果上的星與球。

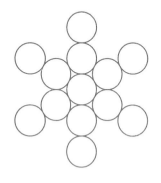

圖8-34 生命之果。

你記得火星上的人面圖（Cydonia）嗎？我建議你們去看看霍格蘭在聯合國的報告。雖然科學才開始了解這在談的是什麼，霍格蘭先生告訴他們的事對你們而言現在可能有點意思了。在球體中的星狀四面體內部還有另一個星狀四面體（圖8-32），這個小型星狀四面體恰好能容納一個完美的球體。如果你拿這個大小的球體，放在每一個星狀四面體的角上，你就會得到「生命之果」了；如果你轉個三十度，並擦掉一些線就可以看得更清楚（圖8-33）。

逆轉你剛才看到的圖便是「生命之果」的第二資訊系統，你在前面得到的星狀四面體、黃金切割螺旋、光、聲音、音樂和弦……都來自第二資訊系統。

我可以從「生命之果」開始，以另一種方式導出這些內容，但那並非我發現這一切的過程。我希望用**穿越中心的直徑**將這些同心圓串連起來，讓你看見第二資訊系統，而非像我們發現柏拉圖多面體和晶體那樣把所有的圓心連接起來。這是將陽性的直線加在「生命之果」的陰性線條上的另一種方法。

在「麥達昶立方」的第一資訊系統中，我們發現基於五種柏拉圖多面體的宇宙建構模式，它們出現在金屬和水晶的晶格中，以及許多我們並未提及的自然現象中。矽藻土的主要成分矽藻，是世界上最早的生命形式之一，它什麼都不是，只是小小的幾何形狀，或這些形狀的功能罷了。我們剛才看到的是光、聲音和音樂和弦，如何透過直接來自「生命之果」的球體和其內接四面體的場域產生關聯，而這是創世記圖騰的第三次旋轉（圖8-34）。

注釋

❶ 從特斯拉的時代開始，各國政府便從未允許零點科技發展，為什麼呢？特斯拉想貢獻免費的無限能源給全世界，而零點科技可以做到，但擁有多數銅礦的摩根先生（J.P. Morgan）並不樂見，他要電力通過銅線供應，藉此賺取公眾的金錢。因此特斯拉被阻止，而世界也從此被掌控。從一九四〇年代起，任何研究和公開談論零點科技的人會被殺害或失蹤，直到晚近。一九九七年間，一家名為Lightworks的影像公司祕密召集研究零點科技的科學家，並記錄他們的研究。

影片敘述一九四〇年後發生的事情，並介紹許多乾淨能源的發明。例如發動後能產出電力大於消耗的機器，不必充電的電池，以及改造普通引擎便能完全用水替代汽油並產生更大馬力的技術。此外還有環境維持在華氏負四十二度以上就能不斷讓水沸騰的加熱板，還有許多現在的科學認為不可能的發明。當Lightworks一完成錄製工作就立即公開這部影片，並將資料公布在網站上（《免費能源：零點競賽》〔Free Energy: The Race to Zero Point〕，片長一〇五分鐘），迫使世界改變方向。

兩週後，日本和英國宣布即將解開核融合的問題，世界開始轉變。一九九八年二月十三日，德國開發出一種免費能源的機器，以碳原子製成的薄片能持續產生四百瓦的電力。這意謂小型電器如電腦、吹風機、果汁機、手電筒等等，都不需要插頭了。舊時代從此結束，取用不盡的免費能源誕生。（譯注：特斯拉的故事沸沸揚揚多年，但顯然這個時代並沒有就這樣開始。）

❷ 有人把它解譯為其他數列（我想他認為是費氏數列），但這對意識的意義為何？我還沒研究出來。

❸ 調和平均數的定義是，數值個數除以數值倒數的總和，例如 $X1$ 和 $X2$ 的調和平均數是 $2/(1/X1+1/X2)$，關係式是 $H=2X1*X2/(X1+X2)$。

跋

　　現在我們清楚幾何和比例是自然界的隱藏定律，它們比數學更基本，因為一切自然定律都可以從神聖幾何直接導出。

　　在這個工作的第二部分，我們將為你顯示更多大自然的祕密，相信它會開始改變你看世界的方式，而你會明白你的身體是宇宙的丈尺或宇宙的全息影像。而你，那個精神體，在生命中扮演的角色比社會教導我們的更重要。

　　最後也最重要的是，你開始看見你周圍五十五呎直徑範圍電磁場的幾何分布。記住這些場域是人類覺醒的開始，就像雛鳥戳破自己的蛋，從黑暗進入光明。那神聖聖潔的人類光體，古人所稱的「梅爾卡巴」，會成為一種實相。

　　「梅爾卡巴」是聖經〈以西結書〉中說的「輪中之輪」，是回家的道路，當造物主的藍圖展現，星空變得清朗之際，我們親密地與全生命的本源連結。

　　憶起這些資訊的過程中，你的覺醒將驅散分離的迷思，引領你進入神的臨在。

　　這是我的祈禱，我們將在第二冊相會，一切在愛與服務中。

德隆瓦洛

❧ 參考書目 ❧

◆ Chapter 1

Libernan, Jacob, Light, *the Medicine of the Future*, Bear & Co., Santa Fe, NM, 1992.

Temple, Robert K. G., *The Sirius Mystery*, Destiny Books, Rochester, VT (www.gotoit. com).

Satinover, Jeffrey, M.D., *Cracking the Bible Code*, William Morrow, New York, 1997.

West, John Anthony, *Serpent in the Sky*, Julian Press, New York, 1979, 1987.

Cayce, Edgar：有許多書提到他，最常見於the Association for Research and Enlightment in Virginia Beach, VA；而最爲人所熟知的或許是史提恩（Jess Stearn）的《The Sleeping Prophet》。

◆ Chapter 2

Lawlor, Robert, *Sacred Geometry: Philosophy and Practice*, Thames & Hudson, London, 1982.

Hoagland, Richard C.; 見網站www.enterprisemission.com/.

White, John, *Pole Shift*, 3rd ed., ARE Press, Virginia Beach, VA, 1988.

Hapgood, Charles, *Earth's Shifting Crust and The Path of the Pole*（已絕版）。

Braden, Gregg, *Awakening to Zero Point: The Collective Initiation*, Sacred Spaces/Ancient Wisdom Pub., Questa, NM; also on video tape (Lee Productions, Bellevue, WA).

◆ Chapter 3

Hamaker, John and Donald, A. Weaver, *The Survival of Civilization*, Hamaker-Weaver Pub., 1982.

Sitchin, Zecharia, *The 12th Plant* (1978), *The Lost Realms* (1996), *Genesis Revisited* (1990), Avon Books.

Begich, Nick and Jeanne Manning, *Angels Don't Play this HAARP*, Earthpulse Press, Anchorage, AK, 1995.

◆ **Chapter 4**

Keyes, Ken, Jr. *The Hundredth Monkey*.

Watson, Lyall, *Lifetide*, Simon and Schuster, New York, 1979.

Strecher, Robert, M.D., "The Strecker Memorandum" (vedio).

The Emerald Tablets of Thoth the Atlantean, translated by Doreal, Brotherhood of the White Temple, Castle Rock, CO, 1939. Obtainable from Light Technology Publishing.

◆ **Chapter 6**

Anderson, Richard Feather (labyrinths)：見www.gracecom.org/veriditas/.

Penrose, Roger：見http://galaxy.cau.edu/tsmith/KW/goldenpenrose.html

http://turing.matchcs.carleton.edu/penroseindex.html

www.nr.infi.net/~drmatrix/progchal.htm.

Adair, David：見www.flyingsaucers.com/adair1.htm.

Winter, Dan, Heartmath：見www.danwinter.com.

Sorrell, Charles A., Rocks and Minerals: *A Guide to Field Identification*, Golden Press, 1973.

Langham, Derald, *Circle Gardening: Producing Food by Genesa Principles*, Devin-Adair Pub., 1978.

◆ **Chapter 7**

Charkovsky, Igor：見www.earthportals.com; www.vol.it/; www.well.com

Doczi, György, *The Power of Limits: Proportional Harmonies in Nature, Art and Architecture*, Shambhala, Boston, MA, 1981, 1994.

◆ **Chaptet 8**

Pai, Anne C. and Helen Marcus Roberts, Genetics, *Its Concepts and Implications*, Prentice Hall, 1981.

Critchlow, Keith, *Order in Space: A Design Source Book*, Viking Press, 1965, 1969：見www.wwnorton.com/thames/aut.ttl/at03940.htm.

致謝

　　數百位以上的存有幫助我完成這本書，我無法一一致謝，但想向其中幾位表達我的謝意。

　　首先要向久遠之前進入我的生命並始終引導我的兩位天使，獻上我最誠摯的敬意。再來是來自亞特蘭提斯、埃及與希臘的升天大師圖特（Thoth），這本書最主要的資訊都來自他。還有我的家人——我的妻子克勞黛和孩子們，你們給我生命中最大的愛和啓發。以及分布三十三個國家的兩百名生命之花的課程教師，謝謝你們無比珍貴的回饋、支持與愛，讓我堅強。謝謝成千上萬寫信告訴我這個工作如何改變他們生活的學生，你們的愛讓我有繼續下去的力量。麗薇雅・雀睿許（Livea Cherish）從錄影課程中整理出本書的內文，瑪格麗特・品陽（Margaret Pinyan）細膩的編輯增加了這本書的可讀性；提姆・史陶斯（Tim Stouse）和麥可・泰爾（Michael Tyree）繪製了書中的電腦圖檔，讓人們得以具體了解高靈所談的內容。最後是光科技出版社（Light Technology Publishing）負責人歐瑞・史旺森（O'Ryin Swanson），感謝你對我的信心，出版了這本書。

　　感謝許多其他無法在此一一具名的人，衷心感謝你們，祈禱這本書將真正幫助人們了解自己是誰，而我們能一起創造一個更有愛的世界，甚至更有愛的宇宙。親愛的人們，感謝你們。

http://www.booklife.com.tw　　　　reader@mail.eurasian.com.tw

新時代系列 154

生命之花的靈性法則

作　　者／德隆瓦洛·默基瑟德（Drunvalo Melchizedek）

譯　　者／羅孝英

發 行 人／簡志忠

出 版 者／方智出版社股份有限公司

地　　址／台北市南京東路四段50號6樓之1

電　　話／（02）2579-6600·2579-8800·2570-3939

傳　　真／（02）2579-0338·2577-3220·2570-3636

郵撥帳號／13633081　方智出版社股份有限公司

總 編 輯／陳秋月

資深主編／賴良珠

責任編輯／溫芳蘭

美術編輯／陳素蓁

行銷企畫／吳幸芳·施伊姿

印務統籌／林永潔

監　　印／高榮祥

校　　對／賴良珠·黃淑雲

排　　版／杜易蓉

經 銷 商／叩應股份有限公司

法律顧問／圓神出版事業機構法律顧問　蕭雄淋律師

印　　刷／祥峰印刷廠

2012年5月　初版

2023年10月　31刷

THE ANCIENT SECRET OF THE FLOWER OF LIFE, Vol. 1

Copyright © 1990, 1992, 1993, 1995, 1996, 1997, 1998 by CLEAR LIGHT TRUST

Complex Chinese translation copyright © 2012

by The Eurasian Publishing Group (imprint: Fine Press)

Published by arrangement with CLEAR LIGHT TRUST, through Bardon-Chinese Media

Agency

All rights reserved.

定價320元　　　　ISBN 978-986-175-265-5　　　　版權所有·翻印必究

◎本書如有缺頁、破損、裝訂錯誤，請寄回本公司調換　　　　Printed in Taiwan

你本來就應該得到生命所必須給你的一切美好！

祕密，就是過去、現在和未來的一切解答。

—— 《The Secret 祕密》

想擁有圓神、方智、先覺、究竟、如何、寂寞的閱讀魔力：

◼ 請至鄰近各大書店洽詢選購。

◼ 圓神書活網，24小時訂購服務

　免費加入會員‧享有優惠折扣：www.booklife.com.tw

◼ 郵政劃撥訂購：

　服務專線：02-25798800 讀者服務部

　郵撥帳號及戶名：13633081 方智出版社股份有限公司

國家圖書館出版品預行編目資料

生命之花的靈性法則／德隆瓦洛‧默基瑟德
（Drunvalo Melchizedek）作；羅孝英 譯.
-- 初版 -- 臺北市：方智，2012.5
256面；17×22公分 --（新時代系列；154）
譯自：The ancient secret of the flower of life, v.1

ISBN：978-986-175-265-5（平裝）

1. 超心理學　2. 靈修

175.9　　　　　　　　　　　101004830